はじめての
TOEIC® LISTENING AND READING テスト
全パート教本 三訂版

新形式問題対応

ロバート・ヒルキ／ポール・ワーデン 著
松谷偉弘 解説監修

TOEIC is a registered trademark of Educational Testing Service (ETS). This publication is not endorsed or approved by ETS.

※本書は2014年6月に刊行された『はじめての新TOEIC®テスト全パート教本[改訂版]』に、2016年5月から導入された新形式問題への対策を加え、加筆・修正したものです。

著者

Robert Hilke（ロバート・ヒルキ）
企業研修トレーナー。元国際基督教大学専任講師、カリフォルニア大学大学院修了（言語学／TESOL）。国際的な大企業向けの研修を年間約250日以上行う。1984年から日本でTOEIC・TOEFL関連セミナーを続けており、TOEICテスト・TOEFLテストを数十回受験、その傾向・特徴を分析している。著書に『新TOEIC®テスト 直前の技術』（共著、アルク）、『頂上制覇 TOEIC®テスト 究極の技術』シリーズ（共著、研究社）他、TOEIC、TOEFL、GREなど、テスト対策の書籍は90冊以上。

Paul Wadden, Ph.D.（ポール・ワーデン）
順天堂大学国際教養学部教授。ヴァーモント大学大学院修了（修辞学）。イリノイ州立大学大学院修了（英米文学博士）。著述家・文学者。ニューヨーク・タイムズ、ウォールストリート・ジャーナル、ワシントン・ポストなど、多数の新聞および雑誌に執筆。著書にA Handbook for Teaching English at Japanese Colleges and Universities（Oxford University Press）、TESOL Quarterly、College Composition、College Literatureに掲載の言語教育に関する論文、50冊を超えるTOEIC TEST、TOEFL TEST対策教材など多数。

解説監修

松谷 偉弘（Takehiro Matsutani, Ph.D.）
プロ英語講師／在野研究者。リベラルアーツ&英学専門の大学受験私塾FORUM-ICU/MILE（武蔵野自由英学塾）主宰。国際基督教大学（ICU）、ペンシルヴェニア大学（University of Pennsylvania）、アマースト大学（Amherst College）、ICU GSCC（比較文化研究科）で英米思想史・宗教史を専攻。学術博士。『はじめてのTOEFL®テスト完全対策』（共著、旺文社）他、著書多数。

※本書におけるTOEIC®テストは、TOEIC® Listening and Readingテストを指します。

はじめに

　21世紀のグローバル社会において、英語は重要なコミュニケーションのツールとして認識されています。そして、そのような認識から、日本の企業や団体では、社員・職員や就職を希望する人の英語力を測る1つの手段としてTOEICテストを利用することが確実に定着しています。

　しかしながら、TOEICテストを受ける人の誰もが英語でのコミュニケーションに自信を持っているわけではありません。実際、ふだんは英語を使っていない人や、TOEICテストそのものにあまりなじみがないという人もいます。そのような場合でも、皆さんがTOEICテスト受験において成功するカギとなるのは、まず、あなたが既に持っている英語力、すなわち、これまで中学・高校での学習を通して学んだことを復習することです。

　もっとも、TOEICテストという試験で高いスコアを獲得するためには、単なる総復習だけでは不十分であり、また非効率的です。復習以上に大切なのは、第一に、TOEICテストという試験の全貌と特徴、傾向と対策とをしっかりとおさえること、そして第二に、スコアアップのための「テスト戦略的ストラテジー」(スキル)を習得することです。

　眠っている英語力を目覚めさせること、そして、この英語力にさらに磨きをかけ、ストラテジーで「点数」になる英語力をトレーニングすること、これこそが本書の目的です。

　本書の改訂では、これまで好評を得てきた内容はそのままに、2016年5月からの新形式に対応して、新しい問題タイプを詳しい解説とともに紹介し、「練習問題」と「はじめてのミニ模試」にも新しい問題を追加して、本番同様の形式にしました。本書が、はじめてTOEICテストを受けるビギナーから、何度か受験しながらもスコアの伸びに悩んでいる中級者の皆さんのための、TOEICテスト対策、さらには実践的で実用的な英語学習の一助となれば幸いです。

Robert Hilke / Paul Wadden

もくじ

はじめに ・・・・・・・・・・・・・・・・・・・・・・・・・・・ 3
本書の構成と特長 ・・・・・・・・・・・・・・・・・・・・ 6
付属CDについて ・・・・・・・・・・・・・・・・・・・・・ 8

はじめてのTOEIC®テストガイド ・・・・・・・・・・・・・・・ 10

Part 1 写真描写問題
Part 1 を見てみよう ・・・・・・・・・・・・・・・・・・・ 20
Part 1 にチャレンジ ・・・・・・・・・・・・・・・・・・・ 24
練習問題 ・・・・・・・・・・・・・・・・・・・・・・・・・・・ 32
練習問題 解答・解説 ・・・・・・・・・・・・・・・・・ 35

Part 2 応答問題
Part 2 を見てみよう ・・・・・・・・・・・・・・・・・・・ 38
Part 2 にチャレンジ ・・・・・・・・・・・・・・・・・・・ 42
練習問題 ・・・・・・・・・・・・・・・・・・・・・・・・・・・ 58
練習問題 解答・解説 ・・・・・・・・・・・・・・・・・ 59

Part 3 会話問題
Part 3 を見てみよう ・・・・・・・・・・・・・・・・・・・ 66
Part 3 にチャレンジ ・・・・・・・・・・・・・・・・・・・ 70
練習問題 ・・・・・・・・・・・・・・・・・・・・・・・・・・・ 94
練習問題 解答・解説 ・・・・・・・・・・・・・・・・・ 99

Part 4 説明文問題
Part 4 を見てみよう ・・・・・・・・・・・・・・・・・・・ 112
Part 4 にチャレンジ ・・・・・・・・・・・・・・・・・・・ 116
練習問題 ・・・・・・・・・・・・・・・・・・・・・・・・・・・ 132
練習問題 解答・解説 ・・・・・・・・・・・・・・・・・ 135

Part 5 短文穴埋め問題
Part 5 を見てみよう ・・・・・・・・・・・・・・・・・・・ 144
Part 5 にチャレンジ ・・・・・・・・・・・・・・・・・・・ 148
練習問題 ・・・・・・・・・・・・・・・・・・・・・・・・・・・ 168
練習問題 解答・解説 ・・・・・・・・・・・・・・・・・ 174

Part 6 長文穴埋め問題	Part 6 を見てみよう	184
	Part 6 にチャレンジ	187
	練習問題	196
	練習問題 解答・解説	201

Part 7 読解問題	Part 7 を見てみよう	208
	Part 7 にチャレンジ	212
	練習問題	256
	練習問題 解答・解説	271

はじめての **ミニ模試**	問題	286
	解答一覧	304
	解答・解説	305
	解答用紙	335

特別付録
ヒルキ＆ワーデンの鉄板メソッド10 ……………………… 別冊

- 編集協力・DTP：株式会社 河源社
- 「はじめてのミニ模試」解説執筆：斉藤敦
- 校正・編集協力：鹿島由紀子、Jason A. Chau
- 装丁デザイン：牧野剛士
- 本文デザイン：ME TIME LLC（大貫としみ）
- 録音：ユニバ合同会社
  （Dominic Allen（米）、Chris Koprowski（米）、
  Bill Sullivan（米）、Bonnie Waycott（英）、
  Guy Perryman（豪）、Carolyn Miller（加））

Part 1～7 の例題解説・練習問題解説部分は、原著者である松谷偉弘の素案・発案を基に、旺文社編集部において一部改編・再構成を加えている部分があります。

各 Part の Directions の和訳は旺文社で独自に作成しています。

本書の構成と特長

はじめての TOEIC®テストガイド

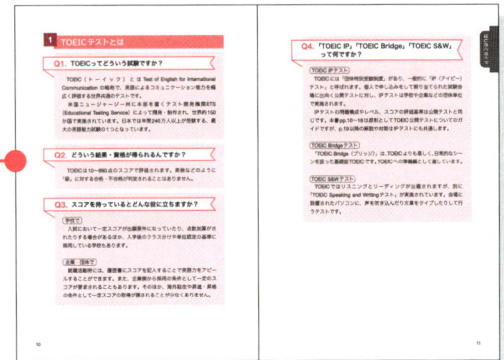

TOEICとはどういう試験なのか、ゼロから説明しています。試験の概要や注意事項などにひととおり目を通しておきましょう。

Part別演習

Partごとに、どういった問題が出題されるかという概要や問題タイプをまとめています。

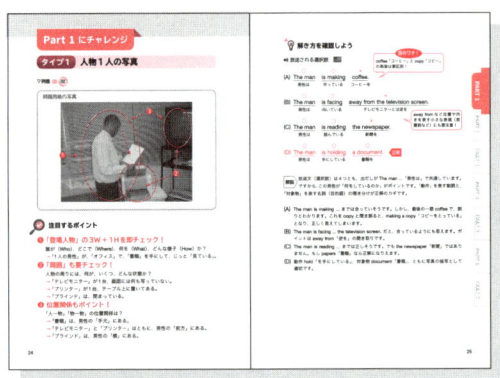

著者によって分類された問題タイプごとに、例題を使って、正解を導くための考え方と注目ポイントを詳しく解説します。

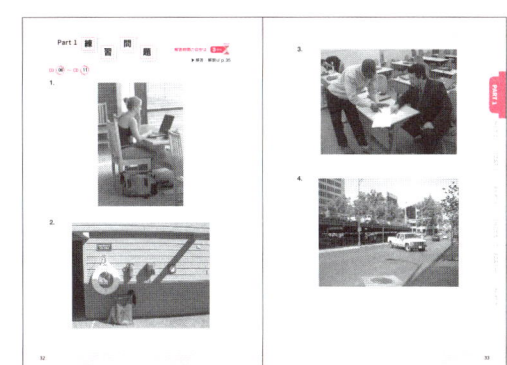

「チャレンジ」で学習したことを、豊富な練習問題を解いて定着させましょう。

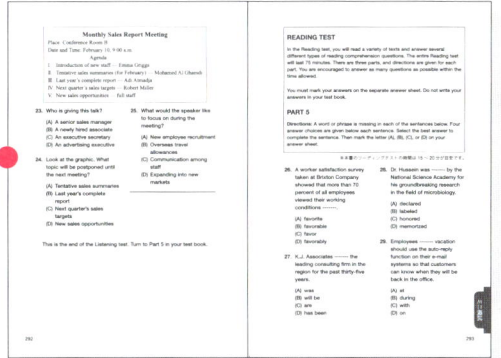

はじめてのミニ模試

総まとめとして、実際のテストの約1/4の問題数で作成されたミニ模試を解いてみましょう。Part 1 から 7 までのひととおりの流れを、解答時間30分で疑似体験することができます。

別冊
ヒルキ＆ワーデンの鉄板メソッド10

TOEICの学習に際して常に意識しておきたい考え方を、"TOEICのプロ"であるヒルキ先生とワーデン先生が伝授します。

7

付属CDについて

本書の付属CD（1枚）には、リスニングパートの指示文・サンプルと、例題・練習問題、「はじめてのミニ模試」の英文問題音声が収録されています。本書の該当部分に CD 01 のアイコンでトラック番号を表示してありますので、以下のトラック一覧とあわせてご確認の上ご利用ください。

トラック	内容
01	Part 1 指示文とサンプル
02〜05	Part 1 例題（タイプ1〜4）
06〜11	Part 1 練習問題
12	Part 2 指示文
13〜20	Part 2 例題（タイプ1〜8）
21〜34	Part 2 練習問題
35	Part 3 指示文
36〜41	Part 3 例題（タイプ1〜6）
42〜47	Part 3 練習問題
48	Part 4 指示文
49〜52	Part 4 例題（タイプ1〜4）
53〜56	Part 4 練習問題
57〜75	はじめてのミニ模試 リスニングテスト

問題英文は4か国のナレーターが読み上げており、本文中では以下のアイコンで示しています。

🇺🇸：アメリカ合衆国　🇬🇧：英国　🇨🇦：カナダ　🇦🇺：オーストラリア

注意：ディスクの裏面には、指紋、汚れ、傷などがつかないよう、お取り扱いにご注意ください。一部の再生機器（パソコン、ゲーム機など）では、ドライブや再生ソフトの相性により、再生に不具合が生じることがあります。正常に動作しない場合は、ハードメーカーまたはソフトメーカーにお問い合わせください。

はじめての
TOEIC®テスト
ガイド

※TOEICテストの情報は予告なく変更される可能性がありますので、受験の際は実施団体のホームページ（p.18参照）などで最新情報をご確認ください。

1 TOEICテストとは

Q1. TOEICってどういう試験ですか？

　TOEIC（トーイック）とは Test of English for International Communication の略称で、英語によるコミュニケーション能力を幅広く評価する世界共通のテストです。

　米国ニュージャージー州に本部を置くテスト開発機関ETS（Educational Testing Service）によって開発・制作され、世界約160か国で実施されています。日本では年間240万人以上が受験する、最大の英語能力試験の1つとなっています。

Q2. どういう結果・資格が得られるんですか？

　TOEICは10〜990点のスコアで評価されます。英検などのように「級」に対する合格・不合格が判定されることはありません。

Q3. スコアを持っているとどんな役に立ちますか？

（学校で）

　入試において一定スコアが出願要件になっていたり、点数加算がされたりする場合があるほか、入学後のクラス分けや単位認定の基準に採用している学校もあります。

（企業・団体で）

　就職活動時には、履歴書にスコアを記入することで英語力をアピールすることができます。また、企業側から採用の条件として一定のスコアが要求されることもあります。そのほか、海外駐在や昇進・昇格の条件として一定スコアの取得が課されることが少なくありません。

Q4. 「TOEIC IP」「TOEIC Bridge」「TOEIC S&W」って何ですか？

(TOEIC IPテスト)

　TOEICには「団体特別受験制度」があり、一般的に「IP（アイピー）テスト」と呼ばれます。個人で申し込みをして割り当てられた試験会場に出向く公開テストに対し、IPテストは学校や企業などの団体単位で実施されます。

　IPテストの問題形式やレベル、スコアの評価基準は公開テストと同じです。本書pp.10〜18は原則としてTOEIC公開テストについてのガイドですが、p.19以降の解説や対策はIPテストにも共通します。

(TOEIC Bridgeテスト)

　「TOEIC Bridge（ブリッジ）」は、TOEICよりも易しく、日常的なシーンを扱った基礎版TOEICです。TOEICへの準備編として適しています。

(TOEIC S&Wテスト)

　TOEICではリスニングとリーディングが出題されますが、別に「TOEIC Speaking and Writingテスト」が実施されています。会場に設置されたパソコンに、声を吹き込んだり文章をタイプしたりして行うテストです。

2 申し込み

Q5. TOEICはいつ、どこで実施されますか？

　公開テストは年10回程度、全国約80都市で実施されていますが、受験地によって実施回が異なるため申し込みの際に確認が必要です。実施団体のホームページ（→Q18）などで最新情報を確認しましょう。

Q6. いつ、どうやって申し込めばいいですか？

　試験日の約2か月前から申し込みが始まります。

インターネットから
　公式サイトで会員登録（無料）を行うと、ウェブ上で申し込み手続きをすることが可能です。受験料はクレジットカード、コンビニエンスストア店頭などの方法で支払います。スマートフォンや携帯電話にも対応しています。

Q7. 申し込みに必要なものは？

　申し込みの際に必要なのは原則として受験料のみですが、当日の必要書類（→Q12）を早めに確認しておきましょう。
　公開テスト受験料　7,810円（税込）

Q8. 受験会場や時間は選べるんですか？

申し込みの際に入力した受験地（都市単位）と郵便番号をもとに受験会場が割り振られ、会場を指定することはできません。実施時間も決まっています。

3 申し込み後〜受験準備

Q9. どういう問題が何題出題されるんですか？所要時間は？

リスニングテストとリーディングテストは以下のPartで構成され、間に休憩時間はありません。また、すべて英文のみのマークシート方式で、記述問題はありません。それぞれの指示文や例題については、p.19以降の各Part解説をご覧ください。（2016年5月より実施されているものです。本書は下記の構成に対応しています）

（リスニングセクション）　45分間／計100問

Part 1	Photographs（写真描写問題）	6問
Part 2	Question-Response（応答問題）	25問
Part 3	Conversations（会話問題）	39問
Part 4	Talks（説明文問題）	30問

（リーディングセクション）　75分間／計100問

Part 5	Incomplete Sentences（短文穴埋め問題）	30問
Part 6	Text Completion（長文穴埋め問題）	16問
Part 7	Reading Comprehension（読解問題）	
	・Single passages（1つの文書）	29問
	・Multiple passages（複数の文書）	25問

※受験の際はTOEIC公式ホームページで最新情報をご確認ください。

Q10. どんな配点ですか？ 1問は何点ですか？

スコアは正答数をもとに統計的な処理を経て算出される5点刻みの数値で、1問1問に決まった配点があるわけではないとされています。最低点は10点（リスニング5点・リーディング5点）、最高点は990点（リスニング495点・リーディング495点）となります。

Q11. どんな勉強をしたらいいですか？

TOEICは問題数が多い上に、学校の授業ではなじみのない内容が少なくありませんので、何も対策をしないまま受けても、よいスコアは取れません。まずは問題形式を把握し、問題のどこに注意して、どのように取り組めばよいかを知ることが必要です。本書はそのために大いに役立つはずです。

また、基礎的な英語力を確実に上げることが求められますが、その一方で、「TOEICのプロ」たちが教える"コツ"を学ぶことで、短期間で飛躍的にスコアが伸びる可能性があります。本書の別冊「ヒルキ＆ワーデンの鉄板メソッド10」では、2人の先生による長年の研究の成果が綴られていますので、ぜひ活用してください。

4 試験当日〜受験後

Q12. 当日の持ち物は？

☐ 受験票
　試験日の約1週間前までに郵送で届きます。
☐ 証明写真1枚（受験票に貼付）
　規定を満たしたものである必要があります。ホームページ（→Q18）で事前に確認しておきましょう。

□ 本人確認書類
　運転免許証・学生証・パスポート・マイナンバーカード・住民基本台帳カードのうちいずれか、写真付きで有効期限内のものが必要です。
□ 筆記用具
　HBの鉛筆またはシャープペンシル以外でのマークは、機械が読み取れない危険性がありますので避けましょう。消しゴムも忘れずに。
□ 腕時計
　試験中、残り時間などをアナウンスしてくれることはありませんので、腕時計の持参が必須です。
□ 脱ぎ着しやすい上着など
　会場の気温に対応できる服装を準備しましょう。
□ 上履き・スリッパ
　会場によっては上履きが必要になることがあります。受験票に注意書きがある場合は用意しておきます。

Q13. 当日のスケジュールはどうなっていますか？

① 受付
　受付を済ませたら指定された席に着き、机の上の「受験のしおり」を見て解答用紙に必要事項（受験番号や名前など）の記入を始めます。
　受付時間の後は試験終了まで休憩時間がありませんので、自由に移動してよい受付時間中にお手洗いなどを済ませておきます。なお、時間内に受付ができなかった場合、途中入室は一切認められず、受験できなくなってしまいます。遅刻しないように気をつけましょう。

② 試験の説明・音テスト
　試験官から注意事項などの説明があります。試験問題によってはリスニングテストの所要時間が数分変わってくるため、正確な試験開始時刻と終了時刻もアナウンスされます。
　リスニングテストで使う音声（ラジカセなどで流されます）のテスト放送の際は、音量が小さすぎないか気をつけて聞きましょう。気になることがあれば手を挙げて試験官に質問します。

③ 試験
　初めの45分間でリスニングテストが行われ、終了後、そのままリーディングテストに移ります。試験中の禁止事項（→Q14）に違反しないように気をつけましょう（試験官からも説明されます）。

④ 問題用紙・解答用紙の回収
　リーディングテストが終了すると、試験官が問題用紙と解答用紙を回収し、解散となります。試験官の指示があるまでは勝手に退出することはできません。

Q14. 試験中の禁止行為ってどんなものですか？

　カンニングや迷惑行為、撮影や録音、携帯電話の使用などが禁止されるのはもちろんですが、そのほかにも禁止事項がありますので気をつける必要があります。

× 解答欄以外への書き込み
　決まった解答欄を除き、一切の書き込みが禁じられています。問題用紙にメモや記号を書き込んだり、線を引いたりすることも禁止ですので、書き込みをしながら解く癖のある人は注意が必要です。

× 問題用紙・解答用紙の持ち出し
　解答用紙だけでなく、問題用紙も回収され、持ち帰ることはできません。

× リスニングテスト中にリーディングの問題を見る・リーディングテスト中にリスニングの問題を見る
　試験時間はそれぞれ決まっていて、リスニングテストの放送中にリーディングの問題を見たり解いたりすること、リーディングテストが始まってからリスニングの問題を見返すことは禁じられています。そのため、リスニング中にリーディングを先読みするといったテクニックは使えませんので注意しましょう。

Q15. 試験後、答え合わせはできますか？

　問題用紙は回収され、国内で実施されたTOEICの過去問はすべて非公開となっていますので、答え合わせをすることはできません。また、TOEICは、実施日が同じであっても複数パターンの試験問題（テストフォームと呼ばれます）が存在すると言われ、別会場の受験者とは問題が異なる可能性があります。

Q16. 結果はいつわかりますか？

　取得したスコアを証明する「公式認定証」が、試験日から30日ほどで郵送で届きます。また、インターネット申し込みで「テスト結果インターネット表示」を希望した人は、公式認定証の発送より早く、公式サイトのアカウントからスコアを確認することができます。
　これより早く結果の通知を受けることはできませんので、進学や就活などでスコアが必要な期日が決まっている人は、必ず申し込みの前に日程を確認しましょう。

Q17. スコアに有効期限ってあるんですか？

　スコアに有効期限はありませんが、「公式認定証」の再発行は試験日から2年以内しか受け付けてもらえません。また、学校や企業からスコアの提出を要求される場合、その提出先が独自に有効期限を設けている場合がありますので確認が必要です。

Q18. TOEICに関する問い合わせ先はどこですか？

日本ではTOEICテストは一般財団法人 国際ビジネスコミュニケーション協会によって実施・運営されています。公式ホームページで最新情報を入手することができます。

（一財）国際ビジネスコミュニケーション協会
●IIBC試験運営センター
〒100-0014　東京都千代田区永田町2-14-2　山王グランドビル
TEL：03-5521-6033　FAX：03-3581-4783
（土・日・祝日・年末年始を除く10:00〜17:00）

●名古屋事業所
TEL：052-220-0286

●大阪事業所
TEL：06-6258-0224

公式ホームページ
https://www.iibc-global.org/

※本書に掲載されているTOEICテストの情報は2024年8月現在のものです。予告なく変更される可能性がありますので、受験の際は実施団体のホームページなどで最新情報をご確認ください。

Part 1
写真描写問題

Part 1 を見てみよう	p.20
Part 1 にチャレンジ	p.24
練習問題　問題	p.32
解答・解説	p.35

Copyright © 2015 Educational Testing Service. www.ets.org *Updated Listening and Reading Directions for the TOEIC® Test* are reprinted by permission of Educational Testing Service, the copyright owner. All other information contained within this publication is provided by Obunsha Co., Ltd. and no endorsement of any kind by Educational Testing Service should be inferred.

Part 1 を見てみよう

リスニングテスト指示文

LISTENING TEST
In the Listening test, you will be asked to demonstrate how well you understand spoken English. The entire Listening test will last approximately 45 minutes. There are four parts, and directions are given for each part. You must mark your answers on the separate answer sheet. Do not write your answers in your test book.

Part 1 指示文

PART 1
Directions: For each question in this part, you will hear four statements about a picture in your test book. When you hear the statements, you must select the one statement that best describes what you see in the picture. Then find the number of the question on your answer sheet and mark your answer. The statements will not be printed in your test book and will be spoken only one time.

サンプル問題

Statement (C), "They're sitting at a table," is the best description of the picture, so you should select answer (C) and mark it on your answer sheet.

設問(例)

1.

＊指示文・サンプル問題の音声は CD 01 に収録されています。
＊設問（例）は本書からの抜粋です。音声はCD 02、解説は p.24 を参照してください。

> **リスニングテスト指示文の訳**

リスニングテスト
リスニングテストでは、読み上げられる英語をどの程度理解できるかがテストされます。リスニングテスト全体の時間はおよそ 45 分です。4 つの Part があり、各 Part で指示が与えられます。解答は別紙の解答用紙に記入しなければなりません。問題用紙に解答を書いてはいけません。

> **Part 1 指示文の訳**

PART 1
この Part では各設問で、問題用紙に掲載されている写真についての 4 つの発言を聞きます。発言が聞こえたら、写真の中に見えるものを最もよく表しているものを 1 つ選んでください。そして解答用紙の設問の番号に解答をマークしてください。発言は問題用紙には印刷されておらず、一度しか読まれません。

> **サンプル問題**

🔊 放送される選択肢
(A) They're moving some furniture.
(B) They're entering a meeting room.
(C) They're sitting at a table.
(D) They're cleaning the carpet.

(C)「彼らはテーブルのところに座っています」が最もよく写真を表しているので、(C) を選び解答用紙にマークします。

> **設問（例）**

🔊 放送される選択肢
(A) The man is making coffee.
(B) The man is facing away from the television screen.
(C) The man is reading the newspaper.
(D) The man is holding a document.

Part 1 写真描写問題

　写真が素材で、選択肢は音声のみ——日本の入試では見慣れないタイプの問題かもしれません。ちょっと難しそうですが、心配はいりません。ベーシックな単語さえ聞き取れれば大丈夫です。ただ、TOEIC ではおなじみの、音のひっかけ（ワナ）には要注意です。わずか6問ですが、よいスタートがきれるよう、できるだけ得点しておきたいパートです。日頃の学習では、英語は、ただ聞き流すだけでなく、しっかり発音するのが効果的です。自分で発音し分けられない音は、聞き分けることもできないからです。

＊Part 1 の問題形式

設問数	6問（No.1～6）
内容	問題用紙にある写真を見ながら、放送される4つの選択肢（短文）から、写真の説明として最も適切なものを選ぶ。
設問を聞く時間	約15秒
解答時間	5秒

＊本書で学習する問題タイプ

タイプ1	**人物1人の写真** 写真には人物が1人だけ。その人物の動作や服装、周囲の様子を正しく描写している放送文を選択する。
タイプ2	**人物2人以上の写真** 写真には2人または数人の人物。彼ら・彼女らの動作や服装、周囲の様子、互いの位置関係などを正しく描写している放送文を選択する。
タイプ3	**風景・事物の写真** オフィスや街角など、日常風景のスナップ。事物の状態や周囲の様子、事物間の位置関係などを正しく描写している放送文を選択する。
タイプ4	**乗り物・交通機関の写真** 車やバス、トラック、飛行機や船などの写真。乗り物の状態や周囲の様子、事物間の位置関係などを正しく描写している放送文を選択する。

＊解答の流れ

① **写真のチェック**　選択肢（短文）が放送される前に、あらかじめ写真をよく見て、チェックポイントを確認しておきましょう。

② **選択肢の判断**　選択肢は放送される音声（短文）のみです。問題用紙には記されていないので、聞きながら、同時に正誤を判断しなければなりません。鉛筆の先をマークシート上におき、いつでもマークできる状態で放送に耳を傾けましょう。

③ **解答をマーク**　解答をマークしたら、鉛筆の先はすぐに次の設問のマーク欄の上に移しておきましょう。正解がわからないときは、適当にマークし、すぐに気持ちを整えて、次の設問に進むこと。放送と放送の間のわずかな時間は、放送された選択肢の正誤判定とマークだけでなく、次の写真のポイント・チェックに使いましょう。

正しい選択肢と誤りの選択肢

	○ 正しい選択肢（放送文）	× 誤りの選択肢（放送文）
フォーカス	写真に写っている人物や物についてのみ言及している。	写真に写っていない人物や物について言及している。
時間と時制	写真の様子をリアルタイムに描写している（通例、現在形か現在進行形）。	写真からは知りえない前後の様子（過去や未来）に言及している。
客観性	写真を見て、誰にでも判断できる客観的な描写である。	写真からはわかりえない、人物の心情や感想に言及している。
全体性	写真中の複数の要素を的確に描写している。	写真の一部には合っているが、全体の描写としては適切でない。

Part 1 にチャレンジ

タイプ1　人物1人の写真

▽例題 CD 02

問題用紙の写真

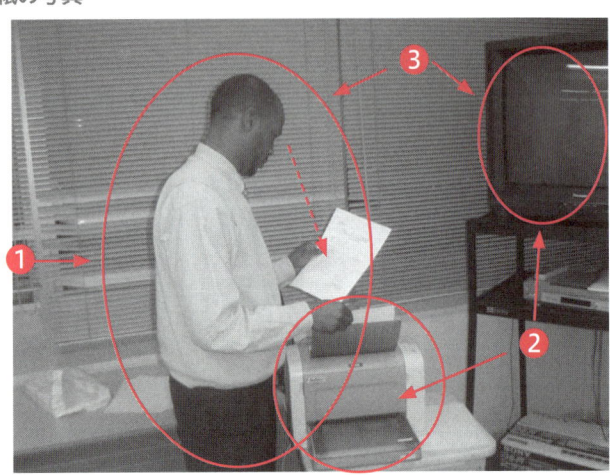

🔍 注目するポイント

❶「登場人物」の3W＋1Hを即チェック！

誰が（Who）、どこで（Where）、何を（What）、どんな様子（How）か？
→「1人の男性」が、「オフィス」で、「書類」を手にして、じっと「見ている」。

❷「周囲」も要チェック！

人物の周りには、何が、いくつ、どんな状態か？
→「テレビモニター」が1台、画面には何も写っていない。
→「プリンター」が1台、テーブル上に置いてある。
→「ブラインド」は、閉まっている。

❸ 位置関係もポイント！

「人─物」「物─物」の位置関係は？
→「書類」は、男性の「手元」にある。
→「テレビモニター」と「プリンター」はともに、男性の「前方」にある。
→「ブラインド」は、男性の「横」にある。

解き方を確認しよう

🔊 放送される選択肢

音のワナ！
coffee「コーヒー」と copy「コピー」の発音は要区別！（⇒別冊 p.38 参照）

(A) The man　is making　coffee.
　　 ○　　　　 ○　　　　 ×
　　 男性は　　 作っている　 コーヒーを

(B) The man　is facing　away from the television screen.
　　 ○　　　　 ○　　　　　　　　　 ×
　　 男性は　　 向いている　　テレビモニターとは逆を

away from など位置や向きを表す小さな表現（前置詞など）にも要注意！

(C) The man　is reading　the newspaper.
　　 ○　　　　 ○　　　　 ×
　　 男性は　　 読んでいる　 新聞を

(D) **The man　is holding　a document.**　**正解**
　　 ○　　　　 ○　　　　 ○
　　 男性は　　 手にしている　書類を

解説　放送文（選択肢）は4つとも、出だしが The man ...「男性は」で共通しています。ですから、この男性が「何をしているのか」がポイントです。「動作」を表す動詞と、「対象物」を表す名詞（目的語）の聞き分けが正解のカギです。

(A) The man is making ... までは合っていそうです。しかし、最後の一語 coffee で、誤りとわかります。これを copy と聞き誤ると、making a copy「コピーをとっている」となり、正しく思えてしまいます。

(B) The man is facing ... the television screen. だと、合っているようにも思えます。ポイントは away from「逆を」の聞き取りです。

(C) The man is reading ... までは正しそうです。でも the newspaper「新聞」ではありません。もし papers「書類」なら正解になりえます。

(D) 動作 hold「を手にしている」、対象物 document「書類」、ともに写真の描写として適切です。

タイプ2　人物2人以上の写真

▽例題 CD 03

問題用紙の写真

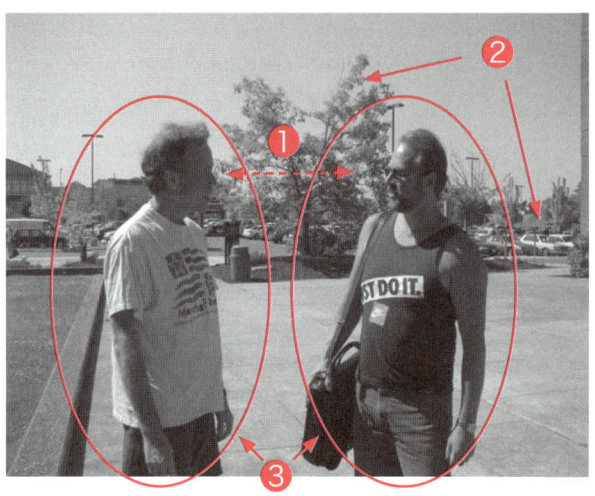

 注目するポイント

❶ 2人の「登場人物」の3W＋1Hを即チェック！

誰と誰が（Who＋Who）、どこで（Where）、何を（What）、どんな様子（How）か？
→「2人の男性」が、「屋外」で、「立って」いる。
→2人は、「向かい合って」、「会話」している様子。

❷ 2人の「周囲」も要チェック！

人物の周りには、何があるか？　それらの状態・様子は？
→2人の「背後に」は、「街路樹」が数本ある。
→「車」が数台あるので、たぶん「駐車場」。

❸ 2人の比較も重要ポイント！

2人ともか、それとも、1人だけか？
→2人とも「カジュアル」な服装で、「腕を出して」いる。
→1人だけ「サングラス」をかけて「かばん」を持っている。

 解き方を確認しよう

🔊 放送される選択肢 🇬🇧

(A) The men　　are both carrying　　bags.
　　 ○　　　　　　×　　　　　　×
　　男性らは　　2人とも持っている　　かばんを

→ **2人の比較が重要!** 「2人とも」か「1人だけ」か?

(B) One man　　is putting on　　his glasses.
　　 ○　　　　　×　　　　　○
　　1人の男性は　身につけているところだ　メガネを

→ put on は「動作」か「状態」か?

(C) The men　　are looking at　　each other.　**正解**
　　 ○　　　　　○　　　　　○
　　男性らは　　見ている　　お互いを

(D) One man　　is watching　　the parking lot.
　　 ○　　　　　○　　　　　×
　　1人の男性は　見ている　　駐車場を

→ 「動作」は、その「対象」も要チェック!

解説 複数の人物の写真では、人々が、「どこで」、「何をしているのか」だけでなく、放送される選択肢が、「全員」に当てはまる内容か、それとも「一部」だけなのか、すばやく判断しなくてはなりません。この問題では、放送文の主語が The men「(2人の) 男性ら」、One man「1人の男性」と異なっていることに注意しましょう。

(A) The men are ... では正誤判定ができませんが、both carrying「2人とも持っている」で誤りとわかります。左の男性は明らかに手ぶらです。

(B) One man ... glasses だけだと、これが正解だと勘違いしてしまいます。しかし、be putting on「(メガネ) をかけようとしているところだ」が誤りです。右の男性は既にメガネを「かけている」(wear：状態) のであり、「かけつつある」(put on：動作) のではありません。

(C) The men「男性ら」も、その動作 are looking at「…を見ている」も、その対象 each other「お互い」も、写真の描写として適切です。

(D) One man is watching を、one man「1人の男性」... watch「腕時計」... と聞き違えると、これを選んでしまうかもしれません。また、見ている対象は、parking lot「駐車場」ではありません。

なお、Part 1 では、Tシャツの文字のように、<u>写真中の文字やテキストを読む必要はありません</u>。これらは通例、選択肢の正誤判定の対象にはなりません。

タイプ3 風景・事物の写真

▽例題 CD 04

問題用紙の写真

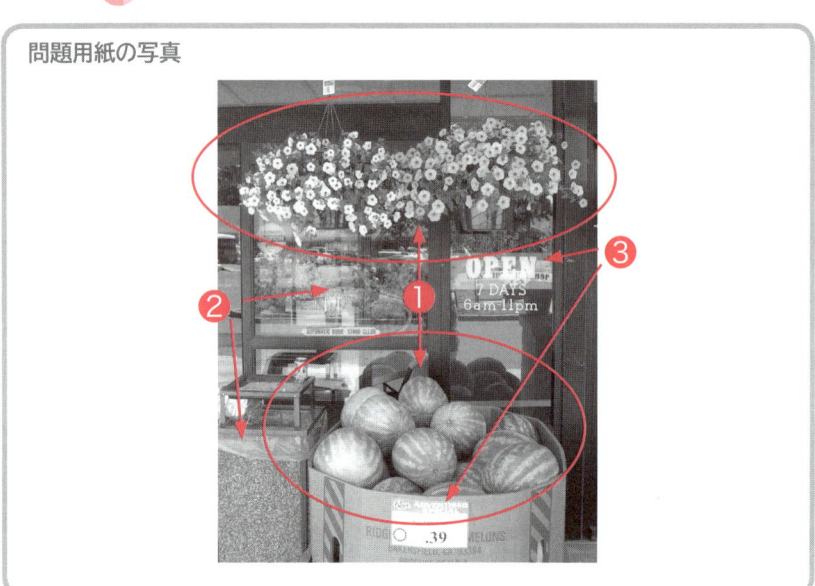

注目するポイント

❶ まずは「真ん中」にある物!

何が (What)、いくつ (How many)、どんな状態 (How) か?
→「複数の果物」が、「箱」の中にある。
→「複数の花」が、「ぶら下がって」いる。

❷ 次に「周囲」と「位置関係」!

→ 後ろには「ガラス戸」がある。
→「果物」の隣には「ゴミ箱」がある。
→「果物」は下方、「花」は上方にある。

❸ 文字や数字は "スルー" してよし!

看板や表示の文字・数字は、問われない。
→ OPEN 7 DAYS ... は、ワナ (ひっかけ) のニオイ…。
→ 果物の値段表示 .39 も、無関係。

解き方を確認しよう

🔊 放送される選択肢 🇬🇧

(A) <u>Flowers</u>⭕ <u>have been placed</u>⭕ <u>over the bins.</u>⭕ 【正解】
　　 花が　　　　 置かれている　　　　容器の上に

(B) <u>Melons</u>⭕ <u>have fallen</u>✕ <u>from the basket.</u>✕
　　 メロンが　　 落ちた　　　　　　 カゴから

(C) <u>The fruit</u>⭕ <u>is laid out</u>⭕ <u>in rows.</u>✕
　　 果物が　　　 置かれている　　　 数列に

(D) <u>The door to the store</u>✕ <u>stands</u>⭕ <u>open.</u>✕
　　 店へのドアは　　　　　　 状態にある　　 開いた

> 文字は読まない！
> OPEN の文字はひっかけ！

解説　日常の事物の写真では、「どんな物」があるかの What だけでなく、それらが「どんな様子」かの How の判断が求められます。真ん中で目立っている物を表す表現を、ただ断片的に聞き取るだけでは、たいてい誤りの選択肢に誘導されてしまいます。ポイントは、それらの「様子」や「位置関係」です。

(A) 写真の描写として適切です。over the bins「容器の上に」の正誤判断がすこし難しいかもしれません。bins は、果物が入った箱などを指しています。

(B) Melons のような果物が写っているのは、たしかです。しかし、入っているのは the basket「カゴ」ではなく「箱」です。しかも、have fallen「落ちた」様子はありません。

(C) The fruit is laid out「果物が置かれている」までは適切です。しかし、in rows「数列に（並べて）」ではなく、「山積み」です。また、発音から rows → rose「バラの花」→ flowers と、誤って連想してはいけません。

(D) store「店」のガラスに書かれている OPEN とのひっかけですが、特に開いているドアは見当たりません。また、この OPEN は「営業中」の意味で、ドアが「開いている」ではありませんし、そもそも写真問題では、文字や数字は、チェック対象ではありません。

タイプ 4　乗り物・交通機関の写真

▽例題 CD 05

問題用紙の写真

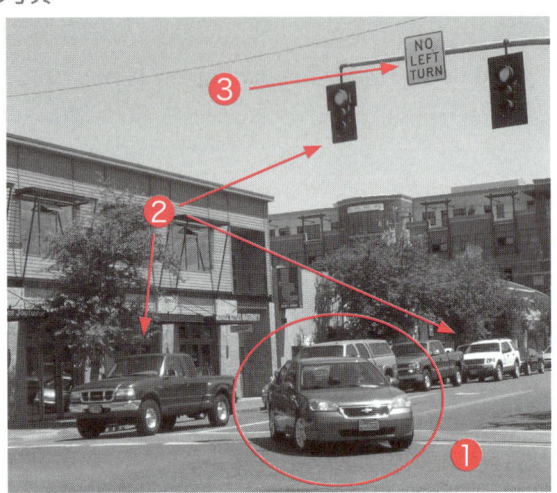

注目するポイント

❶ まずは「真ん中」！

何が（What）、いくつ（How many）、どんな状態（How）か？
→「1台の車」が、「交差点」を「曲がって」いる。

❷ 次に「周囲」と「位置関係」！

→ 後ろには「数台の車」が「並んで」いる。
→ 道路の上方には「信号」がある。

❸ 標識の文字は"スルー"してよし！

標識や看板の文字や数字は対象外。
→ NO LEFT TURN「左折禁止」は、ワナ（ひっかけ）！

解き方を確認しよう

🔊 放送される選択肢 🇺🇸

(A) Some pedestrians ✗ / are crossing ✗ / at a crosswalk. ✗
   数人の歩行者が／渡っている／横断歩道を

(B) Some vehicles ○ / are entering ✗ / a highway. ✗ 　想像力は控えめに！
   数台の車が／入ろうとしている／ハイウェイに

(C) One car ○ / is passing ✗ / another car. ✗
   1台の車が／追い越している／別の車を

(D) One car ○ / is turning ○ / at an intersection. ○ **正解**
   1台の車が／曲がっている／交差点で

解説 乗り物や交通の写真でも、チェックの手順とポイントは人物写真と同じです。「真ん中」から「周囲」に目を向け、「何が」(What)、「いくつ」(How many)、「どんな状態」(How) で写っているのか、すばやく確認しましょう。複数の物があるときは、それらの「位置関係」も重要です。なお、pedestrians「歩行者」、crosswalk「横断歩道」、vehicles「乗り物」、intersection「交差点」といった表現はいずれも重要です。必ず覚えておきましょう。

(A) Some pedestrians「歩行者」も crosswalk「横断歩道」も見当たりません。are crossing「渡っている」を crossing「交差点」と勘違いしないように。

(B) Some vehicles「数台の車」は写っています。しかし are entering a highway「ハイウェイに入ろうとしている」かは、判断できません。写真から過去や未来を想像してはいけません。

(C) 写真中央の2台の車は、One car「1台の車」、another car「別の車」と言ってよいでしょう。しかし is passing「追い越している」のかはわかりません。

(D) One car「1台の車」、at an intersection「交差点で」と、「事物」も「場所」も適当です。is turning「曲がっている」と「状態・様子」の描写も的確です。

31

Part 1

▶解答・解説は p.35

1.

2.

3.

4.

5.

6.

Part 1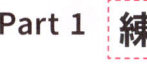

▶ 問題は p.32

1. 正解（A）　CD 06

(A) She's / working alone / at a table.　(A) 彼女は / 1 人で作業をしている / テーブルで。
(B) She's / seated / against the wall.　(B) 彼女は / 座っている / 壁を背にして。
(C) She / has two hands / on the keyboard.　(C) 彼女は / 両手を置いている / キーボードに。
(D) She's / staring / out the window.　(D) 彼女は / じっと眺めている / 窓の外を。

解説　女性の服装・動作・姿勢とともに机の上や周りも要確認。(A) work は「働く」のほか「勉強［作業］する」の意味もあります。(B) is seated は正しいですが、against the wall が不適。(C) two hands を聞き逃さないように。(D) stare しているとは言えますが、out the window ではありません。

2. 正解（B）　CD 07

(A) The trash can / is overflowing.　(A) ゴミ箱が / あふれている。
(B) Several objects / are attached / to the wall.　(B) いくつかの物が / 取り付けられている / 壁に。
(C) The fire / is being extinguished.　(C) 火が / 消されているところだ。
(D) Some ropes / are lying / on the floor.　(D) 数本のロープが / ある / 床の上に。

解説　複数の物があるので、それぞれの状態と相互の位置関係を確認しましょう。(A) trash can、(D) ropes など写真中で目立つものに惑わされないように。また消火器から (C) fire など写っていないものを連想してはいけません。

3. 正解（A）　CD 08

(A) They're / pointing / at the paper.　(A) 彼らは / 指差している / 書類を。
(B) They're / standing / around the table.　(B) 彼らは / 立っている / テーブルの周りに。
(C) They're / folding / the newspaper.　(C) 彼らは / たたんでいる / 新聞を。
(D) They're / putting on / their ties.　(D) 彼らは / 付けているところだ / ネクタイを。

解説　2 人の人物に共通している動作を描写しているのは (A) のみ。立っているのは 1 人だけなので (B) は不適です。(A) paper と (C) newspaper は音が重なるのできちんと区別しましょう。ネクタイをしているのは 1 人だけであり、また put on は wear とは異なり身につける動作なので、(D) も不適です。

4. 正解（D）

(A) The truck / has entered / the parking structure.
(B) The truck / is parked / alongside the curb.
(C) The truck / is going / through the intersection.
(D) The truck / is making a turn / in the middle of the street.

(A) トラックが / 入った / 駐車施設に。
(B) トラックが / 止められている / 縁石沿いに。
(C) トラックが / 通過中だ / 交差点を。
(D) トラックが / ターンしている / 道路の真ん中で。

解説 トラックの向きや位置、周囲との関係を確認しましょう。(A) parking structure や (B) curb など、目につくものに誘導されないように。(C) にある intersection「交差点」という語は覚えておきましょう。なお truck は「ピックアップトラック」（pickup truck）と呼ばれる荷台が付いた小型トラックも含みます。大型車両とはかぎりません。

5. 正解（D）

(A) The man / is writing / on the whiteboard.
(B) The man / is erasing / some information.
(C) The man / is buttoning / his shirt.
(D) The man / is wearing / a necktie.

(A) 男性は / 書いている / ホワイトボードに。
(B) 男性は / 消している / 情報を。
(C) 男性は / ボタンをかけている / シャツの。
(D) 男性は / 着用している / ネクタイを。

解説 写真中の目立つ物を断片的に聞き取るだけだと (A) にひっかかりますが、writing「書いている」ところではないので不適。(B) erasing「消している」も同様に不適。男性はたしかにシャツを着用していますが (C) button「ボタンをかける」様子ではありません。(D) の wear は put on とは異なり「着用している」状態を表すので、これが正解。

6. 正解（C）

(A) The towers / are adjacent / to the houses.
(B) The structure / doesn't have / any windows.
(C) The building / sits / atop the hill.
(D) The road / runs up / to the gate.

(A) 塔は / 隣接している / 住宅に。
(B) 建物は / 持っていない / 窓を。
(C) 建物が / 建っている / 高台に。
(D) 道が / つづいている / 門まで。

解説 建物の位置・様子・周囲をすばやく確認。(A) towers、(B) windows など、目につくものに引っぱられないように。(D) road は写っていません。なお (C) にある atop は前置詞で「〜の上に」です。on (the) top of ... という同じ意味の表現の方がより一般的です。

Part 2
応答問題

Part 2 を見てみよう	p.38
Part 2 にチャレンジ	p.42
練習問題　問題	p.58
解答・解説	p.59

Copyright © 2015 Educational Testing Service. www.ets.org
*Updated Listening and Reading Directions for the TOEIC®
Test* are reprinted by permission of Educational Testing
Service, the copyright owner. All other information contained
within this publication is provided by Obunsha Co., Ltd. and
no endorsement of any kind by Educational Testing Service
should be inferred.

Part 2 を見てみよう

Part 2 指示文

PART 2
Directions: You will hear a question or statement and three responses spoken in English. They will not be printed in your test book and will be spoken only one time. Select the best response to the question or statement and mark the letter (A), (B), or (C) on your answer sheet.

設問(例)

7. Mark your answer on your answer sheet.

＊指示文の音声は CD 12 に収録されています。
＊設問（例）は本書からの抜粋です。音声は CD 13 、解説は p.42 を参照してください。

> **Part 2 指示文の訳**

PART 2
質問または発言と、それに対する 3 つの応答が英語で放送されるのを聞きます。それらは問題用紙には印刷されておらず、一度しか読まれません。質問または発言に対する最も適切な応答を選び、解答用紙の (A)(B)(C) のうち 1 つをマークしてください。

> **設問（例）**

🔊 放送される質問文と選択肢

Are you ready to place your order, sir?
(A) No, not quite yet.
(B) It's in the wrong place.
(C) His orders are not clear.

Part 2 応答問題

2人の人物（主に男・女）の会話を完成させる問題です。放送される質問・発話に応じるのに最も適切な応答を、3つの選択肢から選びます。Part 1と同じように、選択肢は音声のみで、問題用紙には印刷されていません。ですから選択肢をじっくり比較して検討することはできません。実際の会話と同じように、相手の発話を即座に理解し、即座に応答する能力が求められます。しかし、Part 2 の会話は、現実の会話よりずっとパターン化されていて、多くの場合、応答は定型的です。まずは基本的な疑問文を復習しましょう。

＊Part 2 の問題形式

設問数	25問（No.7～31）
内容	質問・発話とそれに対する3つの応答を聞き、最もふさわしい応答を選ぶ。
設問を聞く時間	約15秒
解答時間	5秒

＊本書で学習する問題タイプ

タイプ1	**Yes / No で答えられる疑問文** 疑問詞を用いず、Yes / No で応答できる疑問文
タイプ2	**Wh-疑問文** 疑問詞を用い、Yes / No では応答できない疑問文
タイプ3	**How で始まる疑問文** How ＋副詞［形容詞］...? も含む
タイプ4	**間接疑問** 疑問詞が文中にくる文
タイプ5	**依頼・提案・要求を表す表現** 依頼や提案、要求を表す定型の疑問文
タイプ6	**否定形の疑問文** Didn't I ...?、Can't you ...? などの否定形で始まる疑問文
タイプ7	**選択疑問文：A or B** 2つ以上の対象の中から、選択することを求める疑問文
タイプ8	**質問ではない発話** 質問ではない日常の発話

＊解答の流れ

① **質問を聞く**　　質問は音声のみ。問題用紙には記されていません。落ち着いて放送を待ち受けましょう。

② **選択肢の判断**　選択肢も音声のみ。問題用紙には記されていません。放送される順にしたがって、的確に正誤を判定しましょう。音の「ひっかけ」には要注意です。

③ **解答をマーク**　マークしたら次の放送を待ち受けましょう。わからないときは、気持ちの切り替えも大切です。

出だしの数語に意識を集中

ケース①「動詞 / 助動詞→主語」の語順の転倒がある
　　Yes / No で答える疑問文ですが、Yes / No は省略する場合もあります。Yes / No の有無にとらわれず、会話の文脈に応じて、適切な応答を選びましょう。

ケース② When、What、Where … などで始まる
　　疑問にきちんと答えている選択肢を選びます。「時」や「場所」を表す前置詞が正解のカギになることがあるので、基本的な前置詞の意味と用法は復習しておきましょう。

ケース③ How で始まる
　　How long …、How much … などは、2 語目の聞き取りが肝心です。How come …?「どうして…」、How about …?「…はどうですか」などの口語表現も覚えておきましょう。

ケース④ Do you know …、Can you tell me … で始まる
　　間接疑問の可能性があります。when、who、why など文中にくる疑問詞を、しっかり聞き取りましょう。

ケース⑤ Today is …、You read …、You have finished … など、出だしが平叙文
　　「主語→動詞」の語順なら、付加疑問の可能性があります。文末に …, isn't it?、…, don't you?、…, haven't you? などがないか、聞き取りましょう。

Part 2 にチャレンジ

タイプ1　Yes / No で答えられる疑問文

▽例題 CD 13

> 問題用紙に記されている指示文
>
> Mark your answer on your answer sheet.

注目するポイント

❶ 出だしの数語で、タイプを判別！　ポイントは語順！

→ 文頭の語順が転倒していればこのタイプ。大きく2つのケースがあります。
① 「be動詞―主語」：Are you ...?、Is this ...?、Was she ...? など。
② 「助動詞―主語」：Do you ...?、Have you ...?、Should we ...? など。
このタイプの疑問文には通例、Yes か No で応答します。ただし…

❷ Yes / No で答えるべきか。それが問題だ！

→ 実際の会話では、Yes / No タイプの疑問文に、ストレートに Yes / No で応じるとはかぎりません。Part 2 でも、Yes / No で始まる応答文がなかったり、あっても、「ひっかけ」になっていたりすることがあるので要注意です。

42

解き方を確認しよう

🔊 放送される問題文と選択肢　🇬🇧 → 🇺🇸

> 質問は Are you で始まる疑問文で、「（注文する）準備ができているか」を尋ねている。

Are you ready to **place** your **order**, sir?
お客さま、ご注文をうかがってよろしいでしょうか。

(A) No, not quite yet.　【正解】
　　いいえ、まだです。

(B) It's in the wrong **place**.
　　それは間違った場所にあります。

(C) His **orders** are not clear.
　　彼の指示は不明確です。

> **音のワナに要注意！**
> 「同じ語」と「音の似た語」の繰り返しに注意！（⇒別冊 p.32 参照）

解説　place ... order「注文をする」、sir「お客さま」という表現から、レストランでのウェイター／ウェイトレスと客との会話だとわかります。ウェイター側が Are you ready ...?「〜の用意［準備］はできていますか」と尋ねているので、ストレートに Yes / No を使って応答している (A) が正解です。quite は副詞で not のような否定語と一緒に使うと「完全には〜ない」という部分的な否定を表します。ですから、より文字どおりに訳せば「いいえ、まだ完全には（注文の用意が）できていません」です。place や order の一語の音の重なりだけで (B) や (C) を選ばないようにしましょう。これらは同音異義語的なワナ（ひっかけ）です。放送文の place は動詞で「を置く、出す」ですが、(B) の place は名詞で「場所」です。同様に放送文の order は名詞で「注文」ですが、(C) の order は同じ名詞でも「指示・命令」です。

Yes / No で答えられる疑問文の例

Are you meeting with your supervisor tomorrow?
「明日、あなたは上司に会いますか」

Do you have any suggestions or ideas?
「何か提案か意見はありますか」

Didn't Jane leave you a note?
「ジェーンはメモを残しませんでしたか」

Has the package been delivered yet?
「荷物はもう配達されていますか」

Should I return her call right now?
「今すぐ彼女に電話をかけ直すべきですか」

タイプ2　Wh-疑問文

▽例題　CD 14

> 問題用紙に記されている指示文
>
> **Mark your answer on your answer sheet.**

注目するポイント

❶ 勝負は、最初の1語！　Yes / Noは×！

→ 疑問詞（Who「誰が [を]」、What「何が [を]」、When「いつ」、Where「どこで」、Why「なぜ」、How「どのようにして」）などで始まる疑問文には、YesやNoでは応答できません。ですからYes / Noで始まる応答文は通例、正解にはなりません。疑問詞にストレートに対応する応答文を選びましょう。最初の1語の聞き取りだけで、正解できる問題もあります。

例）When ...?　→○：At noon.「昼に」、Probably next Monday.「きっと次の月曜に」
　　　　　　　→×：In the office.「会社で」、At the parking lot.「駐車場で」

❷ 疑問詞の「聞き取り」には、「発音練習」がいちばん！

→ 疑問詞は知っていても、その聞き取りは、なかなか難しいものです。日本語発音で「ホワット」「ホエン」「ホワイ」などと発音していては、実際の英語ネイティブの音は聞き取れません。自分で「発音し分け」られない音は、「聞き分け」られないものです。まずは音声をよく聞いて、正しい発音で、声に出して、疑問詞の聞き取りをトレーニングしましょう。

解き方を確認しよう

🔊 放送される問題文と選択肢　🇺🇸 → 🇬🇧

　　　　　　　　　　　　　　最初の1語は where「どこ」！

Where's the paper for the copy machine?
コピー機用の紙はどこですか。

(A) In the office supplies closet. 　**正解**
　　事務用品の収納庫の中です。

　　　　　　　　　　　　(A) の in は「場所」、(B) の in は「時間」。

(B) He's coming in a minute.
　　彼はすぐに来ます。

(C) It uses A4 size paper.
　　それは A4 サイズの用紙を使います。

解説　冒頭の Where「どこに」だけで、「場所」で応じるべき疑問文だとわかります。ストレートに「場所」で応じている応答文、例えば、in the drawer「引き出しの中」、at the dining hall「食堂で」、on his desk「彼の机の上」などを選びましょう。ここでは場所で応じているのは (A) だけです。前置詞が大きなカギになります。ただし、同じ前置詞が「場所」だけでなく「時間」を表すこともあるので要注意です。in a minute「すぐに」、at the meeting「会議で」、on Monday「月曜に」などです。万一、解答に迷っても、(C) paper = paper のワナには"近づかない"ようにしましょう。

疑問詞			
疑問代名詞	人	who「誰が [を]」	
		whose「誰の」	
		whom「誰に」	
	人・物	which「どれを、どちらを」	
	物	what「何が [を]」	
疑問副詞	時	when「いつ」	
	場所	where「どこで、どこへ」	
	理由	why「なぜ」	
	方法・手段	how「どのようにして」	
疑問形容詞	どんな	what color「何色」	
	どちらの	which book「どの本」	

タイプ3　Howで始まる疑問文

▽例題　CD 15

> 問題用紙に記されている指示文
>
> Mark your answer on your answer sheet.

🔍 注目するポイント

❶ Howは「プラスα」まで聞き取ろう！

→ Howは1語なら、「どのように…？」と、「状態」や「手段」を尋ねる疑問詞です。How are you?「調子はどう？」や How did you come here?「どうやって来たの？」がその例です。ところが How は、How many ...（数）、How much ...（量）、How far ...（距離）、How soon ...（時期）のように、2語目に＋αを伴って、いろいろなバリエーションが作れる疑問詞です。ですから、このタイプでは、Howにつづく2語目の聞き取りも欠かせません。

❷ Howの"変種"も忘れずに！

→ Howにはさらに、単純な疑問ではない用法もあります。「意見」を求めたり、人に「薦め」たりするときに使う How about ...?「…はいかがですか」や、「理由」を尋ねる How come ...?「なぜですか」、「感想・好み」を聞く How do you like ...?「…はどうですか」などです。こうした表現は、あらかじめ覚えておきましょう。

解き方を確認しよう

🔊 放送される問題文と選択肢 🇬🇧 → 🇺🇸

> How long を絶対に聞き逃さないように。

How long will you spend doing the project?
このプロジェクトの実施にどれくらいの時間をかけるつもりですか。

(A) It won't cost very much.
それほど費用はかかりません。

> spend → cost の連想は×。

(B) The projector isn't working.
このプロジェクターは作動していません。

(C) Maybe two weeks, at most. 【正解】
おそらく最長でも 2 週間です。

解説 冒頭の How ＋ long の 2 語だけで、時間か距離の「長さ」を尋ねられた、とわかります。もし、long を聞き逃してしまうと spend「費やす」(時間・費用) につられて、cost「かかる」(費用) を含む (A) を選んでしまうかもしれません。ストレートに「時間の長さ」、つまり「期間」で応じているのは two weeks「2 週間」を含む (C) だけです。(B) には project ≒ projector のワナが仕掛けられているので、これが正解だと確信できないかぎり、避けておきましょう。

How ＋副詞［形容詞］の疑問文の例

【数】 How many meetings do you have this week?
　　　「今週、いくつ会議がありますか」
【価格】How much did you spend on this project?
　　　「このプロジェクトにいくら使いましたか」
【量】 How much time do we have left?「時間はあとどれくらい残っていますか」
【頻度】How often do you work out?「どれくらい頻繁に運動しますか」
【距離】How far is your company from the airport?
　　　「空港から会社までどれくらい離れていますか」
【時間】How soon can I have my test results back?
　　　「どれくらいでテストの結果が戻ってきますか」

タイプ4　間接疑問

▽例題 CD 16

> 問題用紙に記されている指示文
>
> Mark your answer on your answer sheet.

注目するポイント

❶ 埋もれた疑問詞もしっかり「発掘」！

→ 疑問詞で始まる疑問文よりも、すこし難しいのが、「間接疑問文」と呼ばれる疑問文です。これはDo you know ...?「…を知っていますか」やCan you tell me ...?「…を教えてください」で始まる疑問文の中ほどに、when、where、howなどの疑問詞が「埋もれた」ような構造の疑問文です。放送文の「出だし」だけでなく、「真ん中」も要チェックです。

❷ 間接疑問の「型」をマスターしよう！

→ 埋もれた疑問詞の"発掘＝聞き取り"を確実にするには、トレーニングが欠かせません。間接疑問文には頻出の「型」があるので、本番の受験に先だって、これらをしっかりマスターしておきましょう（右ページ参照）。

解き方を確認しよう

🔊 放送される問題文と選択肢　🇺🇸 → 🇬🇧

ポイントは "埋もれた" where！

Could you please tell me **where** the **concert** hall is?
コンサートホールがどこにあるか教えていただけますか。

(A) The performance starts at 8 P.M.
演奏は午後 8 時に始まります。

(A) の at は「時間」を表しており、「場所」ではないのでひっかからないように。

(B) One of the best **concerts** I've attended.
私がこれまで参加した中で、最良のコンサートの 1 つです。

(C) Right next to the post office.　**正解**
郵便局のすぐ隣ですよ。

解説　could は can の過去形ですが Could you ...? は「…できましたか」と過去について問う疑問ではなく、Can you ...?「…してくれませんか」の丁寧表現です。聞き取りのポイントは中ほどに "埋もれた" 疑問詞の where「どこで」です。ですから、Yes や No で始まる応答ではなく、「場所」を答えている応答文が正解になります。(C) は (It's) right next to ...「…のすぐ隣です」と、ストレートに「場所」で応じています。where「どこで」を when「いつ」と聞き違えてしまうと、at 8 P.M.「8 時に」と時間で応じている (A) を選んでしまうかもしれません。(B) の concerts は、同音を反復しているワナです。もし解答に迷っても、避けておきましょう。

間接疑問の例

Do you know **who** the new CEO is?
「誰が新しい CEO（最高経営責任者）か知っていますか」

Can you explain to me **why** it took so long to finish the report?
「報告書を仕上げるのにどうしてそんなに時間がかかったのか私に説明してください」

Can [Could] you tell me **where** the post office is?
「郵便局はどこか教えてください」

Can [Could] you show me **how to** turn on the light?
「どうやって明かりをつけるのか教えてください」

Will [Would] you let me know **how much** it would cost in total?
「合計でいくらかかるか教えてください」

Do you remember **what time** the meeting is?
「会議は何時か覚えていますか」

タイプ5　依頼・提案・要求を表す表現

▽例題 CD 17

> 問題用紙に記されている指示文
>
> Mark your answer on your answer sheet.

注目するポイント

❶ 疑問ではない疑問形＆過去ではない過去形？

→「助動詞＋主語 …?」は疑問文の語順です。でも Can you …? や Will you …? は、常に疑問とはかぎりません。これらには「…してくれませんか」と「依頼」を表す用法があるからです。また Could you …? や Would you …? も、過去形ですが、過去についての疑問とはかぎりません。「…してくださいませんか」と丁寧なお願いを表すこともあります。助動詞の過去形には「婉曲・丁寧」を表す用法があります。

❷ 依頼・提案の定形表現を覚えよう！

→「依頼・提案」にはほかにも、いくつかの定形表現があります。文字どおりの訳とは異なる意味のものが多いので、要注意です。こうした定形表現は、あらかじめ覚えておき、できれば英会話でも積極的に使ってみましょう。受験対策も、実践トレーニングがいちばんです。

・Would you mind *do*ing …? →「…してもらえませんか」
・What do you say to *do*ing …? →「…するのはどうですか」
・Why don't you *do* …? →「…してはどうですか」

解き方を確認しよう

🔊 放送される問題文と選択肢　🇬🇧 → 🇺🇸

> Would you mind ...? は依頼を表す定型表現！

Tony, would you mind posting this letter on your way to the station?
トニー、駅に行く途中でこの手紙を投函してもらえますか。

(A) Actually, I turned down the post.
　　実は、その役職は断りました。

(B) I'd be happy to.　**正解**
　　もちろん、喜んで。

> I'd be happy to. は、依頼に応じる定型表現。

(C) If she puts her mind to it, she can.
　　彼女はその気になれば、できます。

解説　まずは冒頭、Tony という人名の呼びかけに惑わされないようにしましょう。ポイントはつづく would you mind doing ...? です。この表現は、文字どおりには「…するのはいやですか」という疑問ですが、実際には「…してください、してもらえませんか」と人にお願いするときに用いる慣用的な依頼表現です。「いいですよ」と快諾するときには、元の意味に即して、No「いいえ（いやではありません）」と、否定形で応じますが、この設問のように、省略されることもあります。(A) の posting ≒ post と、(C) の mind = mind は、もちろんワナです。

依頼・提案・要求を表す定型表現
別冊の p.42「08　頻出質問文による TOEIC 攻略」に、よく出る定型表現がまとまっていますので確認しておきましょう。

タイプ6　否定形の疑問文

▽例題　CD 18

> 問題用紙に記されている指示文
>
> Mark your answer on your answer sheet.

注目するポイント

❶「否定形」＝「否定」とはかぎらない！

→ Didn't I ...?、Can't you ...?、Aren't we ...? のように、否定のnotがあると、否定文だと思えてしまいます。文法的にはたしかに否定形ですが、実際の会話では「拒否」や「否定」ではなく、軽い「確認」の気持ちを表すこともしばしばです。日本語にすれば「…じゃない？」といったニュアンスです。

❷ "NOT" ではなくて "N"！

→ このような否定ではない否定形のnotは、Do not ...? や Can not ...? ではなく、Don'tやCan'tのように省略形で、すこし軽めに発音されます。ですから、Don'tは「ドン」、Can'tは「キャン」のように、notは「ノット」ではなく n「ン」としか聞こえません。自分でも発音しながら、リスニング力をトレーニングしましょう。

解き方を確認しよう

🔊 放送される問題文と選択肢　🇺🇸 → 🇬🇧

「否定」「疑問」ではなくて「確認」！

Didn't we send out all of the invoices last **week**?
明細書はすべて先週、送りましたよね？

(A) I just checked my **voice** messages.
　　今、留守電を確認したところです。

(B) No, I'm leaving next **week**.
　　いいえ、私が出発するのは来週です。

　　　Yes / No は省略可。ここでは、ワナに！

(C) I'm pretty sure we did.　**正解**
　　間違いなく、そうしたと思いますよ。

解説　Didn't we ... は、「したか、しなかったか」という疑問ではなく、「しましたよね？」という確認のニュアンスです。また Did we ... と同じように、形の上では Yes または No で答えられる疑問文です。ですから、つい、No で応じている (B) を選びたくなるかもしれません。しかし、これでは内容的に応答になっていませんし、さらには week = week のワナまで仕込まれています。正解の (C) では、Yes が省略されています。Didn't we の聞き取りは、実際の音をよく聞いて、自分でも発音しながら練習しましょう。

タイプ 7　選択疑問文：A or B

▽例題　CD 19

問題用紙に記されている指示文

Mark your answer on your answer sheet.

注目するポイント

❶ Aにすべきか、Bにすべきか、それが問題だ！　もしくは…?

→ A or B の形で、選択を求める疑問文の場合、Part 2の解答では、① A か B のどちらかを「選ぶ場合」と、② AでもBでもどちらでもよい、という「選ばない場合」の2つのケースがあります。① の場合、放送文中のAまたはBが応答文でそのまま繰り返されても、ひっかけのためのワナではありません。② ではたいてい、Either is fine.「どちらでも結構です」や、It doesn't matter.「どちらでも違いありません」など、定型的な応答が正解になります。

❷ A or B の「大きさ」には、小・中・大がある！

→ A or Bの形は、an apple or an orange「リンゴかオレンジか」などのように、「単語と単語」(小)とはかぎりません。「句と句」(中)、さらには「節と節」(大)のように、より大きな単位が並列されることもあります。AとBのサイズが大きくなると、どれがAで、どれがBなのかわかりにくくなってしまいます。でも、たいてい「A,（ポーズ）or B」のように、一呼吸ポーズがおかれるので、このわずかの「間合い」をヒントにしましょう。

💡 解き方を確認しよう

🔊 放送される問題文と選択肢 🇺🇸 → 🇬🇧

「通路側の」か、それとも「窓側の」か？

Ma'am, would you like an aisle or a window seat?
お客さま、お席は通路側にしますか、それとも窓側にしますか。

(A) Sure, that would be fine.
　　もちろん、それで結構です。

(B) I can see well from here.
　　ここからよく見えます。

(C) An aisle seat, please. 　**正解**
　　通路側でお願いします。

aisle (seat) の繰り返しは、ワナではない。

解説 まずは冒頭の Ma'am「お客さま」という女性客への呼びかけに惑わされないようにしましょう（男性客なら Sir です）。また would you ...? は過去形ですが、過去への言及ではなく、丁寧表現です。聞き取りのポイントは an aisle or a window という選択部分ですから、素直に An aisle seat と答えている (C) が正解です。このように A or B の形では、応答文中での単語の繰り返しは、ワナではないこともあります。seat と (B) の see はひっかけのためのワナです。

選択疑問文の例

小：語 or 語
　Does this dictionary belong to Paul or Robert?
　「この辞書はポールのものですか、それともロバートのものですか」

中：句 or 句
　Would you like to take a break now or finish this first?
　「今休憩を取りたいですか、それともこれをまず終わらせたいですか」

大：節 or 節
　Is this a good time to talk, or should I call you back later?
　「今はお話ししてもよい時間ですか、それとも後でかけ直しましょうか」

タイプ 8　質問ではない発話

▽例題 CD 20

> 問題用紙に記されている指示文
>
> Mark your answer on your answer sheet.

🔍 注目するポイント

❶ すべてが「質問」とはかぎらない！

→ Part 2の設問の大半は、これまでに紹介してきた「疑問文」のバリエーションです。しかし、中には質問ではなく、一般的な発話も、数は少ないながら、出題されることがあります。ごく日常的な発話ですが、それだけに多種多様な形や内容があり、パターン化はできません。これらには模試問題でのトレーニングと、日常会話での実践がいちばんです。

❷ 会話の「常識的マナー」も欠かせない！

→ 放送文が100%は類型化できないからこそ、大切になってくるのは、常識的な理解力です。実際の会話の状況では、どのように応答すべきか、常識的なイマジネーションを働かせて、応答文を選びましょう。「道に迷ったようだ」と聞いたら、道順を教えてあげること、「お腹が空いた」と聞いたら、お薦めのお店を教えてあげること。会話のマナーはTOEICでも変わりません。

解き方を確認しよう

◀)) 放送される問題文と選択肢　🇺🇸 → 🇬🇧

「わからない」→「手伝ってあげよう」

I can't find the directions for connecting to the Wi-Fi system here.
ここの Wi-Fi への接続方法を記した説明書が見つからないのです。

(A) Oh, it's just across the street.
　　ああ、それは通りの向こうにあります。

(B) Here, let me help you set it up.　【正解】
　　じゃあ、設定をお手伝いしますよ。

(C) **I can't** understand why he did it, either.
　　なぜ彼がそうしたか、私にも理解できません。

解説 I can't find ... と平叙文の語順で始まっていて、文末に付加疑問もないので、疑問文ではありません。内容的にはごく日常的な発話です。「方法がわからない」という相手から、「教えてください」とお願いされる前に、「じゃあ、私がお手伝いしましょう」と、こちらから応じるのが「常識的マナー」です。ですから、(B) が正解です。Here は「ここです」と場所を示しているのではなく、「さあ、では」を意味する口語表現です。can't find に惑わされたり、directions を「道順、行き方」と勘違いしたりすると、場所で応じている (A) を選んでしまうかもしれません。I can't の繰り返しに誘導されて (C) を選んでもいけません。

Part 2 攻略
Part 2 は「テクニック」を知ることによってスコアを伸ばしやすいパートです。別冊でもヒルキ先生・ワーデン先生によるテクニックを詳しく解説していますので、読んでおきましょう。(⇒ 別冊 p.32)

Part 2 練習問題

解答時間の目安は 7 min.

▶ 解答・解説は p.59

CD 21 ～ CD 34

1. Mark your answer on your answer sheet.
2. Mark your answer on your answer sheet.
3. Mark your answer on your answer sheet.
4. Mark your answer on your answer sheet.
5. Mark your answer on your answer sheet.
6. Mark your answer on your answer sheet.
7. Mark your answer on your answer sheet.
8. Mark your answer on your answer sheet.
9. Mark your answer on your answer sheet.
10. Mark your answer on your answer sheet.
11. Mark your answer on your answer sheet.
12. Mark your answer on your answer sheet.
13. Mark your answer on your answer sheet.
14. Mark your answer on your answer sheet.

Part 2 練習問題

▶ 問題は p.58

1. 正解（A）

Did you **fax** the confirmation to their **office** yet?
(A) Sure. I sent it this morning.
(B) Are you sure you have your **facts** right?
(C) I'll be leaving the **office** around four today.

もう先方の会社に確認書をファックスしましたか。
(A) もちろん。今朝、送りました。
(B) 事実が合っているか確認しましたか。
(C) 今日は4時頃、社を出るつもりです。

解説 Did you ... の聞き取りがカギ。これで Yes / No で応じる、過去に関する質問とわかります。ここでは Yes の代わりに Sure.「もちろん」で応じています。fax ≒ (B) facts は似た音、office = (C) office は同音のひっかけ。

語句 confirmation「確認（書）」　office「事務所、会社」　fact「事実」

2. 正解（B）

I put the report on your desk, as you **instructed**.
(A) I'm sorry there's not enough money in the budget.
(B) Great. I'll have a look at it later.
(C) I think his **instructions** were very clear.

ご指示のとおり、報告書はデスクに置いておきました。
(A) 予算に十分なお金がなくてすみません。
(B) それは結構。後で目を通しておきます。
(C) 彼の指示はとても明快だったと思います。

解説 as you instructed「指示のとおりに」行動したという発話に対して、適切な応答を選びましょう。Great. はここでは「すばらしい」よりも、Good. や OK. などに近いニュアンスで、形式的な応答にすぎません。instructed ≒ (C) instructions の部分的な同音の繰り返しにひっかからないように。

語句 instruct「に命じる、教える」　budget「予算（案・額）」

3. 正解（B）

Carl, could you let me know when the **new** software's **running**?
(A) The **news** will be on at 5 P.M.
(B) Sure. I'll send you an e-mail.
(C) Yes, I **run** every day.

カール、新しいソフトウェアが動いたら教えてください。
(A) ニュースは夕方5時に放送される予定です。
(B) もちろんです。メールしますよ。
(C) ええ、私は毎日、走ります。

解説 Carl という人名の呼びかけに惑わされないように。依頼の could you ...? は can you の丁寧な表現で、過去の意味はありません。聞き取りのポイントは中ほどの when です。let me know when ... で「…したときは知らせてください」の意味。 new ≒ (A) news、running ≒ (C) run はともに似た音のひっかけ。

語句 let +〈人〉+ know ...「(人) に…を知らせる」　run「(プログラムなどが) 動く」

4. 正解 (B)

Are you going to take the train or use the overnight bus?
(A) No, I took the training last year.
(B) I'll probably ride the bus.
(C) The hotel is fully booked.

列車に乗りますか、それとも夜行バスを使うつもりですか。
(A) いいえ、昨年トレーニングを受けました。
(B) たぶんバスに乗ります。
(C) ホテルは満室です。

解説 Are you ... で始まっていますが文末が A or B の選択疑問文なので Yes / No では答えられません。よって (A) は不適。train ≒ training の音声のひっかけにも要注意です。overnight からの誤った連想で hotel を含む (C) を選んでしまわないように。正解 (B) の ride the bus は use the bus と同義の言い換え。

語句 overnight「夜行の、一泊の」　book「を予約する」

5. 正解 (A)

John, when do you expect to finish the budget calculations?
(A) By Friday, at the latest.
(B) It's way over budget.
(C) No one could've expected that.

ジョン、予算の計算はいつまでに仕上げるつもりですか。
(A) 遅くとも金曜日までには。
(B) 予算を大きく超えています。
(C) それは誰にも予測できなかったはずです。

解説 人名の呼びかけ John に惑わされず、when が聞き取れれば解答しやすいでしょう。(A) By ... は「…までに (期限・期日)」の意味です。budget = (B) budget、expect ≒ (C) expected は音によるひっかけ。

語句 expect to do「…するつもりでいる」　calculation「計算」

6. 正解（A）

Why did you buy a new **briefcase**?
(A) My old one was falling apart.
(B) Let's talk about it, just in **case**.
(C) About a week ago.

なぜ新しい書類かばんを買ったのですか。
(A) 以前の物はこわれそうだったのです。
(B) 万一に備えて、相談しましょう。
(C) 1週間ほど前です。

解説 冒頭の聞き取りがポイント。Why don't you ...? なら「…してはどうですか」という提案の表現ですが、Why did you ...? は単に過去に関する理由の質問です。よって Because ... は省略されていますが理由を述べている (A) が正解。Why を When と聞き違えると (C) を選んでしまいます。briefcase と (B) case の音の重なりによるひっかけにも要注意。

語句 briefcase「書類かばん」　　fall apart「こわれる、ばらばらになる」

7. 正解（A）

Why don't you ask Ginny Dobson to **help** out on your project?
(A) That's a great idea. I think I will.
(B) I can't **help** it if she feels that way.
(C) It's been going on for almost a year.

プロジェクトを手伝ってくれるよう、ジニー・ドブソンに頼んでみてはどうですか。
(A) それはいい考えですね。そうしてみます。
(B) 彼女がそう感じているなら、仕方がありません。
(C) それはもう1年近くつづいています。

解説 Why don't you ...?「…してはどうですか」という提案の表現の聞き取りがポイント。Why であっても理由を尋ねているわけではありません。正解 (A) の I will は I will ask Ginny Dobson to ... の省略。(B) help は同音を繰り返したひっかけです。

語句 help out「手伝う」　　I can't help it if ...「…なら仕方がない」

8. 正解（C）

Is John Wilson supposed to get **back** to us or are we supposed to contact him **first**?
(A) That was the **first** time I'd heard about it.
(B) I don't think he's coming **back** today.
(C) We're supposed to give him a call.

ジョン・ウィルソンから折り返し連絡があることになっているのですか。それともこちらから先に連絡をすることになっているのですか。
(A) それについて聞いたのは初めてでした。
(B) 彼は今日はもう戻らないと思います。
(C) われわれが彼に電話することになっています。

解説 相手から電話が「かかってくる」か、それとも、こちらから先に「かけるべき」かの 2 つが or で並置されています。正解となる (C) の give him a call は、contact him の言い換えであり、事実上、A or B の B を反復していることになります。back を「戻る (come back)」と取って、(B) を選択しないように。

語句 be supposed to do「…することになっている、…しなければならない」 get back to ...「…に（折り返し）電話をかける」

9. 正解（B）

CD 29 🇺🇸 → 🇨🇦

Why didn't you drive to work this morning?
(A) We can take a drive, if you like.
(B) My car is being repaired.
(C) The morning would be better.

なぜ今朝は車で出社しなかったのですか。
(A) ご希望なら、ドライブに行くこともできます。
(B) 私の車は修理中なのです。
(C) 午前中の方がよいでしょう。

解説 Why didn't you ...? は過去の理由を尋ねる表現。提案の表現の Why don't you ...? 「…してはどうですか」と区別すること。理由を述べるのは Because ... ですが実際の会話ではしばしば省略されます。drive ≒ (A) drive、morning = (C) morning は同じ音のひっかけ。

語句 work「職場、職、仕事」 if you like「あなたが望めば［よければ］」 repair「を修理する」

10. 正解（A）

CD 30 🇬🇧 → 🇺🇸

Who's replacing the head of accounting?
(A) Probably John Woo.
(B) What place are we going?
(C) It's on the third floor.

今度は、誰が経理課の課長になるのですか。
(A) おそらく、ジョン・ウーです。
(B) 私たちはどこに向かっていますか。
(C) それは 3 階にあります。

解説 Who ...?「誰が…？」と尋ねているので、John Woo と人名で応じている (A) が正解。アジア系の人名にも慣れておきましょう。replace ≒ (B) place は似た音のひっかけ。

語句 replace「に取って代わる」 head「責任者」 accounting「会計、経理」

62

11. 正解（B）

How long have you lived in Jakarta?
(A) It takes a long time to get there.
(B) Almost five years.
(C) Yes, the cost of living is very high.

ジャカルタに住んでどのくらいになりますか。
(A) そこに行くのには長時間かかります。
(B) そろそろ 5 年です。
(C) ええ、生活費はとても高いです。

解説 How long ...? は（物理的・時間的）長さを尋ねる表現。ここでは滞在期間を尋ねているので、期間で応じている (B) が正解。long = (A) long は同音、lived ≒ (C) living は似た音のひっかけ。

語句 get「到着する、至る」（他動詞の get「を手に入れる」と区別すること）　cost「費用、経費」

12. 正解（A）

You're going to the new hire orientation this morning, aren't you?
(A) I'm supposed to, yes.
(B) It doesn't start until ten.
(C) We hired about 200 people.

今日午前中の新入社員オリエンテーション、出ますよね？
(A) ええ、そういうことになっています。
(B) 10 時まで始まりません。
(C) 約 200 名を雇用しました。

解説 付加疑問の ... aren't you? は、ここでは「…ですよね？」と確認をしています。... are you? や ... aren't you? は Yes / No で応答できます。正解 (A) は本来、Yes, I am. I am supposed to go to ... ですが、go to ... が省略され、Yes が後ろにきています。

語句 new hire「新入社員」

13. 正解（B）

What time does the board meeting start tomorrow?
(A) It was boring, wasn't it?
(B) Right after lunch, I heard.
(C) Most likely about three hours.

役員会議は明日、何時に始まりますか。
(A) 退屈でしたよね。
(B) 昼食後すぐにと聞いています。
(C) おそらく 3 時間ほどです。

解説 冒頭の聞き取りがポイント。What time ... と時刻を聞いているので、時刻またはそれに相当する表現を含む選択肢が正解。選択肢中では (B) の after lunch がこれに相当します。What time を How long と勘違いすると、時間の長さの (C) を選んでしまうでしょう。また board「委員会、役員」を bored「退屈している」と聞き違えると、boring を含む (A) にひっかかってしまいます。

語句 board meeting「役員会議」　right after ...「…の直後に」

14. 正解 (A)

Has our attorney e-mailed the revised contract to us yet?

(A) No, I'd better give her a call.
(B) I'm revising the list of contacts right now.
(C) I couldn't agree with you more.

契約書の改訂版は、もう弁護士からメールで送られてきましたか。

(A) いいえ、彼女に電話した方がよさそうですね。
(B) 連絡先リストは今、修正しているところです。
(C) 私もまったく同感です。

解説 Has our attorney e-mailed ... は完了形の疑問文で、Yes / No で応答できます。Yes / No は省略されることも多いですが、この設問では正解 (A) に No が含まれています。断片的な聞き取りだけに頼ると revised ≒ revising、contract ≒ contacts と似た音を含む (B) にひっかかってしまいます。(C) の cannot agree with ... more は文字どおりには「これ以上、賛成しようのないほどに賛成している」つまり「まったく同感だ」の意味の慣用表現ですが、ここでは会話の文脈に合っていません。

語句 attorney「弁護士」　contract「契約（書）」　contact「連絡先」

Part 3
会話問題

Part 3 を見てみよう		p.66
Part 3 にチャレンジ		p.70
練習問題	問題	p.94
	解答・解説	p.99

Copyright © 2015 Educational Testing Service. www.ets.org *Updated Listening and Reading Directions for the TOEIC® Test* are reprinted by permission of Educational Testing Service, the copyright owner. All other information contained within this publication is provided by Obunsha Co., Ltd. and no endorsement of any kind by Educational Testing Service should be inferred.

Part 3 を見てみよう

Part 3 指示文

PART 3
Directions: You will hear some conversations between two or more people. You will be asked to answer three questions about what the speakers say in each conversation. Select the best response to each question and mark the letter (A), (B), (C), or (D) on your answer sheet. The conversations will not be printed in your test book and will be spoken only one time.

設問(例)

32. Who most likely is the woman?
    (A) An air traffic controller
    (B) A travel agent
    (C) An airport police officer
    (D) An airline employee

33. What is the man concerned about?
    (A) The weather in Tokyo
    (B) Making a connecting flight
    (C) The condition of the runway
    (D) Receiving an upgraded seat

34. What does the woman suggest the man do?
    (A) Book an airline ticket
    (B) Wait for an announcement
    (C) Reserve a hotel room
    (D) Try to land in Denver

＊指示文の音声は CD 35 に収録されています。
＊設問（例）は本書からの抜粋です。音声は CD 36 、解説は p.70 を参照してください。

> **Part 3 指示文の訳**

PART 3
2人以上の人物の間の会話をいくつか聞きます。それぞれの会話で話される内容についての3つの質問に答えます。各質問に対する最もよい解答を選び、解答用紙の (A)(B)(C)(D) のうち1つをマークしてください。会話は問題用紙には印刷されておらず、一度しか読まれません。

> **設問（例）**

🔊 放送される会話と設問

Questions 32 through 34 refer to the following conversation.

M: Do you have any idea how much longer my flight will be delayed?

W: We really don't know right now. All I can tell you is that the control tower has shut down the runway because of the high winds. None of our planes are taking off or landing now.

M: I sure hope the storm stops soon. If we don't take off soon, I may not be able to make my connecting flight to Tokyo from Los Angeles.

W: That certainly seems likely, I'm afraid. You might want to book a hotel here in Denver. And just in case, I'll make sure you have a seat on tomorrow's flight to Tokyo.

32. Who most likely is the woman?
33. What is the man concerned about?
34. What does the woman suggest the man do?

Part 3　会話問題

　Part 3 は、会話を聞き、その会話に関する 3 つの設問に答える問題です。質問と答えの選択肢はともに問題用紙に印刷されているので、あらかじめ放送内容を予測し、聞き取るポイントを絞り込むことができます。3 つの設問に解答したらすぐに、その次の 3 問 1 セットの設問を先読みし、放送を待ち受けるのがコツです。設問は、「いつ」「どこで」「誰が」「何を」「どのように」といった基本的なものがほとんどです。

＊Part 3 の問題形式

設問数	39 問（No.32 〜 70／会話文 1 題につき 3 問ずつ）
内容	2 人以上の人物の会話を聞き、その会話についての質問に答える。質問とその答えの選択肢は印刷されている。
問題文・質問文を聞く時間	約 30 〜 40 秒
解答時間	8 秒

＊本書で学習する会話タイプ

　話し手の組み合わせは、同じ部署の同僚同士、部署の違う人同士、上司と部下、店員と客、病院の受付の人と患者、タクシーの運転手と乗客など、さまざまな組み合わせがあり、対面だけでなく電話の場合もあります。

　設問タイプは、会話の主題、話者の職業、会話の場所など「全体的な内容」に関する設問、問題・懸念事項、特定の場所・時間・事柄、2 者間の提案、会話後の行動、発言の意図など「特定の情報」に関する設問に大きく分けられます。

　p.70 以降の解説では、通常の問題タイプを話し手の組み合わせで分けた 2 タイプと、特殊な会話・設問の 4 タイプをあわせて、以下の 6 タイプに分けて例題を解説しています。

タイプ 1	日常会話
タイプ 2	同僚同士
タイプ 3	長めの会話
タイプ 4	3 人の会話
タイプ 5	図表のある会話
タイプ 6	意図を問う問題

＊解答の流れ

① **設問をチェック**　印刷されている設問に目を通して、放送を待ちます。

↓

② **放送を聞く**　設問のポイントを待ち受けながら、放送を聞きます。

↓

③ **選択肢を選ぶ**　質問文が放送されるので、印刷されている選択肢の中から正しいものを選びます。ひっかけに惑わされることのないよう注意しましょう。

↓

④ **解答をマーク**　マークしたらすぐに次の設問に進みましょう。

Part 3 にチャレンジ

タイプ1　日常会話

　例題は空港の搭乗カウンターでの会話です。TOEIC では、いろいろなビジネスシーンでの実践的な会話問題が出題されます。出張に用いる飛行機、列車、レンタカーなど交通機関や、ホテル、レストラン、カード会社などに関係する単語や表現は、あらかじめ覚えておきましょう。交通手段の予約に関する会話では、「地名」や「時刻」、「便名」など、ポイントとなる具体的な情報を、頭の中でしっかり整理しながら聞かなくてはいけません。

▽例題　CD 36

問題用紙に印刷されている設問と選択肢

1. Who most likely is the woman?
   (A) An air traffic controller
   (B) A travel agent
   (C) An airport police officer
   (D) An airline employee

2. What is the man concerned about?
   (A) The weather in Tokyo
   (B) Making a connecting flight
   (C) The condition of the runway
   (D) Receiving an upgraded seat

3. What does the woman suggest the man do?
   (A) Book an airline ticket
   (B) Wait for an announcement
   (C) Reserve a hotel room
   (D) Try to land in Denver

注目するポイント

設問❶　職業を問う設問は、会話全体から総合的に判断

職業に関する表現を断片的に聞き取るだけでなく、会話の文脈に即して総合的に判断しましょう。

設問❷　懸念事項や問題を問う設問は、声のトーンも参考に

困ったことは、音声上も、困った様子で発話されます。話者の声の調子や雰囲気にも注意しましょう。

設問❸　提案や指示に関する設問では「誰が誰に」に要注意

「男性が女性に」なのか、「女性が男性に」なのか設問をよく確認した上で、会話を聞きましょう。

解き方を確認しよう

🔊 放送される会話　M: 🇺🇸　W: 🇬🇧

Questions 1 through 3 refer to the following conversation.

M: Do you have any idea how much longer my flight will be delayed?

W: We really don't know right now. All I can tell you is that the control tower has shut down the runway because of the high winds. None of our planes are taking off or landing now.

M: I sure hope the storm stops soon. If we don't take off soon, I may not be able to make my connecting flight to Tokyo from Los Angeles.

W: That certainly seems likely, I'm afraid. You might want to book a hotel here in Denver. And just in case, I'll make sure you have a seat on tomorrow's flight to Tokyo.

設問❶
女性は男性に何を伝えているか

設問❷
男性の懸念

設問❸
女性からの提案

設問 1 から 3 は次の会話に関するものです。

男性：私が乗る予定のフライトは、あとどのくらい遅れるか、わかりますか。

女性：今のところ、本当にわからないのです。お伝えできるのは、強風のため、管制塔が滑走路を閉鎖したということだけです。現在、当社の便はすべて離着陸ともにいたしておりません。

男性：この嵐さえ早くおさまるとよいのですがね。早く出発しないと、ロサンゼルス発東京行きの接続便に遅れてしまうかもしれないんですよ。

女性：残念ながら、たしかにそうなってしまいそうです。こちらデンバーでホテルをご予約された方がよろしいかもしれません。念のため、東京行きの明日の便もお席をお取りしておきます。

1. 正解（D）

Who most likely is the woman? 　　女性はおそらく誰ですか。
(A) An air traffic controller 　　　(A) 航空管制官
(B) A travel agent 　　　　　　　(B) 旅行代理店の店員
(C) An airport police officer 　　　(C) 空港警察官
(D) An airline employee 　　　　 (D) 航空会社の従業員

> **解説** 会話中の人物の「職業」を問う設問は、Part 3 でも最頻出です。あらかじめ選択肢に目を通せば、女性の職業が、「空港・飛行機・移動」に関するものだと予測できます。しかし、会話中から flight「飛行便」、planes「飛行機」、taking off「離陸」、landing「着陸」などを断片的に聞き取るだけでは、職業までは特定できません。大事なのは、会話全体の流れから、この女性が、①飛行機の離発着状況を男性客に教えている、②飛行機の席の予約を手配している、の 2 点を押さえることです。①だけだと (A)「航空管制官」や (C)「空港警察官」の可能性もあります。②だけだと (B)「旅行代理店の店員」と (D)「航空会社の従業員」を絞り込めません。両方を押さえて初めて、この女性が (D)「航空会社の従業員」だと明確に特定できます。

2. 正解（B）

What is the man concerned about? 　男性は何を心配していますか。
(A) The weather in Tokyo 　　　　(A) 東京の天気
(B) Making a connecting flight 　　(B) 接続便への乗り換え
(C) The condition of the runway 　(C) 滑走路の状況
(D) Receiving an upgraded seat 　(D) 上のクラスの席を取れるか

> **解説** 設問文の be concerned about は「…について心配［懸念］している」の意味で、Part 3 ではよく使われる表現です（be concerned with「…に関係［従事］している」と要区別です）。問われているのは、男性の抱えている「問題、心配」ですから、男性の発話から「トラブル」に関する情報をつかむよう意識して、会話を聞きましょう。ここでは男性の最初の発言 my flight will be delayed から「フライトが遅れる」とすぐにわかります。さらに 2 つ目の発言から、I may not be able to make my connecting flight「乗り継ぎができないかもしれない」が男性の心配だとわかります。よって正解は、(B)「接続便への乗り換え」です。runway「滑走路」、storm「嵐」、Tokyo「東京」、seat「座席」など、会話中の単語を断片的に聞き取るだけでは、これらを含む選択肢間で十分な絞り込みができません。

3. 正解（C）

What does the woman suggest the man do?

(A) Book an airline ticket
(B) Wait for an announcement
(C) Reserve a hotel room
(D) Try to land in Denver

女性は男性に何をするよう勧めていますか。

(A) 飛行機の便を予約する
(B) アナウンスを待つ
(C) ホテルの部屋を予約する
(D) デンバーで降りようとする

解説 会話中の人物間での What does A suggest B do? も、頻出の設問タイプです。「男性が女性に…」なのか、「女性が男性に…」なのか勘違いしないよう、あらかじめ設問を先読みしてしっかり確認しておきましょう。ここでは「女性が男性に…」ですので、聞き取りのポイントは、女性の発話ということになります。また「命令文」や、人に「ものを勧めるときの定形表現」が出てこないかにも、よく注意しましょう。よく知られているのは、Why don't you ...?「…してはどうですか」や、How about ...?「…はどうでしょうか」ですが、会話中にある You might want to ... もそうした勧めの表現の1つです。文字どおりには、「あなたは…したいかもしれない」ですが、実際には「…した方がよいですよ」のニュアンスです。ですから You might want to book a hotel here in Denver. をすこし言い換えている (C) Reserve a hotel room が正解となります。book や Denver だけから、これらを含む (A) や (D) を選ばないよう、気をつけましょう。

語句
be delayed「遅れている」　runway「滑走路」　high wind「強風」
take off「離陸する」　land「着陸する」　storm「嵐、暴風雨」
connecting flight「接続便、乗り継ぎ便」　book「を予約する」
just in case「念のために」　agent「職員、係員」

タイプ2　同僚同士

同僚同士の会話と言っても、常に会議や打ち合わせなど仕事がらみとはかぎりません。職場での日常的な会話や、家族や休暇のことなど、会話の話題はさまざまです。状況と話題をしっかりつかんで、会話の流れについていきましょう。

▽例題　CD 37

問題用紙に印刷されている設問と選択肢

1. Where does this conversation take place?
   (A) In a coffee shop
   (B) On a street corner
   (C) In a business office
   (D) In a supermarket

2. What had the woman assumed about the man?
   (A) He had already drunk some coffee.
   (B) He would be late arriving at work.
   (C) He would take a vacation soon.
   (D) He had already finished his report.

3. What does the man say about his upcoming deadline?
   (A) It comes at the end of the current week.
   (B) He will ask his boss to extend it.
   (C) It was originally set two weeks ago.
   (D) He will not be able to meet it.

注目するポイント

設問❶　会話のシチュエーションが問われているので、会話全体からの判断も必要
特に場所を表す表現に注意して聞きましょう。

設問❷　女性の主観を問う問題
女性の発話内容に注意が必要。

設問❸　締め切りに関連する男性の発話に注意
後半の男性の発話に注意。deadline「締め切り」に関連する表現を聞き取りましょう。

解き方を確認しよう

🔊 放送される会話　W: 🇬🇧　M: 🇺🇸

Questions 1 through 3 refer to the following conversation.

W: I'm going to run over to the coffee shop around the corner. You want to come with me?

M: No, thanks. I need to stay in the office and keep working on this marketing survey.

W: You haven't finished that yet? You've been working on it for more than two weeks.

M: I know. It's due at the end of this week, and if I don't get it done I hate to think what my boss is going to say.

設問❶ 会話の場所を示唆している

設問❷ 予測が外れた驚きの表現

設問❸ 締め切り期日

設問1から3は次の会話に関するものです。

女性：角を曲がったところのコーヒーショップまで行くところですが、一緒に来ますか。

男性：いいえ、結構です。オフィスに残ってこの市場調査を片付けなくてはならないんです。

女性：まだ終わっていなかったのですか。もう2週間以上取り組んでいますよね。

男性：そうなんですよ。今週末が締め切りなんですが、もし終わらなかったら、上司に何て言われるやら、考えたくもないですよ。

1. 正解(C)

Where does this conversation take place?　　この会話はどこで交わされていますか。

(A) In a coffee shop　　(A) コーヒーショップで
(B) On a street corner　　(B) 街角で
(C) In a business office　　(C) 会社のオフィスで
(D) In a supermarket　　(D) スーパーマーケットで

解説　問われているのは、会話が行われている場所です。選択肢をすばやく先読みすれば、候補地の4つはすぐにわかるので、関連するキーワードの聞き取りに留意しましょう。ただし、断片的な聞き取りでは正解は絞り込めません。この会話では、I'm going to run over to the coffee shop around the corner. や、I need to stay in the office と、会話の前半に選択肢中の単語の多くが含まれています。しかし coffee shop はこれから向かう先ですし、corner はその場所であり、会話が進行している場所ではありません。コーヒーショップに一緒に行かないかという女性の誘いを、男性は I need to stay in the office と言って断っている訳ですから、2人は (C) In a business office でこの会話をしているとわかります。

---

2. 正解(D)

What had the woman assumed about the man?　　男性に関して、女性はどう思い込んでいましたか。

(A) He had already drunk some coffee.　　(A) 彼はもうコーヒーを飲んだ。
(B) He would be late arriving at work.　　(B) 彼は出社が遅れる。
(C) He would take a vacation soon.　　(C) 彼はもうすぐ休暇を取る。
(D) He had already finished his report.　　(D) 彼はもう報告書を仕上げた。

解説　問われているのは、女性が男性について assume していたこと、つまり「思い込んでいた、決めてかかっていた」ことは何かです。ですから女性の発話に注意して会話を聞きましょう。会話の中程で、仕事が残っていると言う男性に対して、女性は You haven't finished that yet?「まだ終わっていなかったのですか」と驚いたように応じています。このトーンからも、女性は、男性がとっくに marketing survey「市場調査」を終えたものと思い込んでいたとわかります。よって (D) が正解です。ここでは survey が report と類義語で言い換えられていることに留意してください。会話中の coffee「コーヒー」、two weeks「2週間」、due「締め切り」などを断片的に聞き取り、間違った想像力を働かせて (A)(B)(C) を選んでしまわないように注意しましょう。

3. 正解（A）

What does the man say about his upcoming deadline?

(A) It comes at the end of the current week.
(B) He will ask his boss to extend it.
(C) It was originally set two weeks ago.
(D) He will not be able to meet it.

迫っている締め切りについて、男性は何と言っていますか。

(A) 今週末になっている。
(B) 延期してくれるよう上司に頼む。
(C) もともとは 2 週間前に設定されていた。
(D) 間に合わせることができないだろう。

解説　設問にある upcoming deadline「迫っている締め切り」という表現は、会話中ではそのままは出てきません。しかし男性の It's due ...「…に締め切りである」がこれと類義の表現であり、この期日は at the end of this week「今週末」と述べられています。よってこれを at the end of the current week と言い換えている (A) が正解です。会話中の two weeks や my boss だけ断片的に聞き取り、これらを含んでいる (B)(C) を選んでしまわないようにしましょう。また最後の発話の if I don't get it done「もし終わらなかったら」はあくまでも仮定であり、予測や予定ではないので、(D) は誤りです。

語句　around the corner「角を曲がったところの、すぐ近くの」
marketing survey「市場調査」　　due「締め切りの」
hate to *do*「…したくない」（= do not want to *do* のくだけた表現）
boss「上司」（くだけた表現）　　extend「を延ばす」
meet「（条件など）を満たす、達成する」

タイプ3　長めの会話

　通常よりすこし長めの、3往復以上（＝発話数6～）の会話も出題されます。発話数が増すにつれて当然、会話に含まれる情報量も増えますから、よりいっそうの集中力が求められます。もちろん正解するために、全会話の一語一句を聞き取ったり、記憶したりする必要はありません。設問に目を通し、ポイントを絞った聞き取りを意識しましょう。

▽例題　CD 38

問題用紙に印刷されている設問と選択肢

1. Who most likely is the man?
   (A) A professional writer
   (B) An office manager
   (C) A real estate agent
   (D) A bookstore owner

2. What does the man suggest the woman do?
   (A) Move to another apartment
   (B) Change her job
   (C) Rent an office
   (D) Purchase a property

3. What will the woman most likely do?
   (A) Talk with her family
   (B) Make an appointment
   (C) Purchase a book
   (D) Access the Internet

注目するポイント

設問❶　職業を問う設問は、会話全体から総合的に判断
職業を表す表現に注意しながら、放送全体から判断しましょう。

設問❷　提案や指示に関する設問では「誰が誰に」に要注意
「男性が女性に」勧めていることです。逆ではありません。

設問❸　つづく行動を予測する設問では、会話の後半に特に注意
会話の後にすることは、明言されず、ほのめかされるだけのこともしばしばです。解答根拠は通例、会話の最後の部分です。

解き方を確認しよう

🔊 放送される会話　W: 🇬🇧　M: 🇺🇸

Questions 1 through 3 refer to the following conversation.

W: Teddy, I need your advice. You make your living from writing books, right? Isn't it hard to concentrate when you work at home? ← 設問❶ 男性の仕事への言及

M: It sure is. That's why I had to get my own office outside. I could never get anything done when I tried to write at home. ← 設問❷ 女性の相談に対して男性はどう答えているか

W: It's the same for me. I'm finding it almost impossible to run my own business working at home. But wasn't your family opposed to it?

M: No, they supported me. And since my wife is a real estate agent, she suggested several suitable locations for me to look at.

W: But isn't it expensive to rent your own space?

M: I was surprised at how reasonable a place she helped me find was. Listen, here's my wife's Web site. If you find anything interesting, call me and I'll talk to her about it for you. ← 設問❸ 男性の提案

設問1から3は次の会話に関するものです。

女性：テディ、あなたのアドバイスが必要なの。あなたは本を書いて生計を立てているのよね。在宅で仕事しているとなかなか集中できないんじゃない？

男性：そりゃ、そうさ。だから外に事務所を借りなきゃいけなかったんだ。自宅で書こうとしてたら、何も仕上がらなかったさ。

女性：私もそうなのよ。在宅で自分の事業を運営するのがほぼ無理だって思い始めているの。でもご家族は反対じゃなかったの？

男性：いや、応援してくれたよ。それに、妻が不動産仲介業だから、僕に合っていそうな場所をいくつか、検討してみたらって勧めてくれたのさ。

女性：でも自分の場所を借りるって、高くない？

男性：妻が探すのを手伝ってくれた物件はとても手頃で驚いたよ。さあ、これが妻のウェブサイトだよ。もし興味がある物件が見つかったら、僕に電話して。君のために僕から彼女に話してみるよ。

1. 正解（A）

Who most likely is the man? 男性はおそらく誰ですか。
(A) A professional writer (A) プロの文筆家
(B) An office manager (B) オフィスの責任者
(C) A real estate agent (C) 不動産仲介業者
(D) A bookstore owner (D) 書店経営者

解説 設問の先読みで、男性の職業が問われているとすぐにわかるので、仕事に関連するキーワードを聞き漏らさないよう、注意して会話を聞きましょう。ただしヒントは、男性の発話中にあるとはかぎりません。ここでは女性の最初の発話、You make your living from writing books, right? の聞き取りと解釈がカギです。make one's living は「生計を立てる」ですから、「本を書いて生活している」とわかります。よって (A) A professional writer「プロの文筆家」が正解です。book の聞き取りだけだと、同じ語を含む (D) A bookstore owner「書店経営者」を選んでしまうかもしれません。また、この1文を聞き漏らしてしまうと、office、real estate agent の断片的な聞き取りで、(B) や (C) で迷ってしまうことになります。(C) は男性の妻の仕事です。

2. 正解（C）

What does the man suggest the woman do? 男性は女性に何をするよう勧めていますか。
(A) Move to another apartment (A) 別のアパートに引っ越す
(B) Change her job (B) 仕事を変える
(C) Rent an office (C) 事務所を借りる
(D) Purchase a property (D) 物件を購入する

解説 設問の先読みで、問われているのは「男性が女性に」勧めていることだと、しっかりと確認しておきましょう。男性が「命令文」や「勧めの定形表現」を使うところがないか、よく注意しましょう。すると男性の最後の発話に Listen, here's my wife's Web site. とあります。Listen は会話中では相手の注意をひくために使われ、当然次には大切な情報がくることになります。Here's ... は、「どうぞ」と人に物を渡したり、情報を教えたりするときに用いる表現ですから、ここでは自身の妻のウェブサイトを見るよう、勧めていることになります。妻の職業は、この前の部分で、my wife is a real estate agent「妻は不動産仲介業」と言っているわけですから、これらを総合すると、男性は女性に、(C) Rent an office「事務所を借りる」よう勧めていると判断できます。また男性は、自宅外に事務所を構えることは自分にはよかったと、肯定的に話していることもヒントになります。女性は rent your own space と言っているので、(D) のように購入するわけではありません。

3. 正解（D）

What will the woman most likely do? 女性はおそらく何をしますか。

(A) Talk with her family　　　　　　(A) 家族と相談する
(B) Make an appointment　　　　　(B) 予約を入れる
(C) Purchase a book　　　　　　　(C) 本を購入する
(D) Access the Internet　　　　　　(D) インターネットにアクセスする

> **解説** 会話中の男性または女性の「次の行動」も、Part 3 ではおなじみの設問です。問われているのは、会話の「最中」でも「前」でもなく、その「後」のことですから、聞き取りのポイントは会話の後半、たいていは最後の発話になります。ここでは男性が、here's my wife's Web site「これが妻のウェブサイトだよ」と言っています。前問でも解説したように、この表現は、情報を手渡すときの表現ですから、おそらくインターネットの URL を書いて渡したか、URL が記されたパンフレットや名刺を手渡したと推測できます。ですから、女性はこれを受けて (D) Access the Internet「インターネットにアクセスする」と予測できます。family や books など、会話中に出てくる聞き取りやすい表現だけで、同じ語を含む (A) や (C) を選んでしまわないよう気をつけましょう。

語句　make *one's* living「生計を立てる」　　that's why ...「そういうわけで…だ」
　　　　get ... done「…をやり終える」　　run「を運営［経営］する」
　　　　be opposed to ...「…に反対する」　　real estate「不動産」

タイプ4　3人の会話

会話は、日常・ビジネスを問わず、いつも2人でとはかぎりません。オフィスシーンなどでは、むしろ複数で言葉を交わしたり、意見を交換したりすることが多いかもしれません。Part 3ではより実践的な会話力を問うために、3人での会話が出題されます。慣れないと混み入っているように思われるかもしれませんが、ポイントはやはり設問の先読みです。会話の網に惑わされず、必要最低限の情報を冷静に待ち受けましょう。

▽例題　CD 39

問題用紙に印刷されている設問と選択肢

1. **When** will the job fair begin?
   (A) Wednesday
   (B) Friday
   (C) Saturday
   (D) Sunday

2. **How many** candidates do the men plan to interview?
   (A) Twenty
   (B) Thirty
   (C) Forty
   (D) Fifty

3. **Where** will the interviews take place?
   (A) In a hotel room
   (B) In the personnel office
   (C) In the conference center
   (D) In a seminar room

注目するポイント

設問❶　複数の曜日を区別して聞く

曜日に注意して聞くのは当然ですが、会話中には複数の曜日が出てくるはずです。大切なのは何曜日が何の日かの判別です。

設問❷　複数の数字を区別して聞く

人数を表す数に注意しますが、こちらも同様に、会話中には複数の数が出てくるはずです。また数の聞き取りだけでなく、ちょっとした計算や換算が必要なこともあります。

設問❸　複数の場所を区別して聞く

場所を表す表現に注意して聞きましょう。こちらも、会話中には場所の表現が複数出てくるはずです。問われているのは、あくまでも「面接」の場所です。

解き方を確認しよう

🔊 放送される会話　W: 🇬🇧　M1: 🇺🇸　M2: 🇦🇺

Questions 1 through 3 refer to the following conversation with three speakers.

W: You and Jim are really going to be busy at the job fair this weekend, Charles. Have you heard how many people have signed up to be interviewed? ← 設問❶ 就職説明会の日時に注意する

M1: I heard there would be around 30 interviews.

M2: Actually, personnel told us that 10 new interview requests came in just before Wednesday's deadline. The actual number now is 40. ← 設問❷ 面接する人数に注意する

M1: Wow! 40? At 20 minutes for each interview, that means we'll be interviewing for the entire conference — all day Saturday and Sunday. Janice, were you able to book a seminar room?

W: No, all of the convention center rooms have been booked for months, so I reserved a suite last Friday in the adjoining hotel for you guys to conduct the interviews. ← 設問❸ 面接を行う場所に注意する

M2: Well, it's not ideal, but it will have to do.

設問1から3は3人の話し手による次の会話に関するものです。

女性：あなたとジムは、今週末の就職説明会で本当に忙しくなりそうね、チャールズ。何人が面接を受ける予約をしているのか聞いている？

男性1：面接は30件くらいだろうって聞いているけど。

男性2：実は、人事部の話だと、水曜の締め切り間際になって10件新たに面接希望が入ったってさ。実際の件数は今や40件さ。

男性1：えっ！ 40件も？ 面接1件につき20分としたら、会の最初から最後までずっと面接ということだね。土曜も日曜も一日中。ジャニス、セミナールームの予約はできたかい？

女性：いいえ、コンベンションセンターの部屋はすべて、何か月も埋まっているの。だから、あなたたちが面接できるように、先週の金曜に隣のホテルのスイートルームを予約しておいたわ。

男性2：そうか、理想的じゃないけど、やむを得ないかな。

83

1. 正解（C）

When will the job fair begin?　　就職説明会はいつ始まりますか。
(A) Wednesday　　(A) 水曜日
(B) Friday　　(B) 金曜日
(C) Saturday　　(C) 土曜日
(D) Sunday　　(D) 日曜日

> **解説**　会話中には順に、Wednesday's deadline「水曜の締め切り」、all day Saturday and Sunday「土曜も日曜も一日中」、last Friday「先週の金曜」と曜日を含む表現がいくつか出てきます。job fair「就職説明会」が開催されるのは、女性の最初の発話の at the job fair this weekend「今週末の就職説明会で」から「今週末」だとわかります。the entire conference — all day Saturday and Sunday とも言っているので、土曜日と日曜日なのだと確認できます。設問が問うているのは、説明会はいつ始まるかですから、(C) Saturday「土曜日」が正解です。

2. 正解（C）

How many candidates do the men plan to interview?　　男性たちは何人の候補者を面接する予定ですか。
(A) Twenty　　(A) 20 人
(B) Thirty　　(B) 30 人
(C) Forty　　(C) 40 人
(D) Fifty　　(D) 50 人

> **解説**　会話中には 30, 10, 40, 20 と 4 つの数が出てきますが、これらは順に、around 30 interviews「面接は 30 件くらい」、10 new interview requests「10 件新たに面接希望」、The actual number now is 40.「実際の件数は今や 40 件」、At 20 minutes for each interview「面接 1 件につき 20 分」です。ですから面接の candidates「候補者」の数として正しいのは、(C) Forty「40 人」です。これは会話の流れに即して計算しても、「当初からの予定件数：30 件」＋「新たに入った面接件数：10 件」＝合計 40 件で合っています。しかし計算しなくても男性 2 の The actual number now is 40. を受けて男性 1 が Wow! 40?「えっ！40 件も？」と驚いて、わざわざ繰り返していることでも、はっきりと聞き取りが可能です。TOEIC では、実際の会話と同じように、大切な情報は繰り返したり、言い換えたりされるので、こうした箇所が特に出題のポイントになります。

3. 正解（A）

Where will the interviews take place?　面接はどこで行われますか。

(A) In a hotel room
(B) In the personnel office
(C) In the conference center
(D) In a seminar room

(A) ホテルの部屋で
(B) 人事部のオフィスで
(C) 会議センターで
(D) セミナールームで

解説　数と並んで、場所に関連する表現も personnel「人事部」、a seminar room「セミナールーム」、all of the convention center rooms「コンベンションセンターの部屋はすべて」、a suite ... in the adjoining hotel「隣のホテルのスイートルーム」と複数出てきます。チャールズ（男性1）のジャニスへの質問と、彼女の No という解答から、当初予定していた (D) の a seminar room「セミナールーム」は予約がとれず、代わりに (A) In a hotel room「ホテルの部屋で」面接が実施されることになったとわかります。ホテルの a suite「スイート」が選択肢中では単に room と言い換えられているのがポイントです。なお日本語では sweet「甘い」も「スイート」とカタカナで綴るので、混同しないようにしましょう。suite とは浴室や寝室とは別に、応接や会議のための別室がある大型のルームタイプのことです。

語句
job fair「就職説明会」　　sign up to do「…することに申し込む」
personnel「人事部［課］」　　deadline「締め切り」　　book「を予約する」
reserve「（場所）を予約する」　　adjoining「隣の」

タイプ5　図表のある会話

　情報とは、会話の「音声」、文章の「文字」だけでなく、もっと視覚に訴える「図表」によっても伝えられるものです。特にビジネスシーンでは、スケジュール表、アドレスブック、To Doリストや、グラフやチャート、プレゼンテーション資料など、こうした要素はたくさんあります。Part 3では、こうした「図表」と「会話」を組み合わせた問題も出題されます。ただ会話を聞き取るだけでなく、音声情報を整理整頓して"立体化"する力が求められます。

▽例題　CD 40

注目するポイント

問題用紙に印刷されている設問と選択肢

July 8th Schedule
- 9:00　John Conrad
- 9:30　Sally Boone
- 10:00　Ricardo Salazar
- 10:30　Elena Kruschev

1. Why is the woman delayed?
   - (A) Her car has broken down.
   - (B) She is caught in traffic.
   - (C) Her meeting ran overtime.
   - (D) She overslept.

2. Look at the graphic. Who will be the first person the woman can meet?
   - (A) John Conrad
   - (B) Sally Boone
   - (C) Ricardo Salazar
   - (D) Elena Kruschev

3. What will the man most likely do for the woman?
   - (A) Cancel her first meeting
   - (B) Meet with a client
   - (C) Give her a ride
   - (D) Call her supervisor

設問❶　「原因」を問う設問であることをチェック
原因・理由が問われています。直接的な説明ではなく、間接的な示唆が根拠となることも多いので、全体の状況を理解しましょう。

設問❷　図表では1つ1つ情報を整理する
複数の情報を区別して聞きます。ここでは最初の面会相手が問われています。ただし会話中で人名が直接言及されるとはかぎらず、注意が必要です。

設問❸　行動の予測は、人物の発言と状況から総合的に判断
「男性が女性のために」です。逆ではありません。男性から女性への「申し出」、女性から男性への「依頼」、そして状況から判断します。

解き方を確認しよう

🔊 放送される会話　W: 🇬🇧　M: 🇺🇸

Questions 1 through 3 refer to the following conversation and schedule.

W: Richard, this is Patricia. I'm stuck on the cross-town freeway. Traffic is not moving at all. It's already 8:15 and there's no way I'm going to make it to the office before 9:15 or so.

M: Got it. Should I cancel your 9:00 appointment?

W: Is there any way you could handle it for me? You've worked with John before. All I need to know is what ideas he has for the new ad campaign we plan to run. But we probably should reschedule the 9:30 appointment, though, just to be safe.

M: OK. I can do that. It's good that you can still make it here in time for your last two morning appointments.

← 設問❶
女性の現状
＝問題の原因

← 設問❷
それぞれの予定に対して女性はどうするか

← 設問❸
男性が何をするのか推測

設問 1 から 3 は次の会話とスケジュールに関するものです。

女性：リチャード、パトリシアだけど。市内横断高速道路で足止めされているところなの。車列はまったく進んでいないわ。もう 8 時 15 分だし、9 時 15 分頃までにオフィスに着くのはまず無理そうなの。

男性：了解。9 時の約束はキャンセルしようか。

女性：私の代わりに対応してもらうのは無理かしら？　ジョンとは前に仕事したことあるわよね。今、企画している新しい広告キャンペーンについて、彼がどんなアイディアを持っているか聞いておいてもらえればいいの。でもたぶん、9 時半のアポは、やっぱり念のため、予定を入れ直すべきね。

男性：わかったよ。そうしておくよ。午前中のあと 2 件の約束にはまだ間に合いそうでよかったよ。

7月8日の日程	
9:00	ジョン・コンラッド
9:30	サリー・ブーン
10:00	リカルド・サラザー
10:30	エレナ・クルシェフ

1. 正解 (B)

Why is the woman delayed?
(A) Her car has broken down.
(B) She is caught in traffic.
(C) Her meeting ran overtime.
(D) She overslept.

なぜ女性は遅れていますか。
(A) 彼女の車が故障した。
(B) 彼女は渋滞に巻き込まれている。
(C) 彼女の会議が長引いた。
(D) 彼女は寝坊した。

解説 設問は女性が delayed「遅れている」理由を問うており、選択肢はいずれも遅刻の原因になりそうなものばかりです。しかし、あまり想像力を働かせすぎてはいけません。あくまでも会話の文脈に即して解答しましょう。なおこれが電話での会話であることは冒頭の Richard, this is Patricia.「リチャード、パトリシアだけど」という女性の名乗り方からわかります。そしてパトリシアはすぐに I'm stuck on the cross-town freeway.「市内横断高速道路で足止めされているところなの」と状況を説明しています。またつづく Traffic is not moving at all.「車列はまったく進んでいないわ」からも、遅刻の原因が (B) She is caught in traffic.「彼女は渋滞に巻き込まれている」ことだとわかります。

2. 正解 (C)

Look at the graphic. Who will be the first person the woman can meet?
(A) John Conrad
(B) Sally Boone
(C) Ricardo Salazar
(D) Elena Kruschev

図表を見てください。女性が会える最初の人は誰になりますか。
(A) ジョン・コンラッド
(B) サリー・ブーン
(C) リカルド・サラザー
(D) エレナ・クルシェフ

解説 パトリシアの there's no way I'm going to make it to the office before 9:15 or so「9時15分頃までにオフィスに着くのはまず無理そうなの」から、パトリシアが9時の John Conrad との約束には間に合わないとわかります。パトリシアはこの面会の対応をリチャードに委ねているので、面会予約自体はキャンセルされませんが、自分では会えません。そして、つづく予約については But we probably should reschedule the 9:30 appointment, though, just to be safe.「でもたぶん、9時半のアポは、やっぱり念のため、

予定を入れ直すべきね」と言っているので、Sally Boone の予約にも対応できないとわかります。ですからパトリシアが「会える最初の人」は 10:00 の 3 件目の予約者 (C) Ricardo Salazar ということになります。なおこのサラザー氏と次の 10:30 の予約者 Elena Kruschev の 2 人に面会できることは、リチャードの最後の発話 It's good that you can still make it here in time for your last two morning appointments. からも再確認できます。

3. 正解（B）

What will the man most likely do for the woman?

(A) Cancel her first meeting
(B) Meet with a client
(C) Give her a ride
(D) Call her supervisor

男性が女性のために最もしそうなことは何ですか。

(A) 彼女の最初の約束をキャンセルする
(B) 顧客と会う
(C) 彼女を車に乗せていく
(D) 彼女の上司に電話する

解説 前問でも説明したように、パトリシアはリチャードに 2 つのお願い・指示をしています。1 つは彼女の代わりに、9:00 に面会予定だった John Conrad に会って、the new ad campaign we plan to run「今、企画している新しい広告キャンペーン」について、ジョンの意見を聞いておくこと、もう 1 つは、9:30 に面会予定だった Sally Boone の予約を reschedule「再度調整する」ことです。ですからリチャードの最後の発話、OK. I can do that.「わかったよ。そうしておくよ」とは、この両方をまとめて引き受けたことを意味しています。ここではその 1 つ目である (B) Meet with a client「クライアント（顧客）と会う」が正解です。2 つ目のお願いである予約の変更から、(A) Cancel her first meeting「彼女の最初の約束をキャンセルする」を選んではいけません。約束をリスケジュールするのは first「最初の」9:00 の方ではなく、second「2 番目の」9:30 の面会予定です。

語句 be stuck「動くことができない、行き詰まっている」
make it「（時間や約束に）間に合う」　appointment「（面会の）約束、予約」
handle「を処理する、取り扱う」　ad「広告」（advertisement の短縮形）
reschedule「（予定）を再調整する」　client「顧客、依頼人」
supervisor「監督者、上司」

タイプ6 意図を問う問題

英語は日本語に比べてストレートだとしばしば言われますが、英語にももちろん、間接的なものの言い方はあります。難しく思われるかもしれませんが、文脈をよく理解するとともに、定型的な表現はあらかじめ覚えておくようにしましょう。

▽例題 CD 41

注目するポイント

問題用紙に印刷されている設問と選択肢

1. What does the woman mean when she says, "As far as I know"? ←
   (A) The upgrade has likely been completed.
   (B) She has already logged on to the system.
   (C) The upgrade took longer than expected.
   (D) Technicians are still in the office.

設問❶　意図を問う問題では、まず直前に注目
直前の発話の内容を受けている表現です。その内容を確実に理解しましょう。

2. What does the woman mean when she says, "I'm afraid that's out of the question"? ←
   (A) The current software is adequate.
   (B) She is worried about the hardware.
   (C) There is no budget for new monitors.
   (D) She has never heard such a question.

設問❷　何が否定されているのか、文脈を理解する
間接的な否定の表現です。直前の発話の内容を中心に、文脈に注意しましょう。

3. What does the woman mean when she says, "It will be tight"? ←
   (A) The connections are securely fastened.
   (B) It will be challenging to meet the deadline.
   (C) Their new uniforms are close-fitting.
   (D) She is uncomfortable with the decision.

設問❸　どのような状況なのか、を把握する
状況を表す比喩的な表現です。会話の流れから状況を正確に理解しましょう。

解き方を確認しよう

🔊 放送される会話　M: 🇺🇸　W: 🇬🇧

Questions 1 through 3 refer to the following conversation.

M: So have the tech people completed upgrading the software on our office machines?　← 設問❶ 直前・直後の内容を確実に理解

W: As far as I know. The two technicians that were here finished up around 10 a.m. and then left.

M: Hmm. Since the company is improving the system, what do you think of the possibility of getting bigger monitors?

W: I'm afraid that's out of the question. We're already over budget for hardware.　← 設問❷ 発言を補足する直後に注目

M: Well, at least with the software upgrades we can more easily create the charts and tables for the marketing data.

W: Yeah, that's a relief. It will be tight, but that means we should be able to meet the deadline for tomorrow's sales report.　← 設問❸ 文脈をとらえて意図を理解する

設問 1 から 3 は次の会話に関するものです。

男性：ところで技術部の人たち、オフィスのコンピューターのソフトウェアは、アップグレードしてくれたのかな？

女性：私の知るかぎりでは、2 人の技術者がここに来て、午前 10 時頃には終えて、帰ったわ。

男性：ふーん。会社はシステムを改善しているわけだし、もっと大きなモニターにする可能性については、どう思う？

女性：残念だけど、それって論外だと思うわ。ハードウェアの予算はもうオーバーしてるから。

男性：まあ、少なくともソフトウェアのアップグレードでマーケティングデータ用のグラフや表はもっと簡単に作れるようになったね。

女性：そうよ、それでほっとしたわ。きつそうだけど、でもこれで明日の売上レポートの締め切りには間に合うはずね。

1. 正解（A）

What does the woman mean when she says, "As far as I know"?

(A) The upgrade has likely been completed.
(B) She has already logged on to the system.
(C) The upgrade took longer than expected.
(D) Technicians are still in the office.

「私の知るかぎりでは」と女性が言うとき、彼女は何を意味していますか。

(A) アップグレードはおそらく完了している。
(B) 彼女は既にシステムにログオンした。
(C) アップグレードは予定より長くかかった。
(D) 技術者はまだオフィスにいる。

解説 男性の So have the tech people completed upgrading the software on our office machines? という質問は、通例、yes または no で答えられる疑問文です。しかし女性は As far as I know.「私の知るかぎりでは」と間接的にしか応答していません。この会話の流れでは、これは As far as I know, the tech people have completed ... という意味で、その後の The two technicians that were here finished up からも、既に作業が済んでいることが理解できます。よって (A) が正解です。(B) は、この会話からは判断できません。(C) も、around 10 a.m.「午前10時頃」の作業完了が予定外に遅かったのかどうか、この会話からはわかりません。(D) は、女性の The two technicians ... then left. から誤りだとわかります。

---

2. 正解（C）

What does the woman mean when she says, "I'm afraid that's out of the question"?

(A) The current software is adequate.
(B) She is worried about the hardware.
(C) There is no budget for new monitors.
(D) She has never heard such a question.

「残念だけど、それって論外だと思うわ」と女性が言うとき、彼女は何を意味していますか。

(A) 現在のソフトウェアで十分だ。
(B) 彼女はハードウェアについて心配している。
(C) 新しいモニターの予算はない。
(D) 彼女はそのような疑問は聞いたことがない。

解説 I'm afraid that's out of the question.「残念だけど、それって論外だと思うわ」は、男性の ... what do you think of the possibility of getting bigger monitors?「もっと大きなモニターにする可能性については、どう思う？」との質問への応答です。out of

92

the question は「問題にならない、まったく不可能で」という強い表現ですが、I'm afraid …「残念ですが…だと思います」という表現でいくぶんか和らげられています。そう答える理由については、つづいて We're already over budget for hardware.「ハードウェアの予算はもうオーバーしてる」と述べられています。ですから (C) There is no budget for new monitors.「新しいモニターの予算はない」が正解です。 (D) の such a question は out of the question と question をかけたひっかけです。

---

3. 正解（B）

What does the woman mean when she says, "It will be tight"?

(A) The connections are securely fastened.
(B) It will be challenging to meet the deadline.
(C) Their new uniforms are close-fitting.
(D) She is uncomfortable with the decision.

「きつそうだけど」と女性が言うとき、彼女は何を意味していますか。

(A) 接続は安全に留められている。
(B) 締め切りに間に合わせるのは大変だ。
(C) 新しい制服はきつめだ。
(D) 彼女はその決定を不快に思っている。

解説 It will be tight の it は直前の a relief を受ける代名詞ではなく、後につづく to meet the deadline for tomorrow's sales report「明日の売上レポートの締め切りには間に合う」ことです。これが tight「きつい」とは、(B) It will be challenging to meet the deadline.「締め切りに間に合わせるのは大変だ」の意味です。日本語でも「締め切りがきつい」など「きつい」を比喩的に使いますが、英語の tight も同様です。これを物理的に「きつい」の意味でとってしまうと、(A) The connections are securely fastened. や (C) Their new uniforms are close-fitting. を選んでしまうかもしれません。なお challenging とは文字どおりには「挑戦的な」ですが、ここでは自分に対する挑戦である、つまり「大変だ」「ハードルが高い」のニュアンスです。同義表現には difficult や hard、これらより口語的な tough「タフな、骨が折れる」があります。

語句 tech people「技術者」　finish up「終える、仕上げる」　budget「予算」
chart「グラフ」　table「表」　deadline「締め切り」
close-fitting「（服が）身体にぴったりとした」

Part 3 練習問題

解答時間の目安は 8 min.

▶ 解答・解説は p.99

CD 42

1. What is this conversation mainly about?

    (A) The woman's new clothing
    (B) The woman's new location
    (C) The woman's new apartment
    (D) The woman's new position

2. What does the woman say about Chicago?

    (A) It has a good mass transportation system.
    (B) It has interesting ethnic restaurants.
    (C) It has a beautiful lake nearby.
    (D) It has a thriving business community.

3. What is the woman's problem?

    (A) She recently caught a cold.
    (B) She doesn't want to be transferred.
    (C) She has a hard time staying warm.
    (D) She has to find a new apartment.

CD 43

4. Who most likely is the woman?

    (A) A company president
    (B) An administrative assistant
    (C) A factory manager
    (D) An accounting clerk

5. What does the man say about the Dayton facility?

   (A) Its results have been unacceptable.
   (B) It will probably be closed soon.
   (C) It is under new management.
   (D) It is operating at less than full capacity.

6. What does the woman mean when she says, "I'll get on it right away"?

   (A) She will board an aircraft.
   (B) She will prepare the report.
   (C) She will make a phone call.
   (D) She will book a ticket online.

CD 44

Menu	
Stir-fried shrimp	$15.95
Blackened catfish	$15.95
Broiled salmon	$16.95
Baked flatfish	$18.95

7. Where did the speakers learn about the restaurant?

   (A) From a friend
   (B) From a guidebook
   (C) From the restaurant owner
   (D) From a magazine review

8. Look at the graphic. What item did the woman order?

   (A) Stir-fried shrimp
   (B) Blackened catfish
   (C) Broiled salmon
   (D) Baked flatfish

9. What is indicated about the speakers?

   (A) They are on a business trip.
   (B) They normally do not eat fish.
   (C) They have not met recently.
   (D) They have left the restaurant.

CD 45

10. What does the man feel about his recent negotiation?

    (A) Confident that it went according to plan
    (B) Disappointed that it was inconclusive
    (C) Amazed that it finished so quickly
    (D) Surprised that it was so difficult

11. What does the woman offer to do for the man?

    (A) Consult with an attorney
    (B) Talk to one of her friends
    (C) Review his calculations
    (D) Look over a contract

12. What does the man say about his company?

    (A) It has been recently formed.
    (B) It has many employees.
    (C) It has a new president.
    (D) It has been the leader in its field.

CD 46

13. What is the man's problem?

    (A) He has forgotten a client's name.
    (B) He missed an important meeting.
    (C) He is unable to open a computer file.
    (D) He cannot find some documents.

14. What will the woman probably do next?

    (A) Use a company directory
    (B) Make a telephone call
    (C) Check the man's computer
    (D) Go to a co-worker's office

15. Why does the woman say, "don't give it a second thought"?

    (A) The man should reconsider the problem.
    (B) She is happy to help the man.
    (C) There is no need for another discussion.
    (D) The man should stop thinking about the interview.

CD 47

16. Who most likely is the man?

    (A) A health consultant
    (B) A flight attendant
    (C) A train conductor
    (D) A travel agent

97

17. What are the women concerned about?

    (A) Being able to join a tour group
    (B) Arriving at the airport on time
    (C) Flying in economy class
    (D) Having their seats reassigned

18. What does the man ask the women to do?

    (A) Give him their mobile phone numbers
    (B) Use the airport's courtesy phone
    (C) Wait for him to find out some information
    (D) Bring him back a cup of coffee

Part 3 練習問題

解答解説

▶問題は p.94

CD 42 M: 🇦🇺 W: 🇬🇧

Questions 1 through 3 refer to the following conversation.

M: Christine, I haven't seen you since you were transferred to the Midwest. How do you like living in Chicago?

W: The museums are great, and the public transportation is excellent. I don't even need a car. I'm having a hard time getting used to the cold, though. The wind off the lake is freezing.

M: Hmm. You probably need to learn how to dress in layers. That's the secret to living in a frigid climate.

設問1から3は次の会話に関するものです。
男性：クリスティーン、あなたが中西部に転勤になってから、ずっと会っていませんでしたね。シカゴでの生活はどうですか。
女性：美術館はすばらしいですし、公共交通機関もとても便利です。車なんて必要ないくらいです。あの寒さにはなかなか慣れないですが。湖からの風が凍てつくように冷たいんですよ。
男性：そうですか。うまく重ね着する方法を身につけるしかなさそうですね。それが極寒の地で暮らす秘訣ですよ。

1. 正解（B）

What is this conversation mainly about?	この会話は主に何についてですか。
(A) The woman's new clothing	(A) 女性の新しい服
(B) The woman's new location	(B) 女性の新しい居住地
(C) The woman's new apartment	(C) 女性の新しいアパート
(D) The woman's new position	(D) 女性の新しい職

解説 男性が you were transferred to the Midwest と言っていることから、この女性が中西部のシカゴに転勤したとわかります。つづく会話はシカゴの住み心地について。よって (B) The woman's new location「女性の新しい居住地」が正解です。

99

2. 正解 (A)

What does the woman say about Chicago?
シカゴについて、女性は何と言っていますか。

(A) It has a good mass transportation system.
(A) 便利な公共交通機関がある。
(B) It has interesting ethnic restaurants.
(B) 面白いエスニック料理店がある。
(C) It has a beautiful lake nearby.
(C) 近くに美しい湖がある。
(D) It has a thriving business community.
(D) ビジネスが活発だ。

解説 女性はシカゴの ①美術館（museums）、②公共交通機関（public transportation）、③寒さ（the cold）の 3 点に言及しています。このうち②について、public transportation を mass transportation と言い換え、さらに excellent を good と置き換えた (A) が正解。

3. 正解 (C)

What is the woman's problem?
女性の問題は何ですか。
(A) She recently caught a cold.
(A) 最近、風邪を引いた。
(B) She doesn't want to be transferred.
(B) 転勤させられたくない。
(C) She has a hard time staying warm.
(C) なかなか暖かく過ごせない。
(D) She has to find a new apartment.
(D) 新しいアパートを見つけなくてはならない。

解説 女性はシカゴについて having a hard time getting used to the cold「寒さには慣れない」と言っています。これを has a hard time staying warm「暖かく過ごせない」と言い換えている (C) が正解。cold を「風邪」と誤解して (A) を選ばないようにしましょう。

語句 transfer「を転任させる、移す」　How do you like ...?「…はどうですか、好きですか」
have a hard time doing「…するのに苦労する、なかなか…できない」
get used to ...「…に慣れる」　frigid「寒冷な」
climate「気候」（特定の日時や場所での「天気」を意味する weather とは異なり、climate はその地方の平均的な「気候」を意味する）

CD 43 M: 🇺🇸 W: 🇨🇦

Questions 4 through 6 refer to the following conversation.

M: Tina, would you please call the manager of our factory in Dayton and tell him I need to meet him here in New York right away?

W: Certainly, sir. When would you like to schedule the meeting?

M: As soon as possible. Tomorrow afternoon, at the latest. And tell him I expect a full explanation for his factory's poor performance this past quarter.

W: I'll get on it right away.

設問 4 から 6 は次の会話に関するものです。
男性：ティナ、デイトンのうちの工場の責任者に電話して、至急、ここニューヨークで、私が彼に会う必要があると彼に告げてください。
女性：はい、承知しました。打ち合わせはいつに設定しましょうか。
男性：なるべく早く。遅くとも明日の午後には。それから、工場の今四半期の業績不振について、私が詳しい説明を望んでいると、彼に伝えておいてください。
女性：すぐにそういたします。

4. 正解（B）

Who most likely is the woman?	この女性はおそらく誰ですか。
(A) A company president	(A) 会社の社長
(B) An administrative assistant	(B) 秘書
(C) A factory manager	(C) 工場長
(D) An accounting clerk	(D) 経理係

解説 女性は男性から Tina と呼ばれているのに対して、男性には Certainly, sir.「はい、承知しました」とかなり丁寧な表現で応じています。ここから男性が上司であり、女性が部下という関係だとわかります。よって女性は男性の下で働く (B) An administrative assistant「秘書（事務補助員）」だとわかります。男性が自らは電話をかけずに、女性に頼んでいることからも、この二者の関係が推測できます。

5. 正解（A）

What does the man say about the Dayton facility?	デイトンの工場について、男性は何と言っていますか。
(A) Its results have been unacceptable.	(A) 業績が受け入れがたいものである。
(B) It will probably be closed soon.	(B) おそらく間もなく閉鎖される。

(C) It is under new management.　　(C) 新しい経営陣の下にある。
(D) It is operating at less than full capacity.　　(D) 最大生産能力以下で稼働している。

> **解説** 男性は工場の責任者に対して、かなり急な呼び出しをしています。その理由はつづく And tell him I expect a full explanation for his factory's poor performance this past quarter. で説明されています。業績不振について今すぐに説明してもらいたい、ということから自然なのは (A) Its results have been unacceptable.「業績が受け入れがたいものである」です。

6. 正解（C）

What does the woman mean when she says, "I'll get on it right away"?　　「すぐにそういたします」と女性が言うとき、彼女は何を意味していますか。
(A) She will board an aircraft.　　(A) 彼女は飛行機に搭乗するつもりだ。
(B) She will prepare the report.　　(B) 彼女は報告書を準備するつもりだ。
(C) She will make a phone call.　　(C) 彼女は電話をかけるつもりだ。
(D) She will book a ticket online.　　(D) 彼女はインターネットでチケットを予約するつもりだ。

> **解説** 男性が女性に指示しているのは、冒頭に would you please call ...? とあるように「電話をかける」ことです。女性はこれを受けて I'll get on it right away.「すぐにそういたします」と応じているので、この会話につづいてすぐに、(C) She will make a phone call.「彼女は電話をかけるつもりだ」と推測できます。

語句　manager「管理者、責任者」　　factory「工場」　　right away「即座に」
Certainly.「（要求などに返答して）承知しました、もちろんです」
sir（客や上司など、目上の男性に対する呼びかけ）　　at the latest「遅くとも」
explanation「説明、釈明」　　performance「業績」　　facility「施設」

CD 44 M: 🇦🇺 W: 🇨🇦

Questions 7 through 9 refer to the following conversation and table.

M: How's your fish? You've hardly touched it.
W: It's all dried out. I can't believe our guidebook said this seafood restaurant was one of the best places to eat in the city.
M: I don't always trust what I read in guidebooks.
W: Good point. It's definitely better when someone you know recommends a place.
M: Anyway, I'm glad I got the shrimp. It wasn't great, but at least it was better than what you ordered.
W: Yeah. I chose the second most expensive item on the menu and it was totally disappointing.
M: Well, let's make a note to avoid this place the next time we're in town to meet customers.
W: And maybe ask one of our business partners to suggest something?
M: Good idea.

設問7から9は次の会話と表に関するものです。
男性：君の魚はどう？　ほとんど口をつけていないようだけど。
女性：すっかりパサパサよ。このガイドブックには、このシーフードレストランが、この街で食事をするのに最高のお店の１つだって書いてあったけど、信じられないわ。
男性：僕は、ガイドブックに書いてあることを、いつも信用したりはしないよ。
女性：そのとおりよね。誰か知り合いがお店を薦めてくれる方が絶対にいいわよね。
男性：とにかく、エビにしておいてよかったよ。大したことはなかったけど、少なくとも君が注文したものよりはよかったかな。
女性：そうよ。メニューで２番目に高い品を選んだのに、ものすごくがっかりだわ。
男性：まあ、お客さんに会いに、次回この街に来るときには、この店はよすようにメモしておこう。
女性：それから、取引先の誰かに何か、お薦めしてもらうのはどうかしら。
男性：いい考えだね。

メニュー	
エビの炒めもの	$15.95
ナマズのスパイス焼き	$15.95
サーモンの直火焼き	$16.95
カレイのオーブン焼き	$18.95

7. 正解（B）

Where did the speakers learn about the restaurant?
(A) From a friend
(B) From a guidebook
(C) From the restaurant owner
(D) From a magazine review

このレストランについて、2人はどこで知りましたか。
(A) 友人から
(B) ガイドブックから
(C) このレストランのオーナーから
(D) 雑誌のレビューから

> **解説** 女性の最初の発話 I can't believe our guidebook ... と、これにつづく男性の応答 I don't always trust what I read in guidebooks. から、このレストランを知ったのは (B) From a guidebook「ガイドブックから」だとわかります。

8. 正解（C）

Look at the graphic. What item did the woman order?
(A) Stir-fried shrimp
(B) Blackened catfish
(C) Broiled salmon
(D) Baked flatfish

図表を見てください。女性はどの品を注文しましたか。
(A) エビの炒めもの
(B) ナマズのスパイス焼き
(C) サーモンの直火焼き
(D) カレイのオーブン焼き

> **解説** 女性のオーダーは、I chose the second most expensive item on the menu「メニューで2番目に高い品を選んだ」で間接的に表現されています。メニューでいちばん高い料理は $18.95 の (D) Baked flatfish「カレイのオーブン焼き」で、これに次いで高い料理が $16.95 の (C) Broiled salmon「サーモンの直火焼き」です。

9. 正解（A）

What is indicated about the speakers?
(A) They are on a business trip.
(B) They normally do not eat fish.
(C) They have not met recently.
(D) They have left the restaurant.

2人についてどんなことがほのめかされていますか。
(A) 出張中である。
(B) 普段、魚を食べない。
(C) 最近は会っていなかった。
(D) レストランを出ている。

> **解説** 会話の終盤で、男性は the next time we're in town to meet customers と言っています。またこれを受けて女性も And maybe ask one of our business partners to suggest something? と応じています。これらから、2人が現在、(A) They are on a business trip.「出張中である」と推測できます。

> **語句** dry out ...「…を完全に乾かす、パサパサにする」
> make a note「メモを取る, 書き留める」　customer「客」　indicate「をほのめかす」

CD 45　W: 🇬🇧　M: 🇺🇸

Questions 10 through 12 refer to the following conversation.

W: Hi, Taka. How did your meeting with Brent Company go?
M: I'm not sure. I knew before we started that it would be a tough negotiation, but I thought we'd at least be able to come to some sort of agreement.
W: You mean the negotiations broke down?
M: No, we agreed to talk again next Thursday. And everything might still turn out okay. But it's disappointing that we couldn't finish everything yesterday.
W: Listen, I have a friend from university who works for Brent. Let me talk with him to see if I can find out what they're thinking.
M: That'd be great, Lisa. I'm getting big pressure from our new president to get this deal done quickly.

設問10から12は次の会話に関するものです。
女性：こんにちは、タカ。ブレント社との打ち合わせはどうだった？
男性：よくわからないよ。始める前から、難しい交渉になるってわかってはいたけど、でも、少なくとも何かしらの合意には至れるだろうって思っていたんだ。
女性：交渉は決裂したってこと？
男性：いや、来週の木曜にまた話すってことで合意したよ。それに万事、まだ上手くいくかもしれないんだ。でも昨日のうちに全部片付けられなくて、がっかりだよ。
女性：そうそう、大学時代の友人にブレントで働いている人がいるわ。彼と話してみて、先方でどんな風に考えているのかがわかるかどうか、探ってみるわ。
男性：そりゃ助かるな、リサ。新社長からは僕に、この交渉をすぐにまとめるようにって、大きなプレッシャーがかかっているんだ。

10. 正解（B）

What does the man feel about his recent negotiation?
(A) Confident that it went according to plan
(B) Disappointed that it was inconclusive
(C) Amazed that it finished so quickly
(D) Surprised that it was so difficult

最近の交渉について、男性はどのように感じていますか。
(A) 計画どおりにいったと確信している
(B) まとまらなかったことに、がっかりしている
(C) とても速く終わって驚いている
(D) とても難しくてびっくりしている

解説 男性の発言の I knew ... it would be a tough negotiation、I thought we'd at least be able to come to some sort of agreement から、難しいと予想はしていたが、合意に至らなかったのは期待を下回る結果だったとわかります。交渉が決裂したわけではなく、うまくいく可能性はあるものの、But it's disappointing that we couldn't finish everything yesterday. と述べており、(B) が正解だとはっきりわかります。

11. 正解（B）

What does the woman offer to do for the man?　女性は男性のために、何をしようと申し出ていますか。
(A) Consult with an attorney　(A) 弁護士に相談する
(B) Talk to one of her friends　(B) 友人の1人に話をする
(C) Review his calculations　(C) 彼の算定を見直す
(D) Look over a contract　(D) 契約書に目を通す

解説 女性は、話し相手の注目を喚起する会話表現 Listen につづいて、I have a friend from university who works for Brent と、交渉相手の企業に大学時代の知人がいることを説明し、さらに Let me talk with him と言っています。ですから、(B) が正解です。

12. 正解（C）

What does the man say about his company?　会社について、男性は何と言っていますか。
(A) It has been recently formed.　(A) 最近、作られた。
(B) It has many employees.　(B) 多くの社員がいる。
(C) It has a new president.　(C) 新しい社長がいる。
(D) It has been the leader in its field.　(D) ずっと業界のリーダーである。

解説 男性が最後の発話で、I'm getting big pressure from our new president「新社長からは僕に…大きなプレッシャーがかかっているんだ」と言っています。ですから (C) It has a new president.「新しい社長がいる」が正解です。

語句　tough「（交渉が）難しい」　come to an agreement「合意に達する」
break down「（話し合いが）決裂する」　turn out「（結果として）…になる」
get ... done「…を終わらせる」　inconclusive「結論の出ない」　attorney「弁護士」
calculation「計算、算定」　contract「契約書」

Questions 13 through 15 refer to the following conversation.

M: We're reviewing the candidates for our open position. I can't find Shirley Cummings' file. Do you know where it is?

W: Mark Hanks had it. He's involved in the hiring and I saw that file on his desk. He's at a meeting right now but I can get it for you from his office. He won't mind.

M: Could you do that? We have an important interview scheduled with her tomorrow and I really should take a look at her résumé. I'd be really grateful.

W: Of course, don't give it a second thought.

設問 13 から 15 は次の会話に関するものです。
男性：採用枠の候補者の選考をしているところなんだけど。シャーリー・カミングスのファイルが見当たらないんだ。どこにあるか知ってる？
女性：マーク・ハンクスが持っていたわよ。彼は採用に関わっていて、そのファイルが彼のデスクの上にあるのを見たわ。彼は今、会議中だけど、私が彼のオフィスから持ってきましょうか。彼なら気にしないわよ。
男性：そうしてくれるかい。彼女とは明日、大事な面接の予定があるんだ。だから彼女の履歴書をちゃんと見ておかないといけないのさ。すごく助かるよ。
女性：お安い御用よ。気にしないで。

13. 正解（D）

What is the man's problem?

(A) He has forgotten a client's name.
(B) He missed an important meeting.
(C) He is unable to open a computer file.
(D) He cannot find some documents.

男性の問題は何ですか。

(A) クライアントの名前を忘れた。
(B) 大事な会議に出席しなかった。
(C) コンピューターのファイルが開けられない。
(D) 書類が見つからない。

解説　男性は最初の発話で、I can't find Shirley Cummings' file. Do you know where it is?「シャーリー・カミングスのファイルが見当たらないんだ。どこにあるか知ってる？」と言っています。ですから、(D) が正解です。

14. 正解（D）

What will the woman probably do next?

(A) Use a company directory
(B) Make a telephone call
(C) Check the man's computer
(D) Go to a co-worker's office

女性はおそらく次に何をしますか。

(A) 社員名簿を使う
(B) 電話をする
(C) 男性のコンピューターを調べる
(D) 同僚のオフィスに行く

解説 女性は、男性が探しているファイルを同僚のデスクで見たと言い、さらに、... I can get it for you from his office. He won't mind. と言って、男性を手助けしようと申し出ています。これを受けて、男性は Could you do that? と応じているので、彼女は次に (D) Go to a co-worker's office と推測できます。

15. 正解（B）

Why does the woman say, "don't give it a second thought"?

(A) The man should reconsider the problem.
(B) She is happy to help the man.
(C) There is no need for another discussion.
(D) The man should stop thinking about the interview.

なぜ女性は「気にしないで」と言っていますか。

(A) 男性はこの問題を再検討すべきだ。
(B) 男性の役に立てて、うれしい。
(C) 再度の議論は必要ない。
(D) 男性は面接について考えるのをやめるべきだ。

解説 Don't give it a second thought. は、直訳すれば「それに 2 番目の考えを与えるな」つまり「再考するな」となりますが、会話の文脈をふまえて考えないと、実際の意味はわかりません。男性の代わりに書類を取りに行ってもよい、との女性の申し出に対して再考するとは、つまり遠慮して自分で書類を取りに行くことにする、ということです。そうしないようにという女性の意図は、「気にしないで」「遠慮はいらないわ」「お安い御用よ」というニュアンスです。

語句 review「をよく調査する」　candidate「候補者」　open position「仕事の空き」
be involved in ...「…に関わっている」　take a look at ...「…を見る」
résumé「履歴書」

CD 47 W1: 🇬🇧　M: 🇦🇺　W2: 🇨🇦

Questions 16 through 18 refer to the following conversation with three speakers.

W1: Jim, I noticed from the travel itinerary you sent us that our seats are 23D and 23E. Aren't those in the middle of the row?

M: That's right, Sally. It's because the discount tickets you and Brenda booked are part of a tour group. The seats are assigned at random within the group.

W2: I hope there's something that we can do. I have problems with my legs when I fly.

M: OK, Brenda. Let me call the airline. It shouldn't be a problem to change your seat to an aisle seat. Why don't you both go to the coffee shop next door? I'll come over to meet you as soon as I find out whether it's possible or not.

W2: Thanks, Jim. Sally, do you want an aisle seat, too?

W1: That would be great. It's OK if we sit separately. Anyway, let us know what you find out.

設問 16 から 18 は 3 人の話し手による次の会話に関するものです。

女性 1：ジム、送ってくれた旅程表を見ていて気づいたんだけど、私たちの席は 23D と 23E よね。これって列の真ん中じゃないの？

男性：そのとおりですよ、サリー。あなたとブレンダが予約した割引チケットは、団体ツアーの一部だからです。座席の割り振りは団体内ではランダムになってしまうんですよ。

女性 2：何とかならないかしら。飛行機に乗るときに、足の具合が悪くなるのよ。

男性：了解しました、ブレンダ。航空会社に電話してみます。あなたの席を通路側に変更するのは問題ないはずです。お 2 人とも隣のカフェにでも行っていらしたらいかがですか。できるかどうかわかったらすぐに、お 2 人のところに行くようにしますので。

女性 2：ありがとう、ジム。サリー、あなたも通路側にしたい？

女性 1：その方がいいわ。別々の席でも構わないわ。とにかく、確認して教えてちょうだい。

16. 正解（D）

Who most likely is the man?	男性はおそらく誰ですか。
(A) A health consultant	(A) 健康コンサルタント
(B) A flight attendant	(B) 飛行機の添乗員
(C) A train conductor	(C) 車掌
(D) A travel agent	(D) 旅行代理店員

解説 > 一連のやりとりから、男性ジムは、2人の女性の飛行機の予約を行っているとわかります。適切なのは (D) A travel agent「旅行代理店員」です。互いにファーストネームで呼び合うなどカジュアルなやりとりなので、日本的な感覚だとすこしわかりにくいかもしれませんが、この会話は友人同士のものではなく、サービス業の男性と2人の女性客の間のやりとりです。

17. 正解（D）

What are the women concerned about?　　　　　女性たちは何について気にしていますか。

(A) Being able to join a tour group　　(A) 団体ツアーに加われること
(B) Arriving at the airport on time　　(B) 時間どおりに空港に到着すること
(C) Flying in economy class　　(C) エコノミークラスに乗ること
(D) Having their seats reassigned　　(D) 自分たちの席を変えてもらうこと

解説 > サリーが ... our seats are 23D and 23E. Aren't those in the middle of the row? と言い、ジムが It shouldn't be a problem to change your seat to an aisle seat. と応じていることから、2人の女性は (D) Having their seats reassigned「自分たちの席を変えてもらうこと」ができるか気にしているとわかります。have ... V-ed は「…を～してもらう」という依頼を表す表現です。

18. 正解（C）

What does the man ask the women to do?　　男性は女性たちに何をするよう求めていますか。

(A) Give him their mobile phone numbers　　(A) 彼女らの携帯番号を彼に教える
(B) Use the airport's courtesy phone　　(B) 空港の無料案内電話を使う
(C) Wait for him to find out some information　　(C) 彼が情報を確認するのを待つ
(D) Bring him back a cup of coffee　　(D) 彼にコーヒーを1杯、持ってきてくれる

解説 > 解答に該当するのはジムが女性2人に言う Why don't you both go to the coffee shop next store? という部分です。これは前後の Let me call the airline. と I'll come over to meet you as soon as I find out whether it's possible or not. から考えて、(C) Wait for him to find out some information「彼が情報を確認するのを待っている」ことができるように言ったものです。

語句　itinerary「旅行の日程」　　row「列」　　book「を予約する」　　assign「を割り振る」
　　　at random「ランダムに、無作為に」　　aisle seat「通路側の席」

Part 4
説明文問題

Part 4 を見てみよう	p.112
Part 4 にチャレンジ	p.116
練習問題　問題	p.132
解答・解説	p.135

Copyright © 2015 Educational Testing Service. www.ets.org *Updated Listening and Reading Directions for the TOEIC® Test* are reprinted by permission of Educational Testing Service, the copyright owner. All other information contained within this publication is provided by Obunsha Co., Ltd. and no endorsement of any kind by Educational Testing Service should be inferred.

Part 4 を見てみよう

Part 4 指示文

PART 4
Directions: You will hear some talks given by a single speaker. You will be asked to answer three questions about what the speaker says in each talk. Select the best response to each question and mark the letter (A), (B), (C), or (D) on your answer sheet. The talks will not be printed in your test book and will be spoken only one time.

設問（例）

71. Who most likely is the speaker?
    (A) An interior decorator
    (B) A painter
    (C) A sales associate
    (D) An art dealer

72. Why is the speaker leaving this message?
    (A) An order has been delayed.
    (B) Some products are unavailable.
    (C) An exhibition has been canceled.
    (D) Some merchandise has arrived.

73. What does the speaker ask Ms. Kim to do?
    (A) Visit his office
    (B) Look at some artwork
    (C) Check her schedule
    (D) Call him back

＊指示文の音声は CD 48 に収録されています。
＊設問（例）は本書からの抜粋です。音声は CD 49、解説は p.116 を参照してください。

Part 4 指示文の訳

PART 4

1 人の話者による説明文をいくつか聞きます。それぞれの説明文で話者が話す内容についての 3 つの質問に答えます。各質問に対する最もよい解答を選び、解答用紙の (A)(B)(C)(D) のうち 1 つをマークしてください。説明文は問題用紙には印刷されておらず、一度しか読まれません。

設問（例）

🔊 放送される説明文と設問

Questions 71 through 73 refer to the following telephone message.
Ms. Kim, this is Dennis from Metro Paint Supplies. The paint your interior decorator ordered arrived at our store this afternoon. I'd like you to check the color, though, just to make sure it really matches what you need for your office renovation project. I need to attend one of our customer's art exhibitions tomorrow, but I'll try to adjust my schedule to fit yours. Could you give me a call at 555-9899 as soon as you get this message to set up a time when we could meet? Thanks.

71. Who most likely is the speaker?
72. Why is the speaker leaving this message?
73. What does the speaker ask Ms. Kim to do?

Part 4　説明文問題

　Part 4 も、放送を聞き、それに関する 3 問の設問に答えます。Part 3 との違いは、放送の内容が会話ではなく、各種のアナウンスであるということです。内容は「録音メッセージ」「案内放送」「スピーチ」などさまざまです。Part 4 もやはり、設問を先読みし、必要な情報を待ち受けるように聞くことがポイントです。

＊Part 4 の問題形式

設問数	30 問（No.71 〜 100 ／英文 1 題につき 3 問ずつ）
内容	放送される説明文を聞いて、印刷されている質問と 4 つの選択肢を読み、最も適したものを選ぶ
問題文・質問文を聞く時間	約 30 〜 40 秒
解答時間	8 秒

＊本書で学習する英文タイプ

タイプ 1	**電話メッセージ** 留守電メッセージ、会社の音声自動案内など
タイプ 2	**指示・告知** 仕事上の指示や連絡、告知、スピーチ、講義など
タイプ 3	**アナウンス・広告** 施設案内、空港のアナウンス、列車の車内放送、各種施設の閉館案内など
タイプ 4	**人物の紹介** スピーチに特有の話題

＊設問タイプ

(a)「全体的な内容」に関する設問
　　主題、目的、話者は誰か、場所はどこかなど
(b)「特定の情報」に関する設問
　　提案、結論など

　また、Part 3 と同様、「図表に関する問題」「意図を問う問題」が出題されます。タイプとしては Part 3 と同様のため紹介はせず、問題の中に含めています。

＊解答の流れ

① **設問をチェック** 印刷されている設問に目を通して、放送を待ちます。

↓

② **放送を聞く** 設問のポイントを待ち受けながら、放送を聞きます。

↓

③ **選択肢を選ぶ** 質問文が放送されるので、印刷されている選択肢の中から正しいものを選びます。ひっかけに惑わされることのないよう注意しましょう。

↓

④ **解答をマーク** マークしたらすぐに次の設問に進みましょう。

放送内容をあらかじめ把握する

放送のジャンルは、放送の冒頭に流れる Questions 71 through 73 refer to the following ... 「設問 71 から 73 は、次の…に関するものです」によって、あらかじめ明言されます。放送の種類がわからないと、内容理解が難しくなってしまうので、following の次の語は聞き逃さないようにしましょう。

例：
the following talk 「話」
the following short talk 「短い話」
the following speech 「スピーチ」
the following radio announcement 「ラジオのアナウンス」
the following radio broadcast 「ラジオ放送」
the following voice-mail message 「音声メッセージ」
the following telephone message 「留守番電話のメッセージ」
the following introduction 「紹介、挨拶」
the following business report 「業務報告」
the following advertisement 「宣伝、広告」
the following excerpt from a meeting 「会議の一部」

Part 4 にチャレンジ

タイプ1 電話メッセージ

電話のメッセージや自動音声案内は頻出形式の1つ。指示文や冒頭の1文で自動音声案内であると予測できれば、聞き取りはそれほど難しくありません。ボタンの操作や営業時間の案内など、数字や時間の聞き取りには要注意です。

▽例題 CD 49

問題用紙に印刷されている設問と選択肢

1. Who most likely is the speaker?
    (A) An interior decorator
    (B) A painter
    (C) A sales associate
    (D) An art dealer

2. Why is the speaker leaving this message?
    (A) An order has been delayed.
    (B) Some products are unavailable.
    (C) An exhibition has been canceled.
    (D) Some merchandise has arrived.

3. What does the speaker ask Ms. Kim to do?
    (A) Visit his office
    (B) Look at some artwork
    (C) Change her schedule
    (D) Call him back

注目するポイント

設問❶ 職業を問う設問は、会話全体から総合的に判断
話者の職業や職責を問う質問では、キーワードを頼りに総合的に判断しましょう。

設問❷ 電話の用件をチェック
電話の用件は、メッセージの初めの方で明確に伝えられるはず。選択肢の表現がそのまま放送中にあるとはかぎらないので、同義の言い換えにも要注意。

設問❸ 依頼や指示の内容は後半に注意
留守電メッセージを聞いたらどうしてほしいのか、は最後の方で具体的な指示やお願いがあるはず。

解き方を確認しよう

🔊 放送される電話メッセージ 🇺🇸

Questions 1 through 3 refer to the following telephone message.

Ms. Kim, this is Dennis from Metro Paint Supplies. The paint your interior decorator ordered arrived at our store this afternoon. I'd like you to check the color, though, just to make sure it really matches what you need for your office renovation project. I need to attend one of our customer's art exhibitions tomorrow, but I'll try to adjust my schedule to fit yours. Could you give me a call at 555-9899 as soon as you get this message to set up a time when we could meet? Thanks.

設問❶ 話者の職業
設問❷ 電話の用件
設問❸ 依頼の表現

設問1から3は次の電話メッセージに関するものです。

キム様、こちらはメトロ塗料店のデニスと申します。貴社のインテリア・デザイナー様からご注文いただいていた塗料が、本日午後、当店に入荷しました。こちらの色の確認をお願いいたしたく思っております。貴社のリフォームにご希望の色に、きちんと合っているか再確認をしていただきたいのです。明日は、当店のお客さまの展覧会にお邪魔する予定がありますが、ご都合に合わせて予定を調整いたします。このメッセージをお聞きになりましたらすぐに、555-9899までお電話いただけますでしょうか。いつお打ち合わせができるかご相談いたしたく思っております。失礼いたしました。

1. 正解 (C)

Who most likely is the speaker?　　話し手はおそらく誰だと考えられますか。
(A) An interior decorator　　(A) インテリア・デザイナー
(B) A painter　　(B) 画家、塗装屋
(C) A sales associate　　(C) 販売員
(D) An art dealer　　(D) 美術商

解説　留守番電話のメッセージを残しているのは誰かを問う設問は、Part 4 の定番の1つです。(A) An interior decorator「インテリア・デザイナー」はたしかに出てきますが、これは顧客の依頼で塗料を注文した人で、メッセージの話者でも相手でもありません。メッセージ中に paint という語が2度出てきますが、これにつられて (B) A painter「画家、塗装屋」を選んでもいけません。同じく art exhibitions「展覧会」という表現も出てきますが、これは話し手の顧客の1人が開催しているもので、このメッセージの話し手のものではありませんから、(D) An art dealer「美術商」でもありません。正解になる (C) A sales associate「販売員」という表現自体は、実はメッセージ中には、音声としては一度も出てきません。しかし、会話全体の文脈から、この男性が、塗料の販売店の店員であることは明らかです。our store「当店」という表現を使って、商品の入荷状況を伝えていることも大きなヒントになります。

---

2. 正解 (D)

Why is the speaker leaving this message?　　話し手はなぜこのメッセージを残していますか。
(A) An order has been delayed.　　(A) 注文品が遅れている。
(B) Some products are unavailable.　　(B) 一部の商品が入手できない。
(C) An exhibition has been canceled.　　(C) 展覧会が中止された。
(D) Some merchandise has arrived.　　(D) 商品が入荷した。

解説　留守番電話のメッセージには通例、何らかの「用件・目的」がありますが、これを問う設問です。英語の会話や文章では、大事な用件は最初にはっきりと告げることが一般的なので、放送の冒頭部分を聞き逃さないよう、注意して聞きましょう。正解に必要なのは、何かが、(A) ... delayed「遅れている」、(B) ... unavailable「入手できない」、(C) ... canceled「中止された」、(D) ... arrived「入荷した」かの判断です。このメッセージでは、まずメッセージの相手と、自分の名前を明言した上ですぐに、The paint your interior decorator ordered arrived ... と、電話をした理由を述べています。よって、具体的な注文品（paint）は含まれませんが、これを merchandise「商品」と言い換えている (D) Some merchandise has arrived.「商品が入荷した」が正解です。なお、この some は

複数を意味する「いくつかの」ではなく、不特定を表す「ある、何かの」の意味です。注文品は order とも言うので (A) を選んでしまいそうになるかもしれませんが、delayed「遅れている」とは言っていません。

3. 正解（D）

What does the speaker ask Ms. Kim to do?

(A) Visit his office
(B) Look at some artwork
(C) Change her schedule
(D) Call him back

話し手はキムさんに何をするよう求めていますか。

(A) 自分の事務所に来る
(B) 美術品を見る
(C) スケジュールを変更する
(D) 電話を折り返す

> **解説** 留守番電話のメッセージには通例、電話をかけた理由とともに、そのメッセージを聞いた相手に何をしてほしいのか、話し手から聞き手への「指示」や「依頼」が含まれます。こうした内容は、一般的な流れであれば、メッセージの最後にきますから、放送の後半に注意しましょう。選択肢の先読みができれば (A) Visit 、(B) Look at 、(C) Change、(D) Call のいずれかを判断すればよいとわかります。聞き取りのポイントは、指示を表す「命令文」や「Please ＋動詞」、または Can [Could] you ...? などの依頼の表現です。このメッセージでは、最後に Could you give me a call と言っているので、これを言い換えている (D) Call him back「電話を折り返す」が正解になります。

> **語句** make sure「…ということを確かめる」　renovation「改修、修復」
> attend「に出席する」　art exhibition「展覧会」　adjust「を調整する」
> unavailable「利用できない」　merchandise「商品」

119

タイプ2 指示・告知

英語を用いるビジネスの現場では、1人から複数の人に対する指示・告知、スピーチが行われることがしばしばです。誰が誰に対して、何のために話をしているのか、ポイントを絞ったリスニングに留意しましょう。

▽例題 CD 50

注目するポイント

問題用紙に印刷されている設問と選択肢

Team Request Form
Team A: Rolf Jacobsen ＿＿＿＿＿
Team B: Kirpal Singh ＿＿＿＿＿
Team C: Lee Wong ＿＿＿＿＿
Team D: Tomoko Honda ＿＿＿＿＿

1. Who is the most likely audience for this talk?
   (A) Salespeople
   (B) Fashion designers
   (C) Factory workers
   (D) Team leaders

2. What is the speaker's main message?
   (A) Sales have been steadily declining.
   (B) New workers need to be trained.
   (C) Diversity in teams should be encouraged.
   (D) Specialized knowledge is the key to success.

3. Look at the graphic. What team should an employee interested in Internet Sales join?
   (A) Team A
   (B) Team B
   (C) Team C
   (D) Team D

設問❶ 「誰」かを問う設問は、会話全体から総合的に判断

話し手が用いる呼びかけの表現などがヒントになりますが、聞き取れた単語を含む選択肢を選ぶのでは不十分なことも多く、注意が必要です。

設問❷ 話の主旨をつかむ

話の目的や意図など、重要なポイントはわかりやすく、また複数回、表現を変えつつ強調される可能性が高いと言えます。

設問❸ 図表は1つ1つの情報を区別して聞く

図表は複数の情報が順番に示されるので、何が何に対応するのか、整理しながら聞くことが重要です。正解が明言されず総合的な判断が必要な問題もありますが、ここではシンプルな内容です。

解き方を確認しよう

🔊 放送される話 🇬🇧

Questions 1 through 3 refer to the following talk and request form.

Thanks to all of your sales efforts, we have retained our successful position as the top clothing retailer in the industry for the third year in a row. But we cannot relax. For me as the head of sales, the key to our continuing success is the diversity we have on our teams and the fresh ideas that people from different backgrounds are able to offer to the team and team leader. To continue that success, I want to encourage you to join a new team. Of course, team leaders will remain the same as now: Rolf Jacobsen remains in charge of the Internet Sales team; Kirpal Singh, Direct Marketing; Lee Wong, Print Advertising; and Tomoko Honda, Special Promotions. To indicate your choice of teams, write your name next to the team leader on the Team Request Form and hand it to me before you leave.

設問❶ 聞き手への呼びかけ

設問❷ 繰り返し強調されるメッセージ

設問❸ 図表に関する情報を整理して聞き取る

設問 1 から 3 は次の話と希望用紙に関するものです。

皆さんの販売努力のおかげで、わが社は 3 年連続で、業界トップの服飾小売店としての地位を守ることができました。しかし、気をゆるめてはなりません。販売責任者として私がわが社のさらなる成功のカギになると考えているのは、われわれチームの持つ多様性と、さまざまな背景を持つ皆さんが、チームとチームリーダーのために出してくれる新鮮なアイディアの数々です。その成功をさらに継続させるのに、皆さんには新しいチームに入るよう勧めたいと思っています。もちろんチームリーダーたちは今と同じままです。ロルフ・ジェイコブセンはインターネット販売チームの担当、カーパル・シンは直販、リー・ウォンは印刷広告、トモコ・ホンダは特別販促のままです。自分で選んだチームがわかるように、「チーム希望用紙」のチームリーダーの隣に自分の名前を書いて、帰る前に私に提出してください。

チーム希望用紙	
チームA：ロルフ・ジェイコブセン	＿＿＿＿＿＿
チームB：カーパル・シン	＿＿＿＿＿＿
チームC：リー・ウォン	＿＿＿＿＿＿
チームD：トモコ・ホンダ	＿＿＿＿＿＿

1. 正解（A）

Who is the most likely audience for this talk?

(A) Salespeople
(B) Fashion designers
(C) Factory workers
(D) Team leaders

この話の聞き手はおそらく誰だと考えられますか。

(A) 販売員
(B) ファッション・デザイナー
(C) 工場労働者
(D) チームリーダーたち

解説 設問を先読みして audience「聴衆」が問われているとわかったら、2人称の your ... や、話者も含む our ... などにつづく表現に特に注意して放送を聞きましょう。このスピーチでは、your sales efforts「皆さんの販売努力」、our ... position as the top clothing retailer「業界トップの服飾小売店としての地位」、For me as the head of sales「販売責任者としての私」、our teams「われわれチーム」などを総合すると、話し手のチームは販売チームであり、聞き手が (A) Salespeople「販売員」だとわかります。冒頭の the top clothing retailer「業界トップの服飾小売店」からこの会社がファッション業界に属するということはわかりますが、(B) Fashion designers「ファッション・デザイナー」への言及はこの話には出てきません。(D) Team leaders「チームリーダーたち」が紹介されているのでこの場にいることはたしかですが、この話の直接的な対象者ではありません。

2. 正解（C）

What is the speaker's main message?

(A) Sales have been steadily declining.
(B) New workers need to be trained.
(C) Diversity in teams should be encouraged.
(D) Specialized knowledge is the key to success.

話し手の主たるメッセージは何ですか。

(A) 売上が着実に落ちている。
(B) 新入社員の研修が必要だ。
(C) チームの多様性が奨励されるべきだ。
(D) 専門知識が成功へのカギだ。

解説 冒頭では業界トップの地位について触れていますが、もっと重要なメッセージは But we cannot relax.「しかし、気をゆるめてはなりません」であり、これにつづく具体的な提案、すなわち the key to our continuing success is ... 以下の内容です。チームの多様性が大切であるということが、the diversity「多様性」、people from different backgrounds「さまざまな背景を持つ皆さん」と強調されています。ですから正解は (C) です。このように、重要なメッセージや関連する表現は繰り返されたり、言い換えられたりすることが多いので、特に意識して聞くように心がけましょう。(A) Sales have been steadily declining.「売上が着実に落ちている」や (B) New workers need to be trained.「新入社員の研修が必要だ」などの指摘は、この話には含まれていません。(D) の the key to success に対応する放送文中の表現は、the key to our continuing success ですが、これは既に見たように、Specialized knowledge「専門知識」ではなく、the diversity we have on our teams ... です。

---

3. 正解（A）

Look at the graphic. What team should an employee interested in Internet Sales join?

図表を見てください。インターネット販売に関心がある社員はどのチームに加わるべきですか。

(A) Team A
(B) Team B
(C) Team C
(D) Team D

(A) チーム A
(B) チーム B
(C) チーム C
(D) チーム D

解説 チームリーダーたちの紹介で最初に、Rolf Jacobsen remains in charge of the Internet Sales team「ロルフ・ジェイコブセンはインターネット販売チームの担当」と説明されています。ですから、(A) Team A「チーム A」が正解です。以下3人のリーダーについては、in charge of ...「…担当の、…の責任者である」という表現は省略され、Kirpal Singh, Direct Marketing「カーパル・シンは直販」と、名前と職責だけが列挙されています。最初の説明を聞き逃すと、何の列挙なのかわからなくなってしまうので、よく注意して聞くようにしましょう。

語句　retain「を保持する」　　retailer「小売業者」　　in a row「連続で」　　diversity「多様性」
in charge of ...「…を担当して」

123

タイプ3　アナウンス・広告

施設や店舗の案内放送では、具体的な営業時間や、特定の利用者への連絡内容などが問われることが多いので、誰に対して、どのような案内・連絡がなされているのかを的確にとらえましょう。もちろん数字や時間の聞き取りも重要です。

▽例題　CD 51

問題用紙に印刷されている設問と選択肢

1. What is the purpose of this announcement?
   - (A) To advertise the opening of a store
   - (B) To announce a closing time
   - (C) To publicize a sale
   - (D) To advise drivers of a new traffic policy

2. What time will the gift shop close?
   - (A) 5:30 P.M.
   - (B) 5:45 P.M.
   - (C) 6:00 P.M.
   - (D) 6:30 P.M.

3. What are listeners asked to do?
   - (A) Place their valuables in coin lockers
   - (B) Pay for their purchases with cash
   - (C) Complete their shopping immediately
   - (D) Avoid leaving their cars in the lot

注目するポイント

設問❶　アナウンスの目的
案内放送の purpose「目的」なので、特に放送の冒頭に注意を傾けましょう。

設問❷　数字表現はひっかけに注意
放送文には複数の数字表現が登場しますが、ここで問われている時刻がどれか冷静に聞き取るようにしましょう。

設問❸　指示を表す表現に注意
命令文や依頼の表現など、指示を表す内容に注意しましょう。

💡 解き方を確認しよう

🔊 放送されるアナウンス 🇬🇧

Questions 1 through 3 refer to the following announcement.

May I have your attention, please? The Victoria Amusement Park will be closing in one hour, at 6 P.M. Everyone must exit the park before 6 P.M. All rides will stop operation at 5:45 and all restaurants and specialty shops will close at 6:00. However, the gift shop outside the front entrance will remain open an additional 30 minutes, until 6:30, for those of you who still need to do some more shopping before you head home. Please make sure you remove all personal items from the coin lockers. Also, do not leave any cars parked in the parking lot. Any autos remaining there will be towed. We hope you have enjoyed your day. Thank you and come again.

設問❶ アナウンスの目的・場所

設問❷ ギフトショップの閉店時間

設問❸ 指示を表す表現

設問 1 から 3 は次のアナウンスに関するものです。

お客さまにご案内申し上げます。ビクトリア・アミューズメントパークは午後 6 時、あと 1 時間で閉園いたします。すべてのお客さまはどうぞ、午後 6 時までにご退園ください。すべての乗り物は 5 時 45 分に運転を停止いたします。また、レストランと専門店は全店、6 時をもちまして閉店いたします。ただし正面ゲートの外のギフトショップは、その後も 30 分延長して 6 時半まで営業しておりますので、ご帰宅前にまだお買い物をなさりたいお客さまは、どうぞこちらをご利用ください。コインロッカーにお預けになったお荷物は、必ずすべてお引き取りください。また、駐車場にお車を止めたままお帰りにならないでください。駐車場に放置された自動車は撤去いたします。本日はお楽しみいただけましたでしょうか。ご来場ありがとうございました。またのお越しをお待ちしております。

1. 正解 (B)

What is the purpose of this announcement?

(A) To advertise the opening of a store
(B) To announce a closing time
(C) To publicize a sale
(D) To advise drivers of a new traffic policy

この案内放送の目的は何ですか。

(A) 店の開業を宣伝すること
(B) 閉園時間を知らせること
(C) セールについて案内すること
(D) ドライバーに新しい交通ルールを知らせること

解説 放送の目的は、冒頭部分ではっきりと告げられるはずですので、最初から意識を集中して耳を傾けましょう。しかし、一語一句聞き取ろうと力む必要はありません。選択肢を先読みして、判断しなければならないのは何か、あらかじめつかんでおけば、ポイントを絞ったリスニングができます。ここでは (A) 開店、(B) 閉園時間、(C) セール、(D) 交通ルールのいずれかに関する放送です。放送の出だしで、まず The Victoria Amusement Park will be closing ... と言っており、さらにつづく部分でも exit「出る」、stop「停止する」と閉園を示唆する表現が出てきます。よって放送の目的は、(B) だとわかります。6 P.M. と夕方の時刻が繰り返されていることもヒントになるかもしれません。選択肢中の単語を断片的に聞き取るだけでは、正解を絞り込むことはできません。

---

2. 正解 (D)

What time will the gift shop close?

(A) 5:30 P.M.
(B) 5:45 P.M.
(C) 6:00 P.M.
(D) 6:30 P.M.

ギフトショップは何時に閉店しますか。

(A) 午後 5 時 30 分
(B) 午後 5 時 45 分
(C) 午後 6 時 00 分
(D) 午後 6 時 30 分

解説 選択肢はすべて時刻ですが、放送中にはこのうちの 1 つではなく、複数が出てくることが予測できます。求められているのは、その中から、設問が問うている gift shop「ギフトショップ」が close「閉店」する時刻はどれかを的確に聞き分けることです。(C) の 6:00 P.M. は 3 度も繰り返されますが、これは、園全体の閉園時間です。つづいて (B) の 5:45 P.M. への言及もありますが、これは rides「乗り物」が終わる時刻です。ギフトショップは閉園時間の 6 時から、additional 30 minutes「さらに 30 分」がたってから、until 6:30「6 時 30 分まで」と言われているので、正解は (D) です。

3. 正解（D）

What are listeners asked to do?

(A) Place their valuables in coin lockers
(B) Pay for their purchases with cash
(C) Complete their shopping immediately
(D) Avoid leaving their cars in the lot

この放送を聞いている人は、何をするよう求められていますか。

(A) 貴重品をコインロッカーに預ける
(B) 買い物は現金で支払いをする
(C) すぐに買い物を済ませる
(D) 駐車場に車を置いたままにしない

解説 設問が問うているのは、聞き手が求められていることは何かですから、きっと放送には、指示や依頼を表す命令文などが使われるはずです。実際に放送の後半では、Please make sure「必ず…してください」につづいて、Also, do not leave ...「また、…を残さないように」と2つの指示があります。このうち後者を言い換えている (D) が正解です。do not leave any cars parked ... が Avoid leaving their cars ... と同義です。放送文中の coin lockers や shops を断片的に聞き取るだけでは、これらに関連するほかの選択肢を選んでしまうことになります。

語句 attention「注意、注目」　exit「を出る、退場する」　operation「運転、運営」
entrance「入り口」　additional「追加の」　parking lot「駐車場」
tow「を牽引する」　advertise「を宣伝する」　valuables「貴重品」
purchase「購入」　immediately「早速、直ちに」

タイプ 4 人物の紹介

歓送迎などのスピーチはよく出題されます。英語スピーチに特徴的な表現や、スピーチの際の慣習にも、あらかじめ慣れておくとよいでしょう。

▽例題 CD 52

問題用紙に印刷されている設問と選択肢

1. What is Mr. Goldstein's present position in the firm?
   (A) Senior vice president
   (B) Corporate attorney
   (C) Public relations officer
   (D) Marketing manager

2. Why is this event being held?
   (A) To announce someone's promotion
   (B) To advertise a new product
   (C) To propose an increase in retirement pay
   (D) To celebrate someone's achievements

3. What does the speaker mean when he says, "please get your glasses ready"?
   (A) He will soon lead the group in a toast.
   (B) His presentation slides contain a lot of data.
   (C) The audience should read a prepared handout.
   (D) The hotel staff is ready to serve dinner.

注目するポイント

設問❶ 特定の人物の職務を尋ねる設問
誰がどの position「職務」にあるのか、しっかり聞き取りましょう。

設問❷ 全体の状況から会の目的を把握する
ヒントはいくつか出されていますが、明言はされていないので、全体を通して状況を理解する力が求められています。

設問❸ 発言の意図を尋ねる設問では、前後の文脈に注意
発言の意図は、前後の文脈を正確につかめていれば理解できます。

解き方を確認しよう

🔊 放送されるスピーチ 🇺🇸

Questions 1 through 3 refer to the following speech.

It gives me great pleasure tonight to introduce Abe Goldstein. Abe will be retiring next month after more than 30 years of service to our firm. As senior vice president for public relations, I can tell you that when it comes to corporate attorneys, there's none better. But Abe's contributions to our firm have not been limited to his current role as chief corporate counsel. He started his career in marketing and was responsible for two award-winning advertising campaigns. But before I pass the microphone over to tonight's special guest, please get your glasses ready so that we can honor Abe with a toast for all that he has done for us over the years.

設問❶ ゴールドスタイン氏の職務

設問❷ この会の趣旨は何か

設問❸ 何を意味しているか

設問1から3は次のスピーチに関するものです。

今晩、エイブ・ゴールドスタインを紹介できることは、私には大きな喜びです。エイブは来月退職しますが、これまで30年以上もわが社に尽くしてくれました。渉外担当上席副社長として、私は、企業弁護士といえば、（彼に）優る者はいないと言えます。しかし、わが社へのエイブの貢献は、彼が現在就いている主任法務担当弁護人にとどまるものではありません。彼はマーケティングでキャリアを始め、受賞対象になった広告キャンペーンを2度も担当しています。しかし、今晩の特別ゲストにマイクを渡す前に、グラスをお手にとってください。彼の長年にわたる貢献をたたえて乾杯で、エイブに敬意を表したく思います。

1. 正解（B）

What is Mr. Goldstein's present position in the firm?
(A) Senior vice president
(B) Corporate attorney
(C) Public relations officer
(D) Marketing manager

会社におけるゴールドスタイン氏の現在の職は何ですか。
(A) 上席副社長
(B) 企業弁護士
(C) 渉外担当部長
(D) 販売責任者

> **解説** 設問が問うているのは、Mr. Goldstein's present position「ゴールドスタイン氏の現在の職責」です。すこし難しいのは、このスピーチでは、ゴールドスタイン氏の現在の職責は、じつは直接的には説明されていないということです。I can tell you that when it comes to corporate attorneys, there's none better. の一文で、間接的に説明されています。ここでポイントとなるのは、there's none better という表現の後には、比較対象である than Abe「エイブよりも」が、省略されているということです。ですから、エイブの職責は、(B) Corporate attorney「企業弁護士」であるとわかります。つづく一文でも his current role as chief corporate counsel とありますが、corporate counsel と言い換えられているのでわかりにくいかもしれません。

2. 正解（D）

Why is this event being held?
(A) To announce someone's promotion
(B) To advertise a new product
(C) To propose an increase in retirement pay
(D) To celebrate someone's achievements

このイベントが開かれているのは、なぜですか。
(A) 誰かの昇進を発表するため
(B) 新商品を宣伝するため
(C) 退職金の増額を提案するため
(D) 誰かの業績を祝福するため

> **解説** このスピーチの主人公が Abe Goldstein「エイブ・ゴールドスタイン」であり、また彼の長年の奉職と退職を祝してのことであるのは、冒頭の It gives me great pleasure tonight to introduce Abe Goldstein. Abe will be retiring next month after more than 30 years of service to our firm. から明らかです。またつづけて、彼の会社への貢献を紹介し、それをたたえて乾杯しようとしています。ですから、このイベントは (D) To celebrate someone's achievements「誰かの業績を祝福するため」のものです。(A) の promotion「昇進」、(B) の a new product「新商品」、(C) の an increase in retirement pay「退職金の増額」に関係する言及は一切ありません。(C) はスピーチ冒頭の Abe will be retiring からのひっかけです。

130

3. 正解（A）

What does the speaker mean when he says, "please get your glasses ready"?

(A) He will soon lead the group in a toast.
(B) His presentation slides contain a lot of data.
(C) The audience should read a prepared handout.
(D) The hotel staff is ready to serve dinner.

「グラスをお手にとって」と話し手が言うとき、彼は何を意味していますか。

(A) 彼はすぐに乾杯の音頭をとる。
(B) 彼のプレゼンテーションのスライドには多くのデータが含まれている。
(C) 聴衆は準備された配布資料を読むべきだ。
(D) ホテルのスタッフはディナーを給仕する準備ができている。

解説 please get your glasses ready は文字どおりには「皆さんのグラスをご用意ください」ですが、その目的が、退職するエイブをたたえて、(A) He will soon lead the group in a toast.「彼はすぐに乾杯の音頭をとる」ためであるのは、状況からも明らかです。さらにつづく部分で、so that「〜するために」と目的を明示する表現によって、we can honor Abe with a toast for all that he has done for us over the years ともっとはっきりと明言されています。toast「乾杯」はよく使うので必ず覚えておきましょう（なおパンの「トースト」も同じ発音・綴りなので要区別です）。スピーチの文脈がとれないと、glasses ready からの誤った想像で、(D) を選んでしまうかもしれません。また glasses を「メガネ」だと誤解すると、「メガネをご用意ください」になってしまうので、これから何か細かい文字でも出てくるのかと、(B) や (C) に迷わされることになってしまいます。なお「乾杯」に使われる表現には、ほかにも Give her a toast!「彼女に乾杯！」、Here's to you!「君に乾杯！」、To our future!「僕らの未来に乾杯！」、よりカジュアルには Cheers!「乾杯！」、文字どおりグラスを空にするなら、Bottoms up!「ぐいっと一杯！」などがあります。

語句
firm「会社、事務所」　vice「副…」　public relations「渉外、広報」
corporate「企業の」　attorney「弁護士」　contribution「貢献」
award-winning「受賞した」　honor「に名誉［敬意］を与える」
toast「祝杯、乾杯」　retirement「退職」

Part 4 練習問題

解答時間の目安は 6 min.

▶ 解答・解説は p.135

CD 53

1. What is the purpose of this message?

   (A) To cancel an existing doctor's appointment
   (B) To communicate some specific instructions
   (C) To provide the results of some medical tests
   (D) To give directions to the doctor's office

2. What is Ms. Avery advised to do?

   (A) Bring her insurance card with her
   (B) Refrain from eating or drinking
   (C) Contact her insurance provider
   (D) Sleep for a minimum of seven hours

3. What does the man mean when he says, "your tests will be completely covered"?

   (A) The patient's tests may take a lot of time.
   (B) The doctor will carefully explain the tests.
   (C) The tests will not cost the patient anything.
   (D) The doctor may order additional tests.

CD 54

4. Who is this advertisement intended for?

   (A) Government contractors
   (B) Real estate developers
   (C) Small business managers
   (D) International executives

5. What kind of product is being advertised?

   (A) A business magazine
   (B) A training workshop
   (C) A financial software program
   (D) An outsourcing service

6. How can one obtain the product?

   (A) By making a telephone call
   (B) By accessing a Web site
   (C) By ordering a magazine
   (D) By mailing in a card

CD 55

7. What is the reason for this announcement?

   (A) A new bridge will be constructed.
   (B) A highway will be closed for repairs.
   (C) A street is temporarily under water.
   (D) A storm is approaching the area.

8. What are motorists urged to do?

   (A) Stay away from the downtown area
   (B) Take public transportation
   (C) Park their vehicles at special facilities
   (D) Use alternative routes

9. What does the speaker mean when he says, "brought to you by your local automobile club"?

   (A) Who is sponsoring the program
   (B) Who is caught in the traffic jam
   (C) Who is making the announcement
   (D) Who is reporting the weather

CD 56

Facilitator	Room
Tom Nguyen	A
Iris Patel	B
Keiko Suzuki	C
Fred O'Hara	D

10. Who is most likely the audience for this talk?

    (A) University students

    (B) Newly hired employees

    (C) Recruiting agents

    (D) Part-time staff members

11. What will the audience members most likely do next?

    (A) Introduce themselves

    (B) Read over some documents

    (C) Fill out a questionnaire

    (D) Listen to a speech

12. Look at the graphic. Who will facilitate the discussion about production?

    (A) Tom Nguyen

    (B) Iris Patel

    (C) Keiko Suzuki

    (D) Fred O'Hara

Part 4 練習問題

解答解説

▶ 問題は p.132

CD 53

Questions 1 through 3 refer to the following telephone message.
Ms. Avery, this is Bill at Dr. White's office. Thanks for calling earlier to confirm your appointment tomorrow at 9:30 A.M. I'm calling now to give you some important instructions our staff neglected to give you when you called. The main thing is to take the pills we gave you yesterday at precisely 11:00 P.M. tonight. Try to go to bed right after that and get at least seven hours of sleep. Feel free to eat or drink as much as you want; it will not affect your tests. Oh, by the way, I checked with your insurance provider and they said your tests will be completely covered under your existing plan. OK, that's it. See you in the morning.

設問 1 から 3 は次の電話メッセージに関するものです。
エイヴリーさん、ホワイト医院のビルと申します。先ほどはお電話にて明日午前 9 時 30 分のご予約を確認いただき、ありがとうございました。電話いたしましたのは、先ほどお電話いただいた折に、私どものスタッフが重要な指示をお伝えするのを忘れてしまったためです。重要なことは、今晩 11 時ちょうどに、昨日差し上げたお薬をお飲みいただくことです。服用後はすぐに就寝するようにして、少なくとも 7 時間は睡眠をお取りください。食べたり飲んだりはお好きなようにしていただいて構いません。検査結果には影響しませんので。ああ、ついでですが、ご利用の保険会社に確認したところ、今回の検査はすべて現在の保険プランでカバーされるということです。お伝えしたかったことは、以上です。それでは明朝、お待ちしております。

1. 正解（B）

What is the purpose of this message?
(A) To cancel an existing doctor's appointment
(B) To communicate some specific instructions
(C) To provide the results of some medical tests
(D) To give directions to the doctor's office

このメッセージの目的は何ですか。
(A) 既に入っている医者の予約をキャンセルすること
(B) いくつかの具体的な指示を伝えること
(C) いくつかの医学的検査の結果を提供すること
(D) 医院までの行き方を教えること

135

解説　I'm calling now to ...「…するために電話しています」につづいて、give you ... instructions とあります。これを同義表現 communicate で言い換えている (B) が正解。

2. 正解（D）

What is Ms. Avery advised to do?　エイヴリーさんは何をするように指示されていますか。

(A) Bring her insurance card with her　(A) 保険証を持参するように
(B) Refrain from eating or drinking　(B) 食べたり飲んだりしないように
(C) Contact her insurance provider　(C) 自分の保険会社に連絡するように
(D) Sleep for a minimum of seven hours　(D) 最低7時間寝るように

解説　薬を服用後に get at least seven hours of sleep というふうに指示されています。これを同義表現で言い換えた (D) が正解。at least ≒ minimum の表現の置き換えに留意。

3. 正解（C）

What does the man mean when he says, "your tests will be completely covered"?　「今回の検査はすべてカバーされる」と男性が言うとき、彼は何を意味していますか。

(A) The patient's tests may take a lot of time.　(A) この患者の検査には多くの時間がかかるかもしれない。
(B) The doctor will carefully explain the tests.　(B) この医師は検査について慎重に説明する。
(C) The tests will not cost the patient anything.　(C) この検査の費用は患者の負担にはならない。
(D) The doctor may order additional tests.　(D) この医師は追加の検査を指示するかもしれない。

解説　この表現は保険会社の担当者の発言を男性が伝言しているものです。cover には「（費用）をまかなう、負担する」の意味があり、保険によって be completely covered「すべてカバーされる」とは、自己負担がゼロという意味です。よって (C) が正解。

語句　confirm「を確認する」　appointment「予約、約束」
instructions「指示、命令、説明」　neglect to do「怠って…をしない」
precisely「正確に、的確に」　insurance「保険」　existing「既存の、現存の」

Questions 4 through 6 refer to the following advertisement.

Do you run your own firm? Are you a local executive whose company outsources, subcontracts, or enters into joint ventures with other small businesses? If so, Margaret Kang's "Negotiation Advantage Seminars" may be just the thing to strengthen your strategic partnerships and give you an edge over your competitors. Kang's step-by-step training workshops, one or two days in length, help you pinpoint your own objectives, analyze your partners' assets, identify your shared interests, and create win-win relationships that can cut your costs and increase your profits. *Business Monthly* magazine calls Negotiation Advantage Seminars "the best negotiation tool-kit in business today." Call 555-4627 to set up a training seminar at your firm.

設問 4 から 6 は次の広告に関するものです。
あなたは、ご自分の会社を経営されていますか。または、外注したり、下請けをしたり、ほかの小規模企業と共同事業を手がけたりするような地元企業の役員ですか。もしそうなら、マーガレット・カンの「勝つための交渉セミナー」は、御社の戦略的パートナーシップを強化し、競合他社を一歩リードするのに、きっとぴったりです。ステップ・バイ・ステップで指導する 1 日または 2 日のカンのワークショップは、御社の目的を明確にし、提携先の資産を分析し、両者に共通する利益を見出し、コスト削減と収益増を達成する、双方に有利な提携関係を築くのに役立ちます。ビジネス・マンスリー誌は、「勝つための交渉セミナー」を「現代ビジネス界最強の交渉スキルアップ術」と報じています。御社でトレーニングセミナーを開催するには、555-4627 までお電話ください。

4. 正解（C）

Who is this advertisement intended for?　　この広告の対象は誰ですか。

(A) Government contractors　　(A) 政府発注事業の受注業者
(B) Real estate developers　　(B) 不動産開発事業者
(C) Small business managers　　(C) 小規模企業の経営陣
(D) International executives　　(D) 国際企業の重役

解説　広告の冒頭で潜在的な顧客に、**Do you run your own firm?**「自分の会社を経営していますか」、**Are you a local executive ...?**「地方支社役員ですか」と呼びかけています。よって同義の (C) Small business managers が正解。会社の規模は other small businesses から推測できます。

5. 正解（B）

What kind of product is being advertised?
(A) A business magazine
(B) A training workshop
(C) A financial software program
(D) An outsourcing service

宣伝されているのはどういった種類の商品ですか。
(A) ビジネス雑誌
(B) トレーニング・ワークショップ
(C) 会計ソフトプログラム
(D) アウトソーシング・サービス

解説 宣伝の前半で Margaret Kang's "Negotiation Advantage Seminars" と商品名が紹介されています。また、その後の具体的な商品説明で training workshops と言っています。よって (B) A training workshop が正解。

6. 正解（A）

How can one obtain the product?
(A) By making a telephone call
(B) By accessing a Web site
(C) By ordering a magazine
(D) By mailing in a card

この商品を入手するにはどうすればよいですか。
(A) 電話をする
(B) ウェブサイトを見る
(C) 雑誌を注文する
(D) はがきを送る

解説 最後に Call 555-4627 to set up a training seminar「セミナーを開催するには 555-4627 に電話を」と言っているので、(A) が正解です。

語句 run「を経営[運営]する」　executive「役員、重役」　outsource「外注する」
subcontract「下請けをする、下請けに出す」　negotiation「交渉、折衝」
strategic「戦略的な」　edge「優位」　competitor「競争相手、競合他社」
pinpoint「を正確に指摘する、に焦点を当てる」　objective「目的、目標」
assets「資産」　interest「利益、利害関係」　win-win「両者に有利な」

Questions 7 through 9 refer to the following announcement.

Good morning, Baltimore. This is Radio WAVE's morning news at six. Let's start with a traffic update. That huge storm that dropped five inches of rain over the weekend is gone, but its effects remain, with Bradley Street in West Baltimore still flooded. Police and transportation officials expect Bradley to be closed for at least another three days until the flooding subsides. We suggest using either the Park Street Bridge or Calvert Avenue to access downtown from the West Baltimore area. Stay tuned to Radio WAVE for further traffic updates. Now the weather report, brought to you by your local automobile club.

設問 7 から 9 は次のアナウンスに関するものです。
ボルティモアの皆さん、おはようございます。こちらはラジオ・ウェーブ、朝 6 時のニュースです。それでは最新の交通情報から。週末に 5 インチの降雨量をもたらした大嵐は過ぎ去りましたが、その影響で、ウェスト・ボルティモアのブラッドリー通りはまだ冠水状態です。警察と市の交通課によれば、ブラッドリー通りは水が引くまでの間、最低でもあと 3 日は通行止めの見通しとのことです。ウェスト・ボルティモア方面から繁華街へは、パーク・ストリート橋またはカルヴァート通りを使うのがよいでしょう。最新の交通情報は、引きつづきラジオ・ウェーブをお聞きください。それでは次は、地元の自動車クラブ提供によるお天気情報をお届けします。

7. 正解（C）

What is the reason for this announcement?

(A) A new bridge will be constructed.
(B) A highway will be closed for repairs.
(C) A street is temporarily under water.
(D) A storm is approaching the area.

この案内の理由は何ですか。

(A) 新しい橋が建設される。
(B) ハイウェイが補修のため封鎖される。
(C) 道路が一時的に冠水している。
(D) この地域に嵐が接近している。

解説 このラジオニュースは traffic update「最新の交通情報」であり、ブラッドリー通りが flooded「冠水した」と言っています。これを temporarily under water「一時的に冠水」と言い換えている (C) が正解。

8. 正解（D）

What are motorists urged to do?　　自動車の利用者はどうするように勧められていますか。

(A) Stay away from the downtown area　　(A) 繁華街には入らないように
(B) Take public transportation　　(B) 公共交通機関を利用するように
(C) Park their vehicles at special facilities　　(C) 特別施設に駐車するように
(D) Use alternative routes　　(D) 代わりのルートを用いるように

解説 We suggest ... という提案の表現につづいて、Bradley ではなく、Park Street Bridge か Calvert Avenue を使うように勧めています。これを alternative routes「代わりのルート」と言い換えている (D) が正解。

9. 正解（A）

What does the speaker mean when he says, "brought to you by your local automobile club"?　　「地元の自動車クラブ提供による」と話し手が言うとき、彼は何を意味していますか。

(A) Who is sponsoring the program　　(A) 誰がこの番組を提供しているか
(B) Who is caught in the traffic jam　　(B) 誰が渋滞に巻き込まれているか
(C) Who is making the announcement　　(C) 誰がこの告知をしているか
(D) Who is reporting the weather　　(D) 誰が天気を伝えているか

解説 brought to you by ... は、直訳すれば「…によってあなたに届けられています」です。しかしここでは、「…による提供です」という意味で、テレビやラジオの番組提供者・スポンサーを紹介する定型的な表現です。よって (A) が正解。

語句　update「最新情報」　　storm「嵐、暴風雨」　　flooded「水浸しになった」
transportation「交通、運輸」　　official「公務員、役人」
subside「静まる、（水が）引く」　　avenue「大通り」
downtown「市街地、繁華街」

Questions 10 through 12 refer to the following talk and table.

Thank you for your interest in Paulson Techtronics. Today's job market is tough, so you're wise to get a head start on your job search now in your third year of university. After a brief welcoming speech from our CEO, we'll break into discussion groups according to your area of interest, based on the documents you submitted in advance. Each group will be facilitated by one of our newer employees. Accounting will be in Room A, Engineering in Room B, Production in Room C, and Sales in Room D. When the president is finished with his talk, please check the roster outside each room to make sure you are in the right place.

設問 10 から 12 は次の話と表に関するものです。
ポールソン・テクトロニクス社に関心をお持ちくださり、ありがとうございます。今日、求人市場は厳しい状況にあります。ですから、大学の 3 年次の今、就職活動を早めに始めるのが賢明です。わが社の CEO からの短い歓迎スピーチにつづいて、皆さんには興味分野に応じたディスカッショングループに分かれてもらいますが、これは事前に提出いただいている書類に基づいています。各グループの司会進行は当社の若手社員が担当します。経理はルーム A、エンジニアリングはルーム B、生産はルーム C、そして、販売はルーム D です。社長の話が終わったら、各部屋の外に張り出してある名簿を見て、ご自分が正しい場所にいるか確認してください。

司会進行	部屋
トム・グエン	A
アイリス・パテル	B
ケイコ・スズキ	C
フレッド・オハラ	D

10. 正解 (A)

Who is most likely the audience for this talk?

(A) University students
(B) Newly hired employees
(C) Recruiting agents
(D) Part-time staff members

この話の聞き手はおそらく誰ですか。

(A) 大学生
(B) 新規採用された社員
(C) 新規採用業者
(D) パートタイムのスタッフ・メンバー

> **解説** Today's job market is tough「今日、求人市場は厳しい状況にあります」、get a head start on your job search now in your third year of university「大学の 3 年次の今、就職活動を早めに始める」から、聞き手が (A) University students「大学生」だとわかります。

11. 正解（D）

What will the audience members most likely do next?
(A) Introduce themselves
(B) Read over some documents
(C) Fill out a questionnaire
(D) Listen to a speech

聞き手の人たちはおそらく次に何をするでしょうか。
(A) 自己紹介する
(B) いくつかの書類に目を通す
(C) アンケート用紙に記入する
(D) スピーチを聞く

> **解説** After a brief welcoming speech from our CEO, we'll break into discussion groups から、まず (D) をするとわかります。(B) の documents「書類」は、話にも出てきますが、you submitted in advance「事前に提出」とされており、これから目を通すのではありません。

12. 正解（C）

Look at the graphic. Who will facilitate the discussion about production?
(A) Tom Nguyen
(B) Iris Patel
(C) Keiko Suzuki
(D) Fred O'Hara

図表を見てください。生産についてのディスカッションを司会するのは、誰ですか。
(A) トム・グエン
(B) アイリス・パテル
(C) ケイコ・スズキ
(D) フレッド・オハラ

> **解説** ディスカッショングループの説明中で、Production in Room C「生産はルーム C」と、集まるべき部屋が指示されています。Facilitator「司会者」のリストを一見してわかるように、C には (C)「ケイコ・スズキ」とあるので、これが正解です。

語句 job market「求人市場」　head start「1 歩先んじたスタート」　job search「職探し、就職活動」　document「文書、書類」　submit「を提出する」　in advance「事前に」　roster「名簿」

Part 5
短文穴埋め問題

Part 5 を見てみよう	p.144
Part 5 にチャレンジ	p.148
練習問題　問題	p.168
解答・解説	p.174

Copyright © 2015 Educational Testing Service. www.ets.org
Updated Listening and Reading Directions for the TOEIC® Test are reprinted by permission of Educational Testing Service, the copyright owner. All other information contained within this publication is provided by Obunsha Co., Ltd. and no endorsement of any kind by Educational Testing Service should be inferred.

Part 5 を見てみよう

リーディングテスト指示文

READING TEST

In the Reading test, you will read a variety of texts and answer several different types of reading comprehension questions. The entire Reading test will last 75 minutes. There are three parts, and directions are given for each part. You are encouraged to answer as many questions as possible within the time allowed.

You must mark your answers on the separate answer sheet. Do not write your answers in your test book.

Part 5 指示文

PART 5

Directions: A word or phrase is missing in each of the sentences below. Four answer choices are given below each sentence. Select the best answer to complete the sentence. Then mark the letter (A), (B), (C), or (D) on your answer sheet.

設問（例）

101. The ------- for the position were required to submit their résumés to the personnel department by November 15th.
    (A) apply
    (B) applying
    (C) applicants
    (D) applications

＊設問（例）は本書からの抜粋です。解説は p.148 を参照してください。

リーディングテスト指示文の訳

リーディングテスト
リーディングテストではさまざまな種類の文書を読んで、いくつかの異なる種類の、読解の理解度を測る質問に答えます。リーディングテスト全体の時間は 75 分です。3 つの Part があり、各 Part で指示が与えられます。与えられた時間の中でできるだけたくさんの質問に答えてください。

解答は別紙の解答用紙に記入しなければなりません。問題用紙に解答を書いてはいけません。

Part 5 指示文の訳

PART 5
以下のそれぞれの文には、単語または句が抜けています。それぞれの文の下に、4 つの選択肢が与えられています。文を完成させるのに最もよい解答を選び、解答用紙の (A)(B)(C)(D) のうち 1 つをマークしてください。

Part 5 短文穴埋め問題

Part 5 は、文法・語法・語彙力を問う「空所補充問題」です。問題の数は少なくありませんが、出題内容はかぎられています。頻出の出題パターンを確認し、文法の基本を復習しさえすれば、Part 5 は得点源にできます。まずは、基本中の基本、「5 文型」を復習し、英文の基本構造を再確認することから始めましょう。また、単語を覚えるときは、意味だけでなく、語法もあわせて覚えましょう。

＊Part 5 の問題形式

設問数	30 問（No.101 〜 130）
内容	文中の空所に入れるのに最も適した語句を、それぞれ 4 つの選択肢から選ぶ。

＊本書で学習する問題タイプ

タイプ 1	**品詞** 文構造・文脈から見て適切な品詞・形や意味を選ぶ（選択肢がすべて同じ語の関連語）
タイプ 2	**動詞** 時制、主語との対応などから正しい動詞の変化形を選ぶ
タイプ 3	**代名詞** 対応する名詞から適切な人称・数・格を選ぶ
タイプ 4	**関係詞** who (whose)、which、that、what など
タイプ 5	**接続詞①** 文構造・文脈から見て適切な形や意味を選ぶ
タイプ 6	**前置詞** at、by、during、in など
タイプ 7	**接続詞②** both A and B、either A or B など
タイプ 8	**比較** ...er、...est など
タイプ 9	**語彙** 文脈から適切な語彙を選ぶ（選択肢がすべて同じ品詞で意味が異なるもの）
タイプ 10	**動詞の派生形（動名詞・分詞）** 文構造から適切な語形を選ぶ

＊解答の流れ

① **選択肢を見る**　　まず選択肢を比較検討して、設問のタイプを特定します。
　　　↓
② **空所の前後を見て選択肢を選ぶ**　　文構造や文脈に合う品詞や語彙を考えて、論理的に絞り込みます。
　　　↓
③ **解答をマーク**　　マークしたら、すぐに次の設問に進みましょう。

Part 5 にチャレンジ

タイプ1 品詞

【例題】

> The ------- for the position were required to submit their résumés to the personnel department by November 15th.
>
> (A) apply
> (B) applying
> (C) applicants
> (D) applications

注目するポイント

選択肢がすべて同じ語の関連語→文構造から品詞・形を絞り込む→文脈から適切な意味を選択！

→ (A)〜(D) はいずれも、動詞 apply の活用形や関連語（派生語）です。文構造と文脈の両方から、適切な語を絞り込みましょう。

💡 解き方を確認しよう

The がつくのは名詞 →

The ------- for the position were required to submit their résumés to the personnel department by November 15th.

← were に対応するのは複数形

(A) apply → 動詞「応募する」
(B) applying → 動名詞「応募すること」（単数）、現在分詞「応募している」
(C) applicants → 名詞「応募者」（複数）　**正解**
(D) applications → 名詞「応募・応募書類」（複数）

解説 (A)〜(D)はいずれも、動詞 apply の活用形や関連語なので、まずは「文構造」から空所には入りえない選択肢を除外し、複数の選択肢が残れば、さらに「文脈」から適切な語を絞り込みましょう。正解のヒントは空所直前の The です。the や a のような冠詞は名詞にしかつきませんので、動詞の (A) はすぐに消去できます。残った (B)(C)(D) はどれも名詞ですが、(B) は単数形、(C)(D) はともに複数形です。これらは主語に対応する動詞（述語動詞）でさらに絞り込めます。ここでは was ではなく were なので、主語は複数形だとわかります。よって (C)(D) だけが残ります。最後の絞り込みは、required to submit「提出するよう求められている」という文脈を考えましょう。何かを submit「提出する」ことができるのは、物ではなく人間、つまり「応募書類」ではなく「応募者」です。よって (C) が正解です。

> ステップ① The → 名詞 or 動詞： (A) (B) (C) (D)
> ステップ② were → 複数形 or 単数形： (A) (B) (C) (D)
> ステップ③ 文脈 → 人 or 書類： (A) (B) (C) (D)

訳 その職への応募者は11月15日までに人事部に履歴書を提出するよう求められた。

語句 position「職、地位」　submit「を提出する」　résumé「履歴書」
personnel department「人事部」

タイプ 2　動詞

【例題】

At present, a background in Web advertising and Internet sales ------- an advantage to anyone pursuing a career in marketing.

(A) are
(B) is
(C) were
(D) was

注目するポイント

選択肢がすべて同じ動詞（be動詞・一般動詞）の変化形
→①時制②主語との対応の2点をまず検討！

→ (A)〜(D)はすべてbe動詞ですが、①時制と②主語の人称・数が異なります。文脈から適切な時制を選び、主語の人称と対応する形を絞り込みましょう。

解き方を確認しよう

「現在は」とある→
時制は「現在」

At present, a background in Web advertising and

Internet sales ------- an advantage to anyone

主語は「単数形」

pursuing a career in marketing.

(A) are → be 動詞・現在形（主語は 2 人称単数または各人称の複数）
(B) is → be 動詞・現在形（主語は 3 人称単数） **正解**
(C) were → be 動詞・過去形（主語は 2 人称単数または各人称の複数）
(D) was → be 動詞・過去形（主語は 1 人称単数または 3 人称単数）

解説 (A) 〜 (D) はいずれも be 動詞ですが、①「時制」と②「主語の人称」の 2 点が異なっていますから、①「現在」「過去」のどちらが適切か、② 主語は「単数」か「複数」かさえわかれば、すぐに正解できます。正解のヒントは文頭にある At present, a background のわずか数語です。at present は「現在、今は」ですから、現在形の (A) (B) だけが残ります。主語が単数であることは a background の冠詞 a から明らかです。よって (B) が正解です。なお空所の直前にある Web advertising and Internet sales は、A+B の形で 2 つの名詞が並んでおり、さらに sales が複数形なので、つづく be 動詞は are や were であるべきように見えるかもしれません。しかし前置詞 in が付いているので、これらの単語は主語を説明しているだけで、主語ではありません。前置詞を伴っている名詞は、原則として、主語（S）や補語（C）や目的語（O）にはならないことを思い出してください。

> ステップ① At present → 現在 or 過去：(A) (B) (C) (D)
> ステップ② a background → 単数 or 複数：(A) (B) (C) (D)

訳 マーケティング分野のキャリアを求めている人にとって、現在、ウェブ広告とネット販売の経歴はプラスになる。

語句 background「経歴、背景」 advertising「広告」 advantage「強み、長所」
pursue「を追求する、追い求める」 career「職業、履歴」

タイプ3　代名詞

【例題】

> Shareholders can choose both to receive ------- annual reports by e-mail and to vote over the Internet.
>
> (A) its
> (B) one's
> (C) their
> (D) themselves

注目するポイント

選択肢がすべて代名詞→対応する名詞をチェック！

→ (A)～(D)はいずれも代名詞。ただし「人称・数・格」が異なります。対応する名詞を確認し、適切な代名詞を選択しましょう。

文法事項の復習　人称代名詞一覧

人称 \ 数・格	単数 主格	単数 所有格	単数 目的格	複数 主格	複数 所有格	複数 目的格
1人称	I	my	me	we	our	us
2人称	you	your	you	you	your	you
3人称	he	his	him	they	their	them
	she	her	her			
	it	its	it			

152

💡 解き方を確認しよう

Shareholders can choose both to receive ------- annual reports by e-mail and to vote over the Internet.

> Shareholders は人・複数形
> 空所の後は名詞

(A) its → 「それの」（人称代名詞の3人称単数・所有格）
(B) one's → 「～の」（不特定の人を指す不定代名詞の単数・所有格）
(C) their → 「彼らの、それらの」（人称代名詞の3人称複数・所有格）　**正解**
(D) themselves → 「彼ら自身を［に、で］、それら自体を［に、で］」（再帰代名詞の3人称複数）

解説 選択肢はどれも代名詞ですが、それぞれの数（単数か複数か）と格（使い方）が違います。代名詞は通例、前に出てきた名詞を受けるので、空所前の名詞を確認するだけで、簡単に選択肢を絞り込めます。代名詞に対応する名詞は、ここでは主語の Shareholders「株主」です。この語が複数形なので (A)(B) はすぐに消去できます。(C) と (D) は、shareholders と annual reports の文脈上の関係で、絞り込むのがよいでしょう。「株主」が受け取る「年次報告書」は「彼らの」ものですから、所有格（…の）の (C) が適切と判断できます。

> ステップ① Shareholders → 単数 or **複数**：~~(A)~~ ~~(B)~~ (C) (D)
> ステップ② annual reports → **彼らの** or 彼ら自身：~~(A)~~ ~~(B)~~ (C) ~~(D)~~

訳 株主は、年次報告書を E メールで受け取ることも、インターネット経由で投票することも選べる。

語句 shareholder「株主」　annual「年1回の、毎年の」　vote「投票する」

タイプ4 関係詞

【例題】

Most of the branch offices ------- reported staff shortages last quarter have now hired additional employees.

(A) who
(B) they
(C) that
(D) what

注目するポイント

選択肢が関係代名詞→空所の前をチェック！

→ 選択肢は (B) they を除いて、すべて関係代名詞です。文構造から適切な関係代名詞を絞り込みましょう。

文法事項の復習　関係代名詞一覧

先行詞の種類	主格	所有格	目的格
人	who	whose	who, whom
物・動物	which	whose	which
物・動物・人	that	―	that
先行詞を含む = the thing which	what	―	what

解き方を確認しよう

Most of **the branch offices** ------- **reported**

（the branch offices と reported の関係）

staff shortages last quarter have now hired additional employees.

(A) who → 関係代名詞（主格）
(B) they → 人称代名詞（主格）
(C) that → 関係代名詞（主格・目的格） ＊接続詞や代名詞の可能性も 【正解】
(D) what → 関係代名詞（主格・目的格） ＊先行詞を含む（=the thing which）

解説 (A) ～ (D) はいずれも代名詞ですが、種類と用法が異なるので、空所前後の構造と文脈から適切な語を絞り込みましょう。空所の後 reported staff shortages は主語がない不完全文です。よって空所には主格の関係代名詞が必要です。(B) they は人称代名詞なので、消去できます。空所の前には、関係代名詞の先行詞 the branch offices があります。(D) what は先行詞を含み、the branch offices と重複してしまうので、(D) も消去します。残りの (A) who と (C) that はともに主格ですが、先行詞の種類が異なります。(A) who なら人ですが、(C) that なら人にも物にも使えます。the branch offices「支社」は後者です。よって (C) が正解です。なお that には、関係代名詞のほかに、接続詞、代名詞、形容詞、副詞があるので要区別です。

> ステップ① reported staff shortages → 完全文 or **不完全文**：(A) (B) (C) (D)
> ステップ② the branch offices → **先行詞アリ** or ナシ：(A) (B) (C) (D)
> ステップ③ the branch offices → 人 or **事物**：(A) (B) (C) (D)

訳 先四半期に人員不足を報告していた支社のほとんどは、既に新たな従業員を補充している。

語句 branch office「支社」　shortage「不足」　quarter「四半期」　hire「を雇う」　employee「被雇用者、従業員」

タイプ5　接続詞①

【例題】

------- Randolph Bartlett has no previous experience in auto manufacturing, he has been chosen as the new CEO of Vista Motors.

(A) In spite of
(B) Nevertheless
(C) But
(D) Although

注目するポイント

選択肢が接続詞・接続表現→文構造・文脈をチェック！

→ (A)〜(D)はいずれも接続に使う表現です。文構造・文脈から適切なものを絞り込みましょう。

文法事項の復習　接続詞：等位（but）と従位（although）の違い

「ロバートは若かった。だがポールは彼を雇った」
- ○：Robert was young, but Paul hired him.
- ×：But Robert was young, Paul hired him.
- ○：Paul hired him although Robert was young.
- ○：Although Robert was young, Paul hired him.

解き方を確認しよう

------- Randolph Bartlett has no previous experience in auto manufacturing, he has been chosen as the new CEO of Vista Motors.

「経験なし」→「CEOに」!

(A) In spite of → 群前置詞「…にもかかわらず」
(B) Nevertheless → 接続副詞「それにもかかわらず」
(C) But → 等位接続詞「しかし」
(D) Although → 従属接続詞「…であるが、だけれども」 **正解**

解説 選択肢には、意味が似ている語が並んでいますが、品詞が異なるので、まずは文構造から、空所には入らない表現を消去しましょう。空所の後には Randolph Bartlett has ... と he has been chosen ... という2組の節（主語＋動詞）がありますが、これらを並べられるのは従位[従属]接続詞だけです。選択肢中、これに該当するのは (D) Although のみです。(C)But も接続詞ですが、従属ではなく、等位接続詞といって、〈主語＋動詞 … But [but] 主語＋動詞〉のように、2組の節の真ん中に入る位置でしか使えません。なお but と意味が似ている however は、(B) Nevertheless と同じく、接続詞ではなく接続副詞であり、接続詞のような意味であっても副詞なので、節と節はつなげません。

> ステップ① 節＋節 → **接続詞** or 前置詞 or 副詞：(A) (B) (C) (D)
> ステップ② …節 , 節 → 等位 or **従位**：(A) (B) (C) (D)

訳 ランドルフ・バートレットはこれまで自動車製造関連の経験がまったくないにもかかわらず、ヴィスタ・モーターズ社の新 CEO に選ばれた。

語句 previous「先の、以前の」　manufacturing「製造（業）」
CEO「最高経営責任者」（chief executive officer の略）

タイプ6 前置詞

【例題】

Without exception, all major budget requests for the next quarter must be submitted to the accounting office ------- October 1st.

(A) until
(B) by
(C) at
(D) during

注目するポイント

選択肢がすべて前置詞→文脈と用法をチェック！

→ (A)〜(D)はいずれも「時間」を表す前置詞。文脈と用法から正解を絞り込みましょう。

解き方を確認しよう

Without exception, all major budget requests for the next quarter must be submitted to the accounting office ------- October 1st.

「期限」が必要
具体的な「時点」

(A) until → 前置詞「…まで」（継続）
(B) by → 前置詞「…までに」（期限・完了） **正解**
(C) at → 前置詞「…に［で］」（時点・地点）
(D) during → 前置詞「…の間中」（期間）

解説 選択肢はどれも「時間」を表す前置詞なので、空所につづく時間を表す名詞の特徴に合わせて、適切な語を選びましょう。前置詞の後ろにくる時間には大きく「期間」と「時点」の2種類がありますが、ここでは (A)(B)(C) が後ろに「時点」をとり、(D) のみ「期間」をとります。October 1st は「時点」なので、まず (D) が消去できます。(C) at は時間の一点でも、at 7 o'clock「7時に」や at night「夜に」のように用い、日付には用いません。日付や曜日は on April 10th「4月10日に」、on Sundays「日曜に」のように通例、on を用います。残るのは (A) until と (B) by で、どちらも和訳すると「…まで」と同じに思えますが、前者は動作や状況の「継続」（…のままである）、後者は「期限・完了」（…までに終わる、しなければならない）を表します。ここでは must be submitted「提出されなければならない」とあるので、正解は (B) です。

> ステップ① October 1st → 時点 or 期間：(A) (B) (C) (D)
> ステップ② October 1st → 日付 or 時間：(A) (B) (C) (D)
> ステップ③ must be submitted → 継続 or 期限：(A) (B) (C) (D)

訳 来四半期の大きな予算請求はすべて、例外なく、10月1日までに経理事務所に提出されなければならない。

語句 exception「例外」　budget「予算」　accounting「会計、経理」

タイプ 7　接続詞②

【例題】

Bedford Hospital is well known for not only its modern surgical facilities ------- the high quality of its medical research.

(A) nor
(B) or
(C) both
(D) but also

🔍 注目するポイント

選択肢がペアで用いる接続詞の一部→文中にある対応表現をチェック！

→ (A)〜(D)はいずれも特定の語句と組み合わせて使われることが多い接続詞の一部。文中の対応する表現から、正解を選びましょう。

解き方を確認しよう

Bedford Hospital is well known for not only its modern surgical facilities ------- the high quality of its medical research.

ペアで使われる語句

(A) nor → 等位接続詞
(B) or → 等位接続詞
(C) both → 形容詞・代名詞・副詞
(D) but also → 等位接続詞＋副詞　**正解**

解説 (A)～(D)は接続詞などいずれも複数の要素を結びつける働きのある語ですが、使い方のルールをあらかじめ知っていれば、簡単に正解できます。ここでは設問文の中ほどに not only があるので、これとセットで使う (D) but also が答えです。not only A but also B で「Aだけでなく Bも」の意味です。ほかの選択肢もよく使う組み合わせがあり、(A) neither A nor B「AもBも…ない」、(B) either A or B「AかBかどちらか」、(C) both A and B「AもBも両方」などです。

> ステップ① not only → but also：(A) (B) (C) (D)

訳 ベッドフォード病院は先端的な手術設備だけでなく、高度な医療研究でも有名だ。

語句 be well known for ...「…で有名だ、よく知られている」　surgical「手術の、外科的な」
facility「設備、施設」　medical「医学の、医学的な」

161

タイプ 8　比較

【例題】

Generally speaking, the larger the size of a computer's central processing unit is, ------- it can perform computations.

(A) the fastest
(B) fast
(C) the faster
(D) as fast as

注目するポイント

選択肢に比較表現→比較構文の型をチェック！

→ (A)～(D)のうち多くが比較表現。比較表現を用いた重要構文をチェックしましょう。

解き方を確認しよう

Generally speaking, the larger the size of a computer's central processing unit is, ------- it can perform computations.

比較級の重要構文

(A) the fastest　→ the ＋最上級
(B) fast　→ 原級
(C) the faster　→ the ＋比較級　**正解**
(D) as fast as　→ as＋原級＋as

解説 (B) は原級、(A)、(C)、(D) はいずれも比較表現なので、比較がポイントだと考えられます。使われている比較構文の構造に即した適切な語を選びましょう。英語の比較表現は種類も多く複雑なので、すべてをマスターするのはなかなか大変です。でも、心配はいりません。Part 5 で問われる比較表現のタイプはパターン化しており、それほど多くないからです。この設問で問われているのは、〈The ＋比較級〜, the ＋比較級〜〉「…すればするほど、ますます…になる」という比較構文の基本型の１つです。文頭近くの the larger を見つけるだけで、(C) the faster が正解だとわかります。

ステップ① the larger　→ the+ 比較級：(A) (B) (C) (D)

訳 一般的に言うと、コンピューターの中央処理装置のサイズが大きくなればなるほど、より速く計算を行うことができる。

語句 generally speaking 「一般的に言うと」　perform 「を行う、実行する」
computation 「計算」

163

タイプ9　語彙

【例題】

According to a recent consumer -------, 73 percent of all cell phone owners use their devices for both business and entertainment.

(A) variable
(B) commitment
(C) survey
(D) objection

注目するポイント

選択肢がすべて同じ品詞で、意味が違う→文脈から適切な語彙を絞り込む！

→ (A)〜(D) はいずれも名詞。文脈に合った語を選択しましょう。

💡 解き方を確認しよう

「最近の消費者…によれば」

According to a recent consumer -------,

73 percent of all cell phone owners use

their devices for both business and entertainment.

(A) variable　→名詞「変数」（変わりやすい、可変的な）
(B) commitment　→名詞「約束、責任」
(C) survey　→名詞「調査、査定」（見渡す、外観する）　**正解**
(D) objection　→名詞「反対、意義」

解説　(A)〜(D) はいずれも名詞として使える単語です（(A) は形容詞、(C) は動詞としても使います）。ですから選択肢の品詞を比較して絞り込むことはできず、文脈で適切な語を選ぶのがよいでしょう。According to a recent consumer ------- 「最近の消費者〜によれば」や、73 percent 「73％（の人が）」などの表現がヒントになります。選択肢の単語の意味がわからなければ、正解はむずかしいので、ふだんからの単語学習が大切になります。もちろん、選択肢の単語すべてがわからなくても、知っている単語だけから、一部の選択肢を消去したり、候補にしたりして、正解率を高めることはできます。

> ステップ① According to a recent consumer → 後にきて意味が通るのは？：
> (A) (B) (C) (D)

訳　最近の消費者調査によると、携帯電話の所有者の 73％ は仕事と遊びの両方に自分の端末を使っている。

語句　according to ... 「…によると」　consumer 「消費者」　device 「装置」
entertainment 「娯楽、遊び」

165

タイプ10　動詞の派生形（動名詞・分詞）

【例題】

After ------- a poor performance evaluation from his supervisor, John Thomas decided to start looking for a job with another firm.

(A) receiving
(B) receive
(C) has received
(D) having receiving

注目するポイント

選択肢がすべて同じ動詞の派生形→文構造から適切な語形を選択！

→ (A)〜(D)はいずれも、動詞 receive の活用形。文構造を分析して適切な活用形を選びましょう。

💡 解き方を確認しよう

――― 直前に After がある

After ------- a poor performance evaluation from his supervisor, John Thomas decided to start looking for a job with another firm.

(A) receiving → 動名詞、または現在分詞　**正解**
(B) receive → 動詞の原形
(C) has received → 現在完了形
(D) having receiving → ×存在しない形（英語として不適）

解説 (A)～(D) はいずれも、receive「を受け取る」（他動詞）の異なる語形です。ですから空所前後の文構造を解析し、適切な語形を選ぶだけで正解できます。(D) はそもそも存在しない形なので、あらかじめ除外して考えましょう（having received または be receiving なら存在します）。解答のポイントになるのは、空所直前にある前置詞の After です（注意：After には副詞、接続詞もあります）。前置詞の後には、「名詞」または「名詞相当の語句」が必要ですから、選択肢中から名詞形を絞り込みましょう。もっとも、選択肢中これに該当するのは、「動名詞」の (A) receiving だけですので、ほとんど瞬時に正解できます。(B) receive、(C) has received はともに述語動詞の形なので、前に主語になる名詞が必要です。

ステップ① 存在しない語法：(A) (B) (C) ~~(D)~~
ステップ② After（前置詞）→ 名詞または名詞相当の語句 or それ以外：(A) ~~(B)~~ ~~(C)~~ ~~(D)~~

訳 上司から低い勤務評定を得た後、ジョン・トーマスは、別の社で働き口を探すことにしようと決めた。

語句 evaluation「評価」　supervisor「監督者、上司」　firm「会社」

Part 5 練習問題

解答時間の目安は 8 min.
▶解答・解説は p.174

1. Time management is one of the biggest challenges facing businesspeople who must ------- global meetings.

   (A) participate
   (B) chair
   (C) pretend
   (D) charge

2. As soon as she ------- back from lunch, Ms. Paphitis plans to return the calls of her clients.

   (A) came
   (B) comes
   (C) will come
   (D) will be coming

3. Prior to starting a company, a detailed business plan should be written ------- increase its chance of success.

   (A) in order to
   (B) so that
   (C) because
   (D) as well as

4. The PolarAir is ------- one of the most powerful air conditioners on the market but also one of the most energy efficient.

   (A) either
   (B) not only
   (C) in addition
   (D) both

5. The sales department has announced a new advertising campaign that will be broadcast ------- both television and radio.

    (A) in
    (B) on
    (C) at
    (D) about

6. Kelvin Corporation has decided to open three new facilities in Southeast Asia in the ------- five years.

    (A) frequent
    (B) nearby
    (C) timely
    (D) upcoming

7. Since the director unexpectedly resigned, Tomoko Suzuki ------- as the acting head of human resources.

    (A) appointed
    (B) appointing
    (C) to be appointed
    (D) has been appointed

8. For many companies that move their production overseas, ------- a high level of quality has not been easy to achieve.

    (A) maintain
    (B) maintaining
    (C) maintained
    (D) maintains

9. Braxton Industries' headquarters complex has had recurring problems with ------- telephone system.

(A) their
(B) them
(C) its
(D) itself

10. Mr. Salazar will get in touch ------- his clients as soon as he returns from his vacation.

(A) with
(B) to
(C) of
(D) for

11. The successful candidate for the position will have a university degree in accounting, ------- at least four years of direct accounting experience.

(A) except
(B) with respect to
(C) in addition to
(D) then

12. The end of the year bonuses are based upon employees' level of productivity ------- their amount of overtime.

(A) but
(B) so
(C) moreover
(D) as well as

13. ------- the cool weather in June, the corn crop is growing faster and taller than usual.

(A) Despite
(B) Nevertheless
(C) Because
(D) Although

14. IBH Machines provides an additional living allowance to executives ------- are stationed overseas.

(A) who
(B) when
(C) where
(D) which

15. Surprisingly, ------- the population in the city is falling, the demand for city services continues to grow.

(A) even though
(B) due to
(C) in spite
(D) until

16. Over the last five years, Johan Plastics has been ------- acquiring many companies overseas.

(A) longingly
(B) hardly
(C) aggressively
(D) accessibly

17. Grievance committee members maintain strict confidentiality and any complaints you file are between you and -------.

   (A) it
   (B) itself
   (C) them
   (D) themselves

18. Last week, the school board ------- teachers that their salaries would be frozen for one year due to the budget crisis.

   (A) suspended
   (B) consulted
   (C) requested
   (D) notified

19. Gemrad Corporation's overall product sales last quarter were ------- in the firm's history.

   (A) high
   (B) a highest
   (C) the higher
   (D) the highest

20. Each Sunday a series of travel articles appears ------- the newspaper.

   (A) in
   (B) on
   (C) at
   (D) to

21. For the past four years, Barbara Benson ------- the highest gross sales of any salesperson in the company.

(A) will have posted
(B) posting
(C) has posted
(D) posts

22. The president of the labor union is mainly responsible for ------- the workers' contracts each year.

(A) negotiator
(B) negotiate
(C) negotiating
(D) negotiates

23. Despite its increasing profits, National Packaging has not ------- employee salaries for three years.

(A) risen
(B) raised
(C) been raised
(D) rising

24. Anyone adding an item to the meeting agenda must ------- approval from the chair in advance.

(A) exchange
(B) allocate
(C) obtain
(D) preserve

Part 5 練習問題

解答解説

▶ 問題は p.168

1. 正解（B）

Time management is one of the biggest challenges facing businesspeople who must ------- global meetings.
(A) participate
(B) chair
(C) pretend
(D) charge

タイムマネジメントは、国際的な会議を司会しなければならないビジネスパーソンが直面する最大の課題の1つだ。

語句
challenge「課題、問題」
chair「の司会［議長］を務める」

解説 (A)～(D)はいずれも動詞の原形なので、文脈に即した語を選ぶこと。businesspeople who must ... global meetings という文脈からおおむね (A) participate「参加する」と (B) chair「の司会［議長］を務める」に絞り込めます。さらに自動詞である participate には、participate in ... と前置詞 in が必要なので、(A) を除外し、正解の (B) を残すことができます。

2. 正解（B）

As soon as she ------- back from lunch, Ms. Paphitis plans to return the calls of her clients.
(A) came
(B) comes
(C) will come
(D) will be coming

昼食から戻り次第すぐに、パフィティスさんは顧客に折り返し電話をかける予定だ。

語句
plan to do「…するつもりである」

解説 選択肢には同じ動詞の異なる時制があるので、文法的に適切な時制を選びます。As soon as ...「（食事から戻り）次第すぐに」は文脈上「未来」のこと。しかし、このような「時・条件を表す副詞節」では、未来のことでも現在形を用います。よって (B) が正解。

3. 正解（A）

Prior to starting a company, a detailed business plan should be written ------- increase its chance of success.
(A) in order to
(B) so that
(C) because
(D) as well as

事業成功の可能性を高めるには、起業に先立って、詳細なビジネスプランを立てるべきだ。

語句
prior to ...「…より前に」
detailed「詳しい」
increase「を高める」

174

> **解説** 選択肢には異なる用法の語が並んでいるので、空所のあとの文構造に注目します。increase「…を高める」は動詞の原形です。原形の動詞をとれるのは to 不定詞を含む (A) in order to のみです。so that にも目的を表す意味がありますが、that は接続詞なので、後には S+V（節／完全文）がきます。(C) も接続詞です。

4. 正解（B）

The PolarAir is ------- one of the most powerful air conditioners on the market but also one of the most energy efficient.

(A) either
(B) not only
(C) in addition
(D) both

ポーラーエアは市場に出ている最も強力なエアコンの1つであるだけでなく、最もエネルギー効率のよい機種の1つでもある。

語句
on the market「市場に出ている、市販されている」
efficient「効率的な」

> **解説** 選択肢の表現と一緒に使われる語句を文中から探します。but also があるので、これと対応する (B) not only が正解。

5. 正解（B）

The sales department has announced a new advertising campaign that will be broadcast ------- both television and radio.

(A) in
(B) on
(C) at
(D) about

セールス部門はテレビとラジオ両方で放送される新しい広告キャンペーンを発表した。

語句
department「部門、部」
announce「を発表・告知する」
broadcast「を放送・放映する」

> **解説** (A) ～ (D) いずれも前置詞なので、文脈に合った適切な語を選択します。「テレビ[ラジオ]で（放送される）」はともに on を用い、on (the) television、on (the) radio です。

6. 正解（D）

Kelvin Corporation has decided to open three new facilities in Southeast Asia in the ------- five years.

(A) frequent
(B) nearby
(C) timely
(D) upcoming

ケルヴィン社は今後5年で、東南アジアに3つの新施設を開設することにした。

語句
facility「施設、設備」

175

解説 (A)～(D) はいずれも形容詞なので、文脈に即して適切なものを選びます。なお (C) は語末が -ly ですが、friendly、lovely、lively などのように形容詞です。five years は期間ですがこれを形容するのに適当なのは (D) upcoming「来るべき」のみ。(A) frequent「頻繁な」、(B) nearby「近くの」、(C) timely「タイミングがよい」の意味。

7. 正解（D）

Since the director unexpectedly resigned, Tomoko Suzuki ------- as the acting head of human resources.

(A) appointed
(B) appointing
(C) to be appointed
(D) has been appointed

部長が急に辞めたので、トモコ・スズキが人事部の部長代理に任命された。

語句
unexpectedly「突然、思いがけなく」
resign「辞任する」
acting「代理の」

解説 選択肢には同じ動詞の変化形があるので、空所前後の文構造と文脈を確認し、適切な形を選びます。空所には、主節の主語 Tomoko Suzuki に対応する述語動詞が必要です。(B) V-ing 形、(C) to 不定詞は述語動詞にならないので、(A)(D) に絞られます。appoint は他動詞で「を任命する」なので、ここでは受動態が適切です。

8. 正解（B）

For many companies that move their production overseas, ------- a high level of quality has not been easy to achieve.

(A) maintain
(B) maintaining
(C) maintained
(D) maintains

生産拠点を海外に移す多くの企業にとって、高品質の維持は容易に達成できるわけではない。

語句
overseas「海外へ」　　quality「質」

解説 (A)～(D) はいずれも maintain の異なる語形なので、空所前後から文法的に適切な形を判断します。文頭の修飾句 For ... overseas を除いて考えれば、空所がこの文の主語に相当するとわかります。主語になれるのは名詞のみなので、動名詞の (B) が正解だと即座に判断できます。なお対応する述語動詞は has ... been です。

9. 正解 (C)

Braxton Industries' headquarters complex has had recurring problems with ------- telephone system.

(A) their
(B) them
(C) its
(D) itself

ブラクストン・インダストリーズ社の本社複合ビルでは、電話網の障害が繰り返し起きている。

語句
headquarters「本部、本社」
complex「複合施設、工業団地」
recurring「頻発する」

解説 (A) 〜 (D) はいずれも代名詞です。telephone system の前に空所があるので、これに合う代名詞は「…の」の意味の所有格。よって (A) (C) が対象となりますが、telephone system を所有する complex「複合ビル」は単数（動詞 has にも注目）なので、正解は (C)。

10. 正解 (A)

Mr. Salazar will get in touch ------- his clients as soon as he returns from his vacation.

(A) with
(B) to
(C) of
(D) for

サラザー氏は休暇から戻り次第、すぐに顧客に連絡する予定だ。

語句
as soon as ...「…するとすぐに」
vacation「休暇」

解説 get in touch with ...「…と連絡を取る」という表現を知っているか問う設問。be in touch with ... で「…と連絡が取れている（状態にある）」、keep in touch with ... で「…と連絡を取りつづける」という意味になります。

11. 正解 (C)

The successful candidate for the position will have a university degree in accounting, ------- at least four years of direct accounting experience.

(A) except
(B) with respect to
(C) in addition to
(D) then

候補者がこの職を得るには、最低４年の会計職の実務経験に加えて、会計学の学位が必要だ。

語句
candidate「候補者」 degree「学位」
accounting「会計、経理」

解説 選択肢は異なる品詞の組み合わせなので、まずは不適当なものを除外し、複数が残ればさらに文脈で絞り込みます。(D) then「その頃、それから」は副詞で不適。(A) は前置詞、(B) (C) は群前置詞（複数の語からなる前置詞）で文法的にはいずれも可能性が

ありますが、意味的に適切なのは (C) in addition to「…に加えて」のみ。(A) except は「…を除いて」、(B) with respect to は「…に関しては」。

12. 正解（D）

The end of the year bonuses are based upon employees' level of productivity ------- their amount of overtime.

(A) but
(B) so
(C) moreover
(D) as well as

年度末のボーナス額は従業員の残業時間数および業績に基づいて決定される。

語句
be based upon ...「…に基づく」
amount「量」
overtime「残業、時間外労働」

解説 選択肢には複数の接続表現があるので、空所前後の文構造を確認します。employees' level ... と their amount ... と2つの名詞があるので、これらを並置する表現を選びます。(D) as well as が該当します。

13. 正解（A）

------- the cool weather in June, the corn crop is growing faster and taller than usual.

(A) Despite
(B) Nevertheless
(C) Because
(D) Although

6月の低気温にもかかわらず、トウモロコシは例年よりも、より早く大きく育っている。

語句
crop「作物」

解説 選択肢には異なる品詞があるので、空所後の文構造を確認します。the cool weather と名詞があるので、空所には前置詞が入ります。(A) だけが該当するので正解です。

14. 正解（A）

IBH Machines provides an additional living allowance to executives ------- are stationed overseas.

(A) who
(B) when
(C) where
(D) which

IBHマシーンズ社は、海外に駐在する役員に対して追加の生活手当を支給している。

語句
additional「追加の」
allowance「手当金」
executive「役員、重役」
station「を駐在させる、配置する」

178

解説　選択肢には関係詞として使える語が並んでいるので、まずは空所前後の文構造を確認します。後につづく文は主語を欠いているので、空所には関係代名詞（主格）が入るとわかります。対象となるのは (A) (D) ですが、先行詞の executives は「人」なので、(A) who が正解。

15. 正解（A）

Surprisingly, ------- the population in the city is falling, the demand for city services continues to grow.

(A) even though
(B) due to
(C) in spite
(D) until

驚いたことに、市の人口が減少しているにもかかわらず、市の行政サービスに対する需要は伸びつづけている。

語句
surprisingly「驚いたことには」
population「人口」
demand「需要、要求」

解説　選択肢には接続詞や前置詞など異なる品詞があるので、空所前後の構造を確認。the population ... is falling と the demand ... continues ... の 2 つの節があるので、空所にはこれらをつなぐ接続詞が入ります。(A) (D) が該当しますが、文脈上適切な逆接の接続詞は (A) even though。

16. 正解（C）

Over the last five years, Johan Plastics has been ------- acquiring many companies overseas.

(A) longingly
(B) hardly
(C) aggressively
(D) accessibly

過去 5 年にわたり、ヨハン・プラスチック社は、多くの海外企業を積極的に買収してきた。

語句
acquire「を買収する」

解説　(A) ～ (D) はいずれも副詞なので、文脈上適切なものを選びます。現在完了進行形になっている acquire は一般的には「を取得［獲得］する」ですが、ビジネス用語としては、「(他社) を買収する」。これを修飾するのに適当なのは (C) aggressively「積極的に、攻撃的に」のみ。(A) longingly は「あこがれて」、(B) hardly は「ほとんど… ない」、(D) accessibly は「利用しやすく」。

179

17. 正解（C）

Grievance committee members maintain strict confidentiality and any complaints you file are between you and -------.
(A) it
(B) itself
(C) them
(D) themselves

苦情処理委員会の委員たちは厳格に秘密を守るので、申告されるいかなる苦情も申告者と委員会以外に洩れることはない。

語句
grievance committee「苦情処理委員会」（通例、労使双方の代表者で構成される）
confidentiality「秘密性」
file「（苦情など）を申し立てる、申告する」
be between A and B「A と B の間だけの内密の話である」

解説 選択肢には単数と複数の人称代名詞があるので、指示対象の数に注意。空所は between A and B の B に相当するので「目的格」の代名詞が入ります。よって (A) か (C)。また、B に相当するものは、文脈から committee members とわかるので、複数形である (C) them が適切。

18. 正解（D）

Last week, the school board ------- teachers that their salaries would be frozen for one year due to the budget crisis.
(A) suspended
(B) consulted
(C) requested
(D) notified

先週、教育委員会は教員たちに対して、予算難のため1年にわたって給与を凍結すると通知した。

語句
school board「教育委員会」
freeze「を凍結する」
crisis「危機」

解説 (A)～(D) はいずれも動詞の過去形なので、文脈に適した語を選びます。「（教師たちに）…ということを」とつづけて文意が通るのは (D)。「notify +〈人〉+ that 節（または + of ...）」で「〈人〉に…を知らせる」。ほかの選択肢の語 suspend「を保留する」、consult「に助言を求める」、request「を要請する」は、いずれもこの形をとりません。

19. 正解（D）

Gemrad Corporation's overall product sales last quarter were ------- in the firm's history.
(A) high
(B) a highest
(C) the higher
(D) the highest

ジェムラッド社の先四半期の製品総売上は同社史上、最高だった。

語句
overall「全部の、総体的な」
last quarter「前の四半期」

解説 選択肢には比較表現があるので、文脈上、適切な形を選択します。ここでは in the firm's history「社の歴史上で」という表現から、最上級が適切とわかります。最上級には、普通 the を伴うので (D) the highest が正解。

20. 正解（A）

Each Sunday a series of travel articles appears ------- the newspaper.

(A) in
(B) on
(C) at
(D) to

毎週日曜日に、一連の旅行関連記事が新聞に掲載される。

語句
a series of ...「一連の、連続する…」
article「記事、論文」

解説 空所の後につづく名詞 the newspaper に合う前置詞を選びます。「新聞に（掲載されて）」は in a [the] newspaper です。「雑誌に」も同様に in a [the] magazine。

21. 正解（C）

For the past four years, Barbara Benson ------- the highest gross sales of any salesperson in the company.

(A) will have posted
(B) posting
(C) has posted
(D) posts

過去4年間、バーバラ・ベンソンは社内の販売員で最高の総売上をあげてきた。

語句
gross sales「総売上」

解説 選択肢には動詞 post の複数の時制が含まれています。主語 Barbara Benson、目的語 the highest gross sales に対する述語動詞が空所に入るので、述語動詞になれない doing 形の (B) はあらかじめ除外しておきましょう。文頭の For the past four years が過去から現在までの期間を表しているので、適当なのは、現在までの経験・継続・完了・結果を表す現在完了時制の (C) です。

22. 正解（C）

The president of the labor union is mainly responsible for ------- the workers' contracts each year.

(A) negotiator
(B) negotiate
(C) negotiating
(D) negotiates

労働組合のトップは主として、毎年度の社員の契約を協議する役割を担っている。

語句
labor union「労働組合」
be responsible for「～の責任がある」
contract「契約」

181

解説 選択肢はどれも negotiate の変化形なので、空所前後から文法的に適切な形を選びます。空所前の for が前置詞なので、まずは名詞の (A) と動名詞の (C) に絞られます。このうち空所後の the workers' contracts を目的語にとれるのは動名詞です。(A) は「交渉人」です。

23. 正解（B）

Despite its increasing profits, National Packaging has not ------- employee salaries for three years.

(A) risen
(B) raised
(C) been raised
(D) rising

増益にもかかわらず、ナショナル・パッケージング社は3年間、社員の給与を上げていない。

語句
profit「利益」
employee「社員、従業員」

解説 選択肢には rise「上がる」(自動詞) と raise「を上げる」(他動詞) の複数の形があります。前に has not ... があるので空所には過去分詞が入り、現在完了になります。また後には employee salaries があるので、この語を目的語にとる他動詞でなければなりません。これらの条件を満たすのは (B) raised のみ。

24. 正解（C）

Anyone adding an item to the meeting agenda must ------- approval from the chair in advance.

(A) exchange
(B) allocate
(C) obtain
(D) preserve

会議の議題を追加したい人は、前もって議長の承認を得なくてはならない。

語句
agenda「議題、協議事項」
approval「許可、承諾」
in advance「前もって、あらかじめ」

解説 (A) ～ (D) はいずれも他動詞の原形なので、文脈に即して適切な語を選択します。空所につづく approval「許可、承諾」を目的語として意味をなすのは (C) obtain「を入手［取得］する」のみ。(A) exchange は「を交換する」、(B) allocate は「を配分する」、(D) preserve は「を保存する」。

Part 6
長文穴埋め問題

Part 6 を見てみよう	p.184
Part 6 にチャレンジ	p.187
練習問題　問題	p.196
解答・解説	p.201

Copyright © 2015 Educational Testing Service. www.ets.org
*Updated Listening and Reading Directions for the TOEIC®
Test* are reprinted by permission of Educational Testing
Service, the copyright owner. All other information contained
within this publication is provided by Obunsha Co., Ltd. and
no endorsement of any kind by Educational Testing Service
should be inferred.

Part 6 を見てみよう

Part 6 指示文

PART 6
Directions: Read the texts that follow. A word, phrase, or sentence is missing in parts of each text. Four answer choices for each question are given below the text. Select the best answer to complete the text. Then mark the letter (A), (B), (C), or (D) on your answer sheet.

Part 6 指示文の訳

PART 6
以下の文書を読んでください。それぞれの文書の一部で、語または句、あるいは文が抜けています。文書の下に、各質問に対する4つの選択肢が与えられています。文書を完成させるのに最もよい解答を選び、解答用紙の (A)(B)(C)(D) のうち1つをマークしてください。

Questions 131-132 refer to the following letter.

Dear Ms. Sundaravej:

Your purchase order ------- our top-of-the-line PrintJet copier was
131.
referred to my office. Your choice of the X-1001 is a wise decision: it is the fastest, most efficient, and most reliable high-speed copier on the market. However, we sell our product ------- through appointed dealers
132.
so as to ensure uniformity of service, wider distribution, and reliable local representation. The name of our local dealer in your area is National Office Supply, located at 625 3rd Street.

Thank you for choosing our X-1001.

Sincerely yours,

Robert Browning
Robert Browning

---

131. (A) for
(B) to
(C) about
(D) on

132. (A) exclude
(B) exclusion
(C) exclusive
(D) exclusively

＊設問（例）は本書からの抜粋です。解説は p.187 を参照してください。

Part 6　長文穴埋め問題

　Part 6 の問題文は「E メール」「社内連絡メモ」「広告」「ビジネス文書」「雑誌記事」など、短い文書です。一見すると難しそうに思えるかもしれませんが、Part 5 にちょっとした飾りがついただけですので、難易度もそう大きくは変わりません。実際、文書をほとんど読まなくても空所前後だけ確認すれば正解できてしまうタイプの設問（独立型）が少なくありません。もちろん文脈をきちんと追わないと正解が絞り込めない設問（文脈依存型）もありますが、全文くまなく「精読」するのではなく、ポイントを絞った「検索読み」で、たいていは正解できてしまいます。ただし、ビジネスレターや E メールなど、定型の書式にはあらかじめ慣れておくようにしましょう。

＊Part 6 の問題形式

設問数	16 問（No.131 〜 146 ／文書 1 つにつき 4 問ずつ）
内容	文書中の 4 つの空所に入れるのに最も適した語句あるいは文を、それぞれ 4 つの選択肢から選ぶ

＊本書で学習する問題タイプ

タイプ 1	独立型の問題
タイプ 2	文脈依存型の問題
タイプ 3	文選択問題

　語句を選択する問題が 2 タイプと、文を選択する問題があります。p.187 以降では問題タイプを理解しやすいように、それぞれそのタイプだけを設けた例題に分けて解説します。実際の試験においては、1 つの文書に対してこれらの 3 タイプが混在して登場しますので、注意しましょう。

＊解答の流れ

① **選択肢を見る**　　まず選択肢を見て設問のパターンを見極めます。

↓

② **空所の前後を見て選択肢を選ぶ**　　文書全体を読まずに、空所の前後から解答できる問題も多くあります。

↓

③ **解答をマーク**　　マークしたらすぐに次の設問に進みましょう。

Part 6 にチャレンジ

タイプ1 独立型の問題

【例題】

Dear Ms. Sundaravej:

Your purchase order ------- our top-of-the-line PrintJet copier was referred to my office. Your choice of the X-1001 is a wise decision: it is the fastest, most efficient, and most reliable high-speed copier on the market. However, we sell our product ------- through appointed dealers so as to ensure uniformity of service, wider distribution, and reliable local representation. The name of our local dealer in your area is National Office Supply, located at 625 3rd Street.

Thank you for choosing our X-1001.

Sincerely yours,

Robert Browning
Robert Browning

1. (A) for
   (B) to
   (C) about
   (D) on

2. (A) exclude
   (B) exclusion
   (C) exclusive
   (D) exclusively

187

注目するポイント

独立型の問題は、Part 5と同じ要領で、空所の前後を見て解く！

Part 6の設問には、文書の内容をほとんど読まなくとも正解できてしまうタイプのもの（独立型）が少なくありません。別冊第5章「『先読み』のテクニック」（⇒別冊 p.24）をしっかり意識しましょう。

※前ページの例題は2問が独立型の問題で構成されていますが、実際のテストでは、独立型の問題と文脈依存型の問題、さらに文選択問題が混在して出題されます。

解き方を確認しよう

1. 正解（A）

Your purchase order ------- our top-of-the-line PrintJet copier was referred to my office.

―― order とのつながり

(A)～(D) すべて 前

解説 選択肢はすべて前置詞なので、文脈に即したものを選ぶだけです。ここでは空所の前が order「注文」、後ろが注文品の copier ですから、「…（を求めて）の注文」という文脈です。選択肢中、希求・要望を表す前置詞は (A) for のみです。for には名詞なら request for ...「…の要望」、quest for ...「…の探求」、動詞なら ask for ...「…を求める」のように、「…を求めて」（希求・獲得）の意味があります。

---

2. 正解（D）

However, we sell our product ------- through appointed dealers ...

―― 空所前後の構造
→文は成り立つ

(A) 動「を排除する」　(B) 名「排除」　(C) 形「排他的［独占的］な」
(D) 副「独占的に、もっぱら」（= only）

解説 選択肢はいずれも動詞 exclude「を除外する」の派生語ですから、空所前後の構造から適切な形を選びます。we sell our product ------- through appointed dealers は、空所を埋めなくとも文として完成しています。ここにもし (A) 動詞、(B) 名詞、(C) 形容詞などを入れては、文として成り立たなくなってしまいます。よって文構造を左右しない品詞である副詞の (D) が正解です。

パッセージ訳

スントラウェート様

弊社の最上位機種コピー機「プリントジェット」のお客さまのご注文をこちらで承りました。X-1001 は賢明なご選択かと存じます。同機種はコピー機市場で、最高速度・最高効率・最高精度を誇る高速コピー機です。しかしながら、弊社ではサービスの均一化、広範囲の流通、信頼できる地域サービスを保証できるよう、製品は、指定の販売代理店を通してのみ販売いたしております。お客さまの地域にある弊社の地域販売代理店は、ナショナル・オフィス・サプライ社で、3 番通りの 625 号にございます。

この度は X-1001 をお選びくださり、ありがとうございました。

敬具

ロバート・ブラウニング

語句 purchase「購入」　top-of-the-line「(同種の商品群の中で) 最上位機種の、最高の」
decision「決定、決断」　efficient「効率的な」　reliable「頼りになる、信頼できる」
appointed「任命された」　ensure「を確実にする、保証する」
uniformity「一様 [均一] であること」　distribution「流通」

タイプ2　文脈依存型の問題

【例題】

Dear Elizabeth Hampton:

We appreciate your interest in being ------- by our firm. The résumé you submitted to our human resources department to accompany your job application is very impressive.
1.

We received many inquiries about the post from highly qualified applicants and the available position has already been filled. -------, we regret to inform you that we cannot extend an offer to you at this time.
2.

We wish you the best of luck in your future career.

Very truly yours,

Francis Critch
Francis Critch

1. (A) contacted
   (B) employed
   (C) admired
   (D) represented

2. (A) However
   (B) Although
   (C) Consequently
   (D) Furthermore

注目するポイント

独立型の問題と文脈依存型の問題の違いを見抜く！

Part 6の設問のうち、タイプ1の「独立型」とは異なり、文脈から判断する必要があるのが「文脈依存型」です。実際のテストではこの2つが混在し、独立型：文脈依存型＝2：1の割合で出題される傾向にあります。ここでは文脈依存型だけの例を見てみましょう。

解き方を確認しよう

1. 正解（B）

We appreciate your interest in being ------- by our firm.

前後の内容から適切な語を推測

(A)「に連絡する」過去分詞　(B)「を雇用する」過去分詞
(C)「を尊敬する」過去分詞　(D)「を代表する」過去分詞

解説 選択肢はいずれも同じ語形なので、文法・語法ではなく、文脈の理解を問う設問です。your interest in being ------- by our firm とあるので、この手紙の「宛先人」である Elizabeth Hampton が「送り手」である企業に、どのような関心を持っているかの判断が求められています。それが「雇用、就職」であることは、résumé「履歴書」、job application「求人応募書類」、applicants「応募者」、position「職」といった語を拾い読みするだけでも、容易に推測できます。よって (B) employed が正解です。

---

2. 正解（C）

... the available position has already been filled. -------, we regret to inform you ...

文の流れを正しく理解する

(A)「しかし」副詞　(B)「…だけれども」（従属）接続詞
(C)「結果的に、そのため」副詞　(D)「その上、さらに」副詞

解説 選択肢の品詞が異なるので、文法・語法的な判断も必要です。まずは空所に入り得ない品詞を消去しましょう。空所の後には「節」(主語＋動詞) が 1 組しかないので、接続詞 (従属接続詞) の (B) Although は不適です。従属接続詞につづく部分は、〈Although 主語＋動詞, 主語＋動詞〉のように、2 組の節です。残る (A)(C)(D) はいずれも副詞なので、今度は文脈による絞り込みが必要です。前後の文脈が「逆接」なら (A) However、「因果関係」なら (C) Consequently、「展開・追加」なら (D) Furthermore です。ここでは「募集枠は埋まっている」→「不採用通知」という、「原因・理由」→「結果」の流れなので、(C) Consequently が正解です。

パッセージ訳

エリザベス・ハンプトン様

弊社への就職にご関心をお寄せくださり、ありがたく存じます。応募書類とともに人事部にお送りいただきました履歴書は大変に印象的でした。

このポストへは非常に優秀な応募者から多くのお問い合わせをいただき、募集枠は既に埋まっております。そのため、残念ではございますが、今回は不採用という結果をお伝えしなければなりません。

今後のお仕事のためご多幸をお祈り申し上げます。

敬具

フランシス・クリッチ

語句 résumé「履歴書」　submit「を提出する」　human resources department「人事部」　impressive「印象的な」　inquiry「問い合わせ」　qualified「資格のある、有能な」　applicant「応募者」　extend「を広げる、伸ばす」

タイプ3　文選択問題

【例題】

To: All Employees
From: Pedro Santana, Director of Human Resources
Subject: Changes in payroll policies
Date: November 1

1.

First, as of January we will begin making all salary payments by direct deposit into your preferred bank account. Please let us know your bank name and account number. In addition, you will no longer receive a paper salary statement mailed to your home address detailing your salary payment and withholdings. -------.
2.
Finally, payment of annual performance bonuses will be moved forward by two weeks, from December 15th to December 1st, effective next month.

P. Santana

1. (A) The weather has been growing colder outside recently.
   (B) I am Pedro Santana of the Human Resources department.
   (C) Salaries will be increased by 5 percent next year.
   (D) Several changes in payroll policies will soon be implemented.

2. (A) This is why the banking information is important for us to receive.
   (B) Instead, an e-mail will be sent to your company e-mail address.
   (C) Therefore, the amount paid into your account may change.
   (D) Please let us know that you have received this statement.

注目するポイント

書式や表現を知り、文脈を読み解く！

適切な文を選ぶ問題は、語句よりも難しそうに見えるかもしれませんが、含まれる情報量が多いということは、ヒントもまた多く含まれるということです。特に this/these、that/those、such など前文までに言及した内容を受ける語があるときは注意しましょう。また、正解を見つけるには前後の文脈を正しく理解することが必要ですが、そのためにＥメールやビジネス文書の基本的な書式や、記述の順番、定型的な表現は、知っていると大きなヒントになりますので、あらかじめ勉強しておきましょう。

解き方を確認しよう

1. 正解（D）

Subject: Changes in payroll policies

＞Ｅメール冒頭で述べることなので件名がヒントに

(A) 最近では外がだいぶ冷え込むようになりました。
(B) 私は人事部のペドロ・サンタナと申します。
(C) 給料は来年度、5％上がる予定です。
(D) 給与支払いの方法に関して、いくつかの変更がまもなく実施されます。

解説 ビジネスについての英語文書、特にＥメールの場合、用件は単刀直入に切り出すのが一般的であり、かつマナーです。(A) のように時候の挨拶をしたり、(B) のように改めて自己紹介したりする必要はありません。(C) はたしかに単刀直入ですが、内容が関係のないものです。正解は (D) ですが、Subject の Changes in payroll policies と Several changes in payroll policies が対応していることからわかります。この文書では変更について説明する、と最初に宣言をして、つづく段落の First、In addition、Finally という3点の変更事項の列挙に自然につながります。

---

2. 正解（B）

In addition, you will no longer receive a paper salary statement …

＞前の文の内容の補足説明が空所に入る

(A) そのような訳で、私どもが銀行の（口座）情報を受け取ることは重要です。
(B) この代わりに、Ｅメールが各人の社用Ｅメールアドレス宛に送られます。
(C) それゆえ、各人の口座に振り込まれる金額は変わるかもしれません。
(D) この通知を受け取った旨、お知らせください。

解説 空所の後の文は Finally, で始まっており、新しい話題が始まるのでヒントになりません。空所の前の文には no longer「もはや〜しない」という否定表現があります。これは今までに行われていたことが中止になったことを意味する表現ですので、当然、気になるのは、これからはどうなるのかということです。この今後の変化や対応を導く表現は、Instead「その代わりに、そうではなくて」です。salary statement「給与明細」が paper「紙（の明細書）」から e-mail「Ｅメール」に変更になると、Instead を使って説明している (B) が正解です。

パッセージ訳

宛先：全社員へ
送信者：ペドロ・サンタナ、人事部部長
件名：給与支払い方法の変更について
日付：11月1日

給与支払いの方法に関して、いくつかの変更がまもなく実施されます。

まず、1月から、すべての給与支払いは指定の銀行口座への直接振り込みによるものとします。銀行名と口座番号とをわれわれにお知らせください。また、給与ならびに控除の詳細を記した紙の給与明細書の自宅住所への送付は、今後は行わないものとします。この代わりに、Ｅメールが各人の社用Ｅメールアドレス宛に送られます。最後に、年次の業績賞与の支払いは、12月15日から12月1日に2週間前倒しし、来月より実施します。

P. サンタナ

語句
human resources（=HR）「人事部［課］」　payroll「給与支払い（総額）」
as of「（日時）から、…の時点で」　direct deposit「（給与の）口座振込」
bank account「銀行（預金）口座」　detail「を詳しく述べる」
withholding「源泉徴収」　performance bonus「業績給与」
effective「実施されて、有効な」

Part 6 練習問題

解答時間の目安は 6 min.

▶ 解答・解説は p.201

Questions 1-4 refer to the following memorandum.

July 15

To All Sales Staff

The purpose of this memo is to notify you of a change in the reporting ------- for submitting your sales-related entertainment expenses.
       1.

Up until now, all reports have been turned in directly to the accounting department for reimbursement. Effective August 1, employees ------- to obtain their direct supervisor's signature on
       2.
a revised expense report form.

------- However, please understand that to ensure that we follow
  3.
the top management's cost-cutting directives, it has become necessary to ------- our sales expenses even more closely than
       4.
before.

The accounting department will send you a copy of this new form tomorrow.

John

---

1. (A) proceeding
   (B) procedurally
   (C) proceed
   (D) procedure

2. (A) are asking
(B) were asked
(C) will be asked
(D) have been asking

3. (A) The current system is not working as well as it should.
(B) You should have already received the sample form.
(C) We understand this extra step requires more work for you.
(D) We appreciate your cooperation in reducing paperwork.

4. (A) undergo
(B) decline
(C) monitor
(D) praise

Questions 5-8 refer to the following notice.

NOTICE: New Construction this Fall
July 1

Our east parking structure, which is used by most commuters, will be torn down ------- September so that construction can begin on the McCullough Center. This employee fitness center, ------- has been made possible by a $5 million donation from our former CEO, Janice McCullough, is an important addition to our complex. When completed, it will be the envy of all other companies in the greater Toronto area. -------

Until then, you should park in the private lot we are temporarily renting downtown. From there, a shuttle bus leaving every 15 minutes will bring you to the company campus. Next year, when the fitness center opens, ------- parking in the multiplex underground lot beneath the center will become available. This should be a relief to our many employees who commute every day by car who often have been unable to find a spot in the current structure.

Office of Property Management

5. (A) at
   (B) until
   (C) on
   (D) in

6. (A) what
   (B) which
   (C) whenever
   (D) whichever

7. (A) It is scheduled to open October 1st next year.
   (B) We are competing for markets with many companies.
   (C) Toronto is one of Canada's most important manufacturing centers.
   (D) Ms. McCullough was one of our most outstanding executives.

8. (A) abundant
   (B) restricted
   (C) remote
   (D) variable

Questions 9-12 refer to the following e-mail.

TO: nicole.b@marklev.com
FROM: kim.t@marklev.com
DATE: 9:00 May 9
RE: Vacation

Nicole,

Thanks for the e-mail yesterday outlining -------- vacation plans. A 10-day trip back home to visit your family in England sounds fantastic.
                                                9.

I am happy to grant your request. --------, I'd like to ask you to postpone your departure. According to your e-mail, you plan to
                                  10.
leave on April 13 and return on April 23. I just -------- that we have an important client meeting here in our office on April 13 with
                                                 11.
Dong Woo Corporation. You are going to be more and more involved in managing that account. --------.
                                                                                             12.

Can you push back your departure date until April 14?

Kim T.W.

9. (A) his
   (B) your
   (C) my
   (D) their

10. (A) Then
    (B) Moreover
    (C) Therefore
    (D) However

199

11. (A) learned
    (B) learn
    (C) learning
    (D) am learned

12. (A) Is your family aware of these special circumstances?
    (B) Consequently, it should be a relatively easy account to manage.
    (C) Therefore, I think it is important for you to attend the meeting.
    (D) I would appreciate it if you could participate by videoconference.

Part 6 練習問題

解答解説

▶問題は p.196

Questions 1-4【社内回覧】

7月15日

営業部の皆さまへ

この社内回覧は、営業に関わる接待費の請求の際の報告手続きに変更があることをお知らせするためのものです。

これまでは、払い戻しのための報告書はすべて経理部まで直接提出していただいていました。8月1日をもって、社員の皆さんは、経費報告書の改訂版に直属の上司のサインをもらうようにお願いします。

この追加の手続きがお手間になることは承知しています。しかし上層部からの経費削減の指示に確実に従うため、従来よりもさらに綿密に営業経費を精査する必要が生じた次第であること、ご理解ください。

この新しい書式は明日、経理部からお送りします。

ジョン

語句
memorandum「社内回覧、事務連絡」　　purpose「目的」
notify +〈人〉+ of ...「〈人〉に…を知らせる」　　entertainment expense「接待費」
up until now「これまで、従来は」　　turn in ...「…を提出する」
reimbursement「払い戻し、償還」　　effective「有効な」
obtain「を手に入れる、獲得する」　　signature「サイン、署名」
revised「改訂された」　　directive「指示、命令」　　closely「きっちりと、綿密に」

---

1. 正解（D）

... a change in the reporting ------- for submitting ...

(A) proceeding (B) procedurally
(C) proceed   (D) procedure

解説 前置詞 in、定冠詞 the の後ろにあり、reporting「報告に関する」によって修飾されるのは名詞のみです。よって (D) procedure「手続き、手順」が正解。

201

2. 正解（C）

Effective August 1, employees ------- to obtain their direct supervisor's signature ...

(A) are asking
(B) were asked
(C) will be asked
(D) have been asking

> **解説** このメモの差し出し日が July 15 なので、August 1 は「未来」に属するとわかります。また、ask は「にお願いする」の意味ですが、空所の主語である employees は「お願いされる」立場なので、受動態にする必要があります。よって未来形の受動態 (C) will be asked が適当と判断できます。

3. 正解（C）

(A) The current system is not working as well as it should.
現在のシステムは、あるべきほどにはうまく機能していません。

(B) You should have already received the sample form.
皆さんはサンプルの書式を既に受け取っているはずです。

(C) We understand this extra step requires more work for you.
この追加の手続きがお手間になることは承知しています。

(D) We appreciate your cooperation in reducing paperwork.
書類事務の削減にご協力くださり、ありがとうございます。

> **解説** However, please understand that ...「しかし…ご理解ください」と、手続きの変更に理解を求めているということは、この変更を社員が必ずしも歓迎しないということです。よって、この変更が社員には面倒であることを示唆している (C) が正解です。

4. 正解（C）

..., it has become necessary to ------- our sales expenses even more closely than before.

(A) undergo
(B) decline
(C) monitor
(D) praise

> **解説** our sales expenses「営業経費」を目的語にとり、意味が通る動詞は (C) monitor「を監視する」のみ。ほかの選択肢もすべて動詞ですが、(A) undergo「を経験する、こうむる」、(B) decline「を断る」、(D) praise「を称賛する」では意味が通りません。

Questions 5-8【掲示】

お知らせ：この秋の新しい建設予定について
7月1日

東側の駐車施設は、ほとんどの通勤者によって利用されていますが、マッカロー・センターの建設着工のため、9月に取り壊されることになっています。この従業員フィットネスセンターは、これはわが社の前 CEO ジャニス・マッカローからの 500 万ドルの寄付により実現するものですが、わが社の施設にとって重要な追加設備です。完成のあかつきには、大トロント地域にある他社すべてから羨望の眼差しを集めるものになるはずです。来年の 10 月 1 日に開く予定です。

それまでは、社の方で市中心部に一時的に借りている民間の駐車場に駐車してください。そこからは、15 分ごとに出るシャトルバスで会社構内まで移動できます。来年度、フィットネスセンターが開館すれば、同センター地下にある複層式の豊富な駐車スペースが利用できるようになります。これは毎日、車で通勤していながら、現在の駐車場になかなか空きスペースが見つけられなかった多くの社員には朗報となるはずです。

施設管理部

語句 construction「建設、工事」　structure「建物」　tear down ...「…を取り壊す」
donation「寄付（金）」　former「前の、先の」　envy「羨望の的」
lot「一区画」　multiplex「複合の」　relief「安心」

5. 正解（D）

..., will be torn down ------- September so that ...

(A) at　　　　　　　　　　(B) until
(C) on　　　　　　　　　　(D) in

解説 選択肢はいずれも時間に関する前置詞ですが、September という「月」に伴って使えるのは (D) in のみ。(A) at は、at six「6 時に」のように時の一点を示します。(B) until は「…まで」と動作・状態の継続を表します。(C) on は on Friday morning「金曜の午前に」のように、特定の曜日や日、その日の午前や午後に用います（一般的に「午前に」は in the morning です）。

6. 正解（B）

This employee fitness center, ------- has been made possible ...

(A) what
(B) which
(C) whenever
(D) whichever

解説 後に has been made possible と主語を欠いた文がつづくので、空所には主格の関係代名詞が入ります。前にある先行詞 This employee fitness center と正しくつながる (B) が正解。

7. 正解（A）

(A) It is scheduled to open October 1st next year.
　　来年の 10 月 1 日に開く予定です。

(B) We are competing for markets with many companies.
　　わが社は市場を求めて多くの企業と競っています。

(C) Toronto is one of Canada's most important manufacturing centers.
　　トロントはカナダで最も重要な生産拠点の 1 つです。

(D) Ms. McCullough was one of our most outstanding executives.
　　マッカロー氏はわが社の最も卓越した役員の 1 人でした。

解説 ここまで新しい施設が作られることについて説明しているので、施設の具体的な開館日を告知している (A) が正解です。前の文にある McCullough という人名や Toronto という地名、companies という語の重なりだけから、誤りの選択肢に誘導されないように注意してください。前の文への言及など明確なヒントがない場合は、文脈から判断して最も自然なものを選びましょう。

8. 正解（A）

…, when the fitness center opens, ------- parking in the multiplex underground lot beneath the center will become available.

(A) abundant
(B) restricted
(C) remote
(D) variable

解説 空所につづく一文 This should be a relief to our many employees who commute every day by car ...「これは毎日、車で通勤する多くの社員には朗報」から、parking「駐車スペース」が abundant「豊富」になると推測できます。駐車場が (B) ～ (D) では自動車通勤者には「朗報」にはなりません。

Questions 9-12【Eメール】

宛先：nicole.b@marklev.com
送信者：kim.t@marklev.com
日付：5月9日　9:00
件名：休暇

ニコール

あなたの休暇予定をまとめた昨日のEメール、ありがとうございました。イングランドのご家族を訪ねる10日間の帰省の旅というのはすばらしいですね。

あなたの願いは喜んで受理します。しかし、出発を延ばすことをお願いしたいと思っています。いただいたEメールによれば、4月13日に発ち、4月23日に戻る予定になっていますが、たった今、4月13日にこのわが社において、ドン・ウー社との重要なクライアント会議があると知りました。この得意先の対応には、今後ますます関係してもらうことになると思います。ですから、あなたがこの会議に出席することは重要だと思います。

出発を4月14日に延ばしてもらえませんか。

キム・T.W.

語句
outline「を概説する」　sound「に聞こえる、思われる」　grant「を承諾する」
postpone「を延期する」　departure「出発」　client「顧客」
corporation「法人、企業」　account「顧客、得意先」
push back ...「…を先送りにする」　attend「に参加する」

9. 正解（B）

Thanks for the e-mail yesterday outlining ------- vacation plans.

(A) his
(B) your
(C) my
(D) their

解説 2文目の to visit your family in England など全体の文脈から、空所につづく vacation plans がEメールを送っている相手（Nicole）のものとわかります。相手のことなので、(B) が正解です。

10. 正解（D）

-------, I'd like to ask you to postpone your departure.
(A) Then
(B) Moreover
(C) Therefore
(D) However

> **解説** 空所の前の I am happy to grant your request. は、ニコールの休暇願を喜んで認めるという内容です。しかし後は I'd like to ask you to postpone your departure. と出発予定の変更を求めています。この話の流れは逆接的ですので、(D) However「しかし、でも」が適当です。(A) ～ (C) はいずれも文脈に即していません。

11. 正解（A）

I just ------- that we have …
(A) learned
(B) learn
(C) learning
(D) am learned

> **解説** 空所の直前にある just は「たった今」の意味です。わずかな差であっても過去のことですので、過去形または現在完了形の動詞とともに用いるのが一般的です。よって (A) learned が正解です。(B) 現在形は文法的には可能ですが、現在の習慣を意味するので文脈上、不適です。(C) (D) はそもそも文法的に誤りです。

12. 正解（C）

(A) Is your family aware of these special circumstances?
ご家族はこの特別な状況を認識していらっしゃいますか。

(B) Consequently, it should be a relatively easy account to manage.
結果的に、それは比較的、対応が容易な案件になるはずです。

(C) Therefore, I think it is important for you to attend the meeting.
ですから、あなたがこの会議に出席することは重要だと思います。

(D) I would appreciate it if you could participate by videoconference.
あなたにはビデオ会議で参加してもらえるとありがたいのですが。

> **解説** この段落の流れは、① 用件：出発を延期してほしいという依頼、② 理由：ニコールにも関係する大事な打ち合わせがある、ですが、最後に E メールの用件を再確認するまとめ、あるいは結論があるのが適当です。よって (C) が正解です。Therefore という「理由・論拠→結論」を提示する表現があることがポイントです。

Part 7
読解問題

Part 7 を見てみよう　　p.208

Part 7 にチャレンジ　　p.212

練習問題　問題　　p.256

　　　　解答・解説　p.271

Copyright © 2015 Educational Testing Service. www.ets.org
Updated Listening and Reading Directions for the TOEIC® Test are reprinted by permission of Educational Testing Service, the copyright owner. All other information contained within this publication is provided by Obunsha Co., Ltd. and no endorsement of any kind by Educational Testing Service should be inferred.

Part 7 を見てみよう

Part 7 指示文

PART 7
Directions: In this part you will read a selection of texts, such as magazine and newspaper articles, e-mails, and instant messages. Each text or set of texts is followed by several questions. Select the best answer for each question and mark the letter (A), (B), (C), or (D) on your answer sheet.

Part 7 指示文の訳

PART 7
この Part では、雑誌記事、新聞記事、E メール、インスタントメッセージなどのいくつかの文書を読みます。それぞれの文書または文書のセットにはいくつかの質問がつづきます。それぞれの質問に最もよい解答を選び、解答用紙の (A)(B)(C)(D) のうち 1 つをマークしてください。

設問(例)

Questions 147-148 refer to the following letter.

Elite Tailoring
...

Mr. Gene Polanski
Polanski Textile Warehouse
Schaarsteinweg 4
Hamburg 20459

Dear Mr. Polanski,

Enclosed is a check with our payment in the amount of 425 euros which should cover the remaining balance in our account with you.

We are very sorry that it has taken such a long time to remit our payment and we hope that you will understand that we have been experiencing some extremely difficult cash flow problems mainly due to the relocation of our shop in February (please note our new address above). We are happy to inform you that business has now picked up and we anticipate a profitable second half of the year.

Thank you for your understanding and for the courtesy you have shown our company during this challenging period.

Respectfully yours,

Theresa Rothschild

Theresa Rothschild, proprietor

---

147. What is the purpose of this letter?
    (A) To request a loan application
    (B) To pay an outstanding bill
    (C) To announce a new store opening
    (D) To apologize for a mistaken order

148. Who is Theresa Rothschild?
    (A) A textile manufacturer
    (B) A fashion designer
    (C) A small business owner
    (D) A wholesale marketer

＊設問（例）は本書からの抜粋です。解説は p.212 を参照してください。

Part 7 読解問題

　Part 7 は、「読解問題」と題されていますが、詳しく読んで解釈することが必要な文書はほとんどありません。Part 6 と同じように、問題文の大半は「ビジネス文書」「E メール」「告知」「広告」など、ビジネスや日常生活でよく扱われる情報を伝達するための、簡潔で短い文書です。したがって、求められているのは精読や熟読ではなく、情報検索の能力です。どんな情報を探せばよいのかは、設問を見ればわかります。リスニングの Part 3、4 と同じ要領で、あらかじめ設問を先読みし、その上で速やかに本文中から必要な情報を検出するようにしましょう。それぞれの文書の書式はある程度の定型があるので、どこを見ればどんな情報が得られるのか、受験前によく確認しておきましょう。

＊Part 7 の問題形式

設問数	54 問（No.147 〜 200） 　　文書 1 つ（シングルパッセージ）につき 2 〜 4 問 　　文書 2 つ（ダブルパッセージ）または 3 つ（トリプルパッセージ）につき 5 問
内容	1 つ〜 3 つの文書を読み、設問の答えとして最も適切なものを 4 つの選択肢から選ぶ

＊本書で学習する文書タイプ

タイプ 1	ビジネス文書（手紙・E メール・メモなど）
タイプ 2	メニュー・図表
タイプ 3	告知・広告
タイプ 4	説明書・保証書
タイプ 5	ウェブサイト
タイプ 6	チャット
タイプ 7	文挿入問題
タイプ 8	ダブルパッセージ
タイプ 9	トリプルパッセージ

Part 7 で出題される文書の形式としては、手紙・E メール・ファックス（letter, e-mail, fax）、用紙・フォーム（form）、広告（advertisement）、社内連絡メモ（memorandum）、告知（notice）、案内（announcement）、説明書・保証書（instructions, warranty）、ウェブサイト（Web site, Web page）、記事（article）などがあります。

ダブルパッセージ・トリプルパッセージでは、「掲示、広告、記事」などとそれに対する「E メール、手紙」という組み合わせや、2 つの「求人広告」などさまざまな組み合わせがあります。

＊設問タイプ

① **具体的情報**
　例）Who is Theresa Rothschild?
② **言及がない情報**
　例）What is NOT suggested as an activity someone can do while at work?
③ **語彙**
　例）The word "count" in paragraph 2, line 6, is closest in meaning to ...
④ **文書から推測される情報**
　例）What is implied about Elite Tailoring?
⑤ **文書の掲載される場所**
　例）Where would this advertisement most likely appear?
⑥ **文書の目的**
　例）What is the purpose of this letter?

＊解答の流れ

① **設問をチェック**　設問から、キーワードを確認します。
　↓
② **問われている箇所を検索**　文中からキーワードまたはその同義表現を検索し、解答に必要な情報を求めます。
　↓
③ **選択肢を選ぶ**　選択肢を検討し、同義の選択肢を選び出します。
　↓
④ **解答をマーク**　マークしたらすぐに次の設問に進みましょう。

Part 7 にチャレンジ

タイプ1 ビジネス文書（手紙・Eメール・メモなど）

注目するポイント

❶ 手紙（ビジネスレター）は、まず「誰が」、「誰宛て」に、「どんな用件」で送ってきているのかを確認
❷ レターヘッドの情報や、人名に付された肩書きなども重要な情報源
❸ 用件を述べる書き出し部分には特に注意が必要

▽例題
※実際のテストでは先にパッセージが印刷されています。

1. What is the purpose of this letter?
   (A) To request a loan application
   (B) To pay an outstanding bill
   (C) To announce a new store opening
   (D) To apologize for a mistaken order

2. Who is Theresa Rothschild?
   (A) A textile manufacturer
   (B) A fashion designer
   (C) A small business owner
   (D) A wholesale marketer

3. What is implied about Elite Tailoring?
   (A) It specializes in men's suits.
   (B) It recently changed locations.
   (C) It opened another branch.
   (D) It may soon go bankrupt.

設問❶
手紙の purpose「目的、用件」は通例、冒頭に明示されています。まずは文の出だしを確認しましょう。

設問❷
手紙の人名については「レターヘッド」（letterhead：便箋の上部に印刷された会社名・住所・連絡先など）と「宛先」、末尾の「署名」の部分で差出人や宛先人の情報を確認します。

設問❸
implied「示唆されている」とあるときは、直接的な用件以外も確認しましょう。

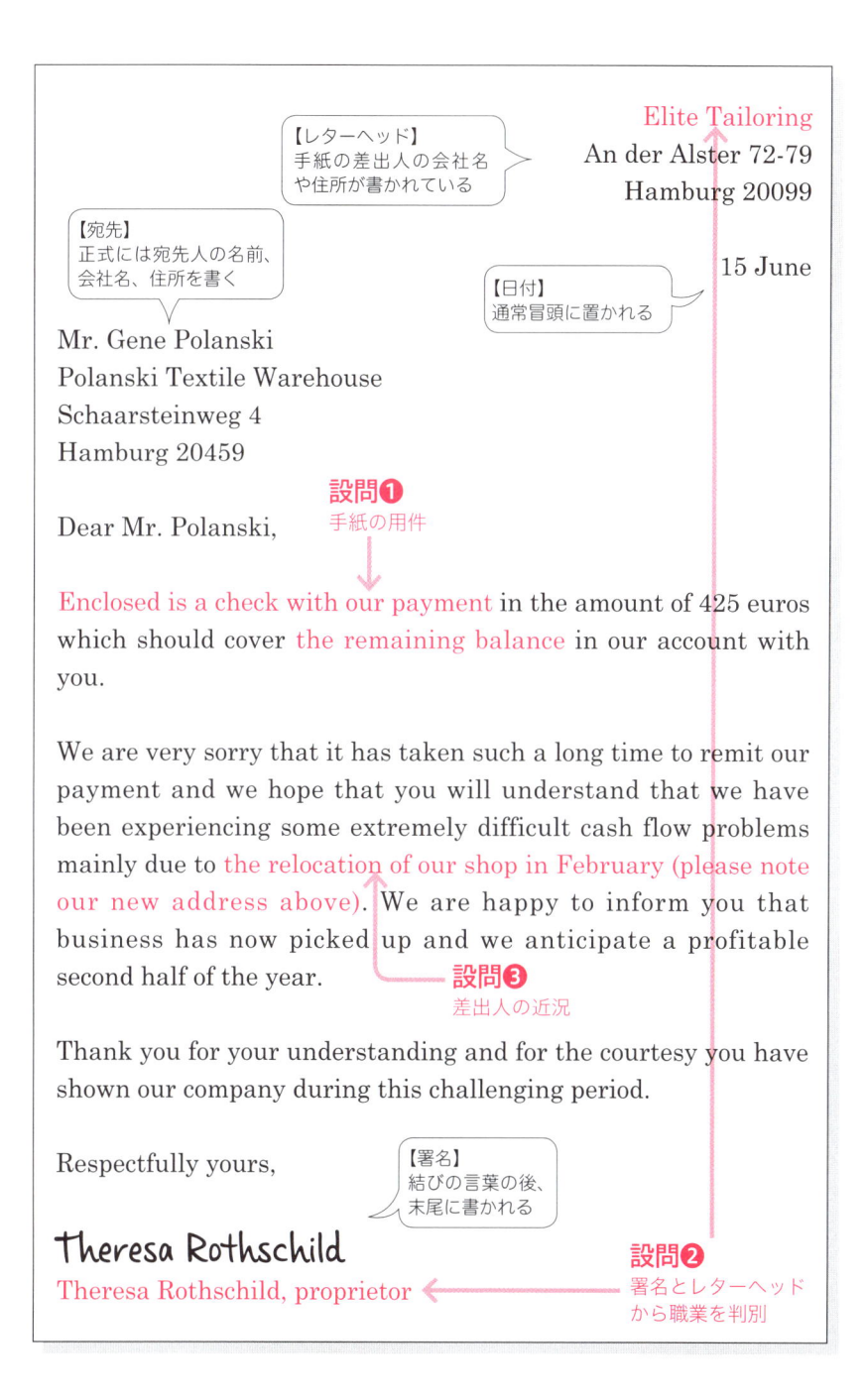

Elite Tailoring
An der Alster 72-79
Hamburg 20099

15 June

Mr. Gene Polanski
Polanski Textile Warehouse
Schaarsteinweg 4
Hamburg 20459

Dear Mr. Polanski,

Enclosed is a check with our payment in the amount of 425 euros which should cover the remaining balance in our account with you.

We are very sorry that it has taken such a long time to remit our payment and we hope that you will understand that we have been experiencing some extremely difficult cash flow problems mainly due to the relocation of our shop in February (please note our new address above). We are happy to inform you that business has now picked up and we anticipate a profitable second half of the year.

Thank you for your understanding and for the courtesy you have shown our company during this challenging period.

Respectfully yours,

Theresa Rothschild
Theresa Rothschild, proprietor

解き方を確認しよう

1. 正解（B）

解説 本文の 1 行目に Enclosed is a check with our payment とあり、支払い小切手の送付が目的とわかります。支払いの対象は次の行に remaining balance「残金」とあります。よってこれらを outstanding bill「未払いの勘定」と同義表現で言い換えている (B) が正解となります。

訳 この手紙の目的は何ですか。
(A) ローンの申請書を請求すること
(B) 未払いの勘定を支払うこと
(C) 新店舗開店を知らせること
(D) 注文の間違いを詫びること

2. 正解（C）

解説 Theresa Rothschild は差出人であり、職業は proprietor「店主、経営者」とあります。この語を知らなくても、レターヘッドの Elite Tailoring から Rothschild が「洋服店」の関係者だと推定できます。よってこれを small business owner「小規模会社の経営者」と言い換えている (C) が正解。

訳 テレサ・ロスチャイルドとは誰ですか。
(A) 織物製造業社
(B) ファッションデザイナー
(C) 小規模会社の経営者
(D) 卸売販売業者

3. 正解（B）

解説 この手紙の用件は支払い小切手の送付ですが、支払いが遅れた理由として中ほどで、due to the relocation of our shop「弊店を移転したことにより」とあり、また please note our new address above「新住所は上記をご参照ください」と付記されています。よってエリート洋服店は (B) It recently changed locations. とわかります。

訳 エリート洋服店について、どのようなことが示唆されていますか。
(A) 男性用スーツを専門に扱っている。
(B) 最近移転した。
(C) 新たな支店を開いた。
(D) もうすぐ破産するかもしれない。

> パッセージ訳

エリート洋服店
アン・デル・アルスター 72-79
ハンブルク 20099

6月15日

ジーン・ポランスキー様
ポランスキー・テキスタイル・ウェアハウス社
シャールシュタインウェーク 4
ハンブルク 20459

ポランスキー様

御社との取引の支払い残金、425 ユーロの小切手を同封いたします。

支払いをお送りするのにこのように大変長い時間がかかってしまい、深くお詫び申し上げます。主に 2 月に弊店を移転したことにより（新住所は上記をご参照ください）、資金繰りが大変厳しい状況にあったことを、ご理解いただけますようお願いいたします。幸い現在、業績は回復しつつあり、本年度下半期には黒字を予想しております。

弊社にとって厳しい時期、御社からはご理解とご厚情を賜りましたこと、感謝しております。

敬具

店主　テレサ・ロスチャイルド

語句
- enclose「を同封する」　check「小切手」　payment「支払い」
- amount「金額、分量」　balance「差額、残余」　remit「（金銭）を送る」
- cash flow「資金繰り、現金収支」　due to ...「…の結果、…のため」
- relocation「移転」　inform「（人）に知らせる」　pick up「向上する、上向く」
- anticipate「を予想［予期］する」　profitable「もうけの多い、有益な」
- courtesy「親切、丁寧」

タイプ 2　メニュー・図表

注目するポイント

❶ チャートや図表は、精読ではなく、概要を見る
❷ 表題や見出しをまず確認
❸ 案内（announcement）や掲示（notice）に特有の語彙・表現を覚えておく

▽例題
※実際のテストでは先にパッセージが印刷されています。

1. Where must children be supervised?
   (A) The Exercise Room
   (B) The Sports Shop
   (C) The Indoor Pool
   (D) The Jacuzzi

   設問❶
   キーワード children をすばやく検索しましょう。

2. What type of equipment does NOT appear to be available in the Sports Club?
   (A) Running treadmills
   (B) Sit-up benches
   (C) Weight machines
   (D) Exercise bicycles

   設問❷
   文中に列挙されている部分と照合する必要があります。

3. How much would a person attending a conference pay to use the facilities?
   (A) $0
   (B) $4
   (C) $5
   (D) $10

   設問❸
   料金欄で、a person attending a conference に相当する語を見つけましょう。

Meridian Grand Hotel
AQUA CENTER AND SPORTS CLUB

HOURS
Monday–Friday 6 A.M.– 9 P.M.
Saturday–Sunday 7 A.M.–10 P.M.

HEATED POOLS
Olympic-Size Outdoor Pool
(lanes 1–5 reserved for laps)
Indoor Children's Pool
(all children under 16 must be accompanied by an adult)
Jacuzzi

EXERCISE ROOM
Stairmasters
Treadmills
(running and walking)
Sit-up Benches
Weight Machines

SPORTS SHOP
Full Lines of Swimwear, Athletic Training Clothing, and Accessories.

FEES
Hotel Guests: complimentary
Club Members: $4 per day
Convention Attendees: $5 per day
Non-Guests/Non-Members: $10 per day

💡 解き方を確認しよう

1. 正解 (C)

解説 children は HEATED POOLS「温水プール」と書かれた項にあり、... must be accompanied by an adult「大人が同伴のこと」とあります。これは設問文中の must be supervised「監督（付き添い）が必要」と同義です。よって Indoor Children's Pool とほぼ同義の (C) The Indoor Pool が正解。

訳 子供の付き添いが必要なのはどこですか。
(A) エクササイズルーム
(B) スポーツショップ
(C) 屋内プール
(D) ジャグジー

2. 正解 (D)

解説 運動用の equipment「設備、器具」は EXERCISE ROOM にあります。ここに4つの運動器具が列挙されているので、これらと選択肢を照合しましょう。(A) Running treadmills ＝ Treadmills (running and walking)、(B) Sit-up benches、(C) Weight machines は見つかりますが、(D) Exercise bicycles に相当するものだけが見当たりません。

訳 このスポーツクラブに備えられていないと思われるのは、どのような設備ですか。
(A) ランニング・トレッドミル
(B) シットアップベンチ
(C) ウェイトマシン
(D) エクササイズバイク

3. 正解 (C)

解説 a person attending a conference とは「会議に参加している人」であり、これと同義の表現は FEES（料金）欄の Convention Attendees「会議参加者」です。料金は $5 とあるので (C) が正解。

訳 会議に参加している人は、施設を利用するのにいくら支払いますか。
(A) 0ドル
(B) 4ドル
(C) 5ドル
(D) 10ドル

> **パッセージ訳**

メリディアン・グランド・ホテル
アクアセンター ＆ スポーツクラブ

営業時間 月～金　午前6時～午後9時 土～日　午前7時～午後10時 温水プール オリンピックサイズ 屋外プール （1～5レーンは往復遊泳用） 屋内子供用プール（16歳未満の子供は全員必ず大人が同伴のこと） ジャグジー	エクササイズルーム ステアマスター トレッドミル （ランニング＆ウォーキング） シットアップベンチ ウェイトマシン スポーツショップ 豊富な品揃えの水着、アスレチックトレーニングウェア、関連用品

料　金
ホテル宿泊客：無料
クラブメンバー：1日4ドル
会議参加者：1日5ドル
非宿泊者／非メンバー：1日10ドル

語句　hours「営業［開館］時間」　　lap「（競泳用コースなどの）1往復」
accompany「に同行する」　　exercise「運動」　　complimentary「無料の」
convention「会議」　　attendee「参加者」

タイプ3　告知・広告

注目するポイント

❶ 広告（advertisement）は、商品・サービスの特徴が何かを確認
新聞や雑誌だけでなく、インターネットの広告にも慣れておきましょう。

❷ 情報の列挙・リスト部分は設問対象になりやすいので要注意

▽例題
※実際のテストでは先にパッセージが印刷されています。

1. Where would this advertisement most likely appear?
   (A) In a shopping report
   (B) In an appliance magazine
   (C) At an electronics store
   (D) On a consumer Web site

   設問❶
   最近では広告媒体は新聞・雑誌とはかぎりません。早とちりをしないように注意しましょう。

2. What feature of washing machines is NOT referred to in the advertisement?
   (A) Mechanical dependability
   (B) Water consumption
   (C) Cleaning quality
   (D) Energy use

   設問❷
   文中の列挙部分と照合して確認する必要があります。

3. What does the advertisement imply about salespeople?
   (A) They are usually well informed.
   (B) They may offer significant discounts.
   (C) They can occasionally be unreliable.
   (D) They seldom listen to customers.

   設問❸
   キーワード salespeople「販売員」に相当する語を文中から検索しましょう。

Make a Small Investment in a Big Investment

We take the guesswork out of buying the major brands of washing machines by examining them in our specialized laboratories. Through our rigorous testing we can distinguish which washing machines:

* Clean your clothes best
* Use energy most efficiently
* Rinse detergents most thoroughly
* Are the most gentle on your clothes

We also identify:
* Which of the cheaper models perform best
* Which brands need the fewest repairs

A washing machine is a big investment. Our $5 report will help you choose the best possible machine for your needs and save you money for years by reducing energy consumption and mechanical repairs. There is absolutely no need to rely on an undependable salesperson who may be working on commission.

Click on the "Order Now" button below, enter your credit card information on our secure server, and download the report immediately.

解き方を確認しよう

1. 正解（D）

解説 この広告の媒体は広告最後の記述から容易に判断できます。Click「クリックする」、"Order Now" button「『今、注文する』ボタン」、secure server「安全なサーバー」、download「をダウンロードする」など、インターネットのオンラインショッピングでおなじみの単語がわかれば、この広告が (D) On a consumer Web site に掲載されていると推測できます。

訳 この広告が最も掲載されそうなのはどこですか。
(A) ショッピング・レポート
(B) 家電専門誌
(C) 電器店
(D) 消費者向けウェブサイト

2. 正解（B）

解説 各選択肢と広告中の列挙部分を対照すると、(A) Mechanical dependability ＝ Which brands need the fewest repairs、(C) Cleaning quality ＝ Clean your clothes best、(D) Energy use ＝ Use energy most efficiently が同義的に対応するとわかります。よって対応する言及がない (B) Water consumption が正解。

訳 洗濯機の機能で、この広告で言及されていないのはどれですか。
(A) 機械の信頼性
(B) 水の使用量
(C) 洗浄力
(D) 電気の使用量

3. 正解（C）

解説 設問にある salespeople の単数形 salesperson は本文の終わり近くにあります。この語は undependable「信頼できない」と形容されており、これを類義語の unreliable「当てにならない」で言い換えている (C) They can occasionally be unreliable. が正解となります。

訳 販売員に関して、この広告はどんなことをほのめかしていますか。
(A) 彼らは通例、詳しく知っている。
(B) 彼らは大幅な割引をすることがある。
(C) 彼らはときに、当てにならない場合がある。
(D) 彼らはめったに顧客の言うことを聞かない。

> **パッセージ訳**

大きな投資にあたって、小さな投資を

有名ブランドの洗濯機の購入に際して、当てずっぽうを排除するために、私どもは専門研究施設で商品調査をしております。厳格な検査によって、どの洗濯機が、
・いちばん衣類をきれいに洗えるか
・いちばんエネルギー（電力）を効率的に用いるか
・いちばんしっかりと洗剤を洗い落とすか
・いちばん衣類に優しいか
を判定しています。

また私どもは、
・安価なモデルで、最も性能がよいものはどの機種か
・どのブランドが、修理が最も少なくて済むか
を特定しております。

洗濯機の購入は大きな投資です。あなたがニーズに最適の機種を選び、電力消費と修理コストを長期にわたって節約するのに、私どもが 5 ドルで提供するレポートはきっとお役に立ちます。歩合制で働いているかもしれない、信頼できない販売員に頼る必要など一切ありません。

ぜひ、下の「今、注文する」ボタンをクリックして、私どもの安全なサーバー上でクレジットカード情報を入力し、今すぐレポートをダウンロードしてください。

語句 investment「投資」　guesswork「当てずっぽう」　laboratory「実験室」　rigorous「厳格な、精密な、激しい」　distinguish「を区別する」　efficiently「効率よく」　detergent「洗濯洗剤」　thoroughly「徹底的に」　gentle「優しい、静かな、穏やかな」　identify「を見分ける、見極める」　save「（人）に（お金・時間など）を節約させる」　reduce「を減らす」　consumption「消費」　rely on ...「…に頼る、依存する」　commission「手数料」（on commission「歩合制で」）　enter「を入力する」　secure「安全な、安定した」

タイプ 4 説明書・保証書

注目するポイント

❶ まず最初の見出しをよく確認
❷ 説明されているものの効用や手順などの情報に注意

▽例題

※実際のテストでは先にパッセージが印刷されています。

---

1. What is the purpose of Step 1?
   (A) To assemble the unit
   (B) To keep the grill clean
   (C) To increase air flow
   (D) To start the fire safely

   設問❶
   Step 1 の中に出てくるキーワードを確認しましょう。

2. According to the directions, why are Schnell FireStarter Cubes effective?
   (A) They ignite the charcoal more quickly.
   (B) They are safer to use than newspaper.
   (C) They improve the taste of the food.
   (D) They fit correctly into the bottom of the basin.

   設問❷
   説明書中でキーワード Schnell FireStarter Cubes を検索します。

3. What can be added to the charcoal to enhance food flavor?
   (A) Salt and pepper
   (B) Little pieces of wood
   (C) Savory sauces
   (D) Small fire-starting cubes

   設問❸
   説明書中で add ... to enhance food flavor に相当する表現を検索します。

4. During the cooking process, why should the cover of the grill remain on?
   (A) To cook the food quickly
   (B) To keep the food juicy
   (C) To eliminate ash build-up
   (D) To maintain a constant temperature

   設問❹
   説明書中で the cover of the grill remain on に相当する表現を検索します。

Directions for Using Your Charcoal Grill

Step 1. Remove the large cover to your grill and open all of the circular air vents at the bottom of the basin. Fires require oxygen to burn, so it is important that all four are fully opened and air can pass freely through their holes. Be sure to remove any accumulated ash from previous use.

設問❶
Step 1 の目的

Step 2. Stack the charcoal fuel in a mound at the center of the basin. Insert either dry newspaper or, preferably, Schnell FireStarter Cubes at the bottom of the pile — they are odorless, tasteless, and non-toxic, and since they burn at a high temperature they will more swiftly start your charcoal. Next, light the fire.

設問❷
キューブの効果

Step 3. Wait 20-25 minutes until the coals have a light dusting of gray ash, then spread them out across the bottom of the grill. You may wish to add chips of wood to the charcoal, such as cherry or mesquite, to give your food additional taste. You can also sprinkle herbs such as rosemary, sage, or thyme over the coals to allow their pungent aromas to penetrate the food.

Step 4. Keep the cover of the grill on when cooking to allow the meat, chicken, or fish to retain its natural juices. Whenever taking off the cover, slowly remove it sideways, not directly upward, to avoid drawing ashes onto your food.

設問❹
蓋をする目的

設問❸
風味のために
加えるもの

解き方を確認しよう

1. 正解（C）

解説 Step 1 は、燃焼に必要な oxygen「酸素」を十分に取り入れるため、蓋を取り外し、air vents「通気孔」を開き air can pass freely「空気が自由に通る」ようにする、とあります。よってこれを To increase air flow とまとめている (C) が正解。

訳 ステップ1の目的は何ですか。
(A) 装置を組み立てること
(B) グリルを清潔に保つこと
(C) 空気の流れをよくすること
(D) 安全に着火すること

2. 正解（A）

解説 キーワード Schnell FireStarter Cubes は Step 2 で見つかり、その特徴の説明について、they will more swiftly start your charcoal「木炭の着火をより速やかにする」とあります。よって、これを同義的に言い換えている (A) They ignite the charcoal more quickly. が正解。

訳 この説明書によれば、シュネル着火剤が効果的なのはどうしてですか。
(A) よりすばやく木炭を着火させる。
(B) 新聞紙を使うより安全である。
(C) 食材の味をよくする。
(D) 鉢の底部にぴったり収まる。

3. 正解（B）

解説 Step 3 に add chips of wood「木材のチップを混ぜて」to give your food additional taste「風味を付ける」とあります。よって chips of wood を Little pieces of wood と言い換えた (B) が正解。

訳 食材の風味をよくするには、木炭に何を加えればよいですか。
(A) 塩とこしょう
(B) 小さな木片
(C) 風味ソース
(D) 小さな発火キューブ

4. 正解（B）

解説 Step 4 に Keep the cover of the grill on「グリルの蓋をしたままにしておいてください」とあり、その理由として to retain its natural juices「肉汁や汁気を逃さないように」と説明されています。よって、これを To keep the food juicy と言い換えている (B) が正解。

訳 調理中は、どうしてグリルの蓋をしたままにしておかなければならないのですか。
(A) 食材に早く火が通るように
(B) 食材の汁気を保つため
(C) たまった灰を取り除くため
(D) 温度を一定に保つため

パッセージ訳

炭火焼グリルの使い方

ステップ1. グリルの大きな蓋を取り外し、鉢の底にある円形の通気孔をすべて開けてください。燃焼には酸素が必要ですから、4つすべてが完全に開いて、この穴を空気が自由に通れることが重要です。前回の使用でたまっている灰は必ずすべて取り除いてください。

ステップ2. 鉢の中央に木炭燃料を山状に積み上げてください。この山の底部に、乾いた新聞紙、またはシュネル発火剤キューブがあればその方が望ましいのですが、を差し込んでください。シュネル発火剤は無臭・無味・無毒です。また高温で燃焼するため、木炭の着火が早まります。次に、火をつけてください。

ステップ3. 20～25分ほど待って、木炭に粉状の灰色の灰がうっすらと付着するようになったら、木炭をグリルの底部全体に広げてください。グリルする食材に風味を付けたい場合には、お好みでサクラやメスキートなどの木材のチップを木炭に混ぜてください。ローズマリー、セージ、タイムなどのハーブ類を木炭に振りかけ、スパイスの香りが食材に染み込むようにすることもできます。

ステップ4. 肉類・鶏・魚の肉汁や汁気を逃さないよう、調理中はグリルの蓋をしたままにしてください。食材に灰がかからないように、蓋を取る際には必ず、真上ではなく、横方向にゆっくりと動かすようにしてください。

語句
directions「説明書、指示」（通例複数形）　　remove「を取り去る」　　circular「円形の」
air vent「通気孔」　　oxygen「酸素」　　accumulated「蓄積された」　　fuel「燃料」
preferably「むしろ、なるべくなら」　　pile「積み重ねた山」　　toxic「毒性の」
swiftly「速やかに」　　additional「付加的な」　　sprinkle「を振りかける、まく」
penetrate「に浸透する、染み込む」　　retain「を保つ」　　enhance「を増す、高める」

タイプ 5　ウェブサイト

🔍 注目するポイント

企業の公式ウェブサイトや、各種のオンラインサービスのレイアウトやデザイン、またウェブに特徴的な用語には、十分に慣れておきましょう。

▽例題
※実際のテストでは先にパッセージが印刷されています。

1. What organization most likely operates this Web site?
   (A) A financial institution
   (B) A bill collection firm
   (C) An insurance company
   (D) A credit reporting agency

2. What information appears on this Web page?
   (A) Electronic applications for a credit card
   (B) A record of a customer's recent transactions
   (C) A list of customer service representatives
   (D) Answers to commonly asked questions

3. Which number should the user select to learn about making a partial payment on an outstanding bill?
   (A) 1
   (B) 2
   (C) 4
   (D) 6

設問❶
運営者はサイトのヘッダ（上部）やフッタ（下部）に示されていることが普通です。

設問❷
提供されている情報はサイトの本文につけられている見出しから判別することができます。

設問❸
キーワード a partial payment on an outstanding bill にあたる情報を検索します。

228

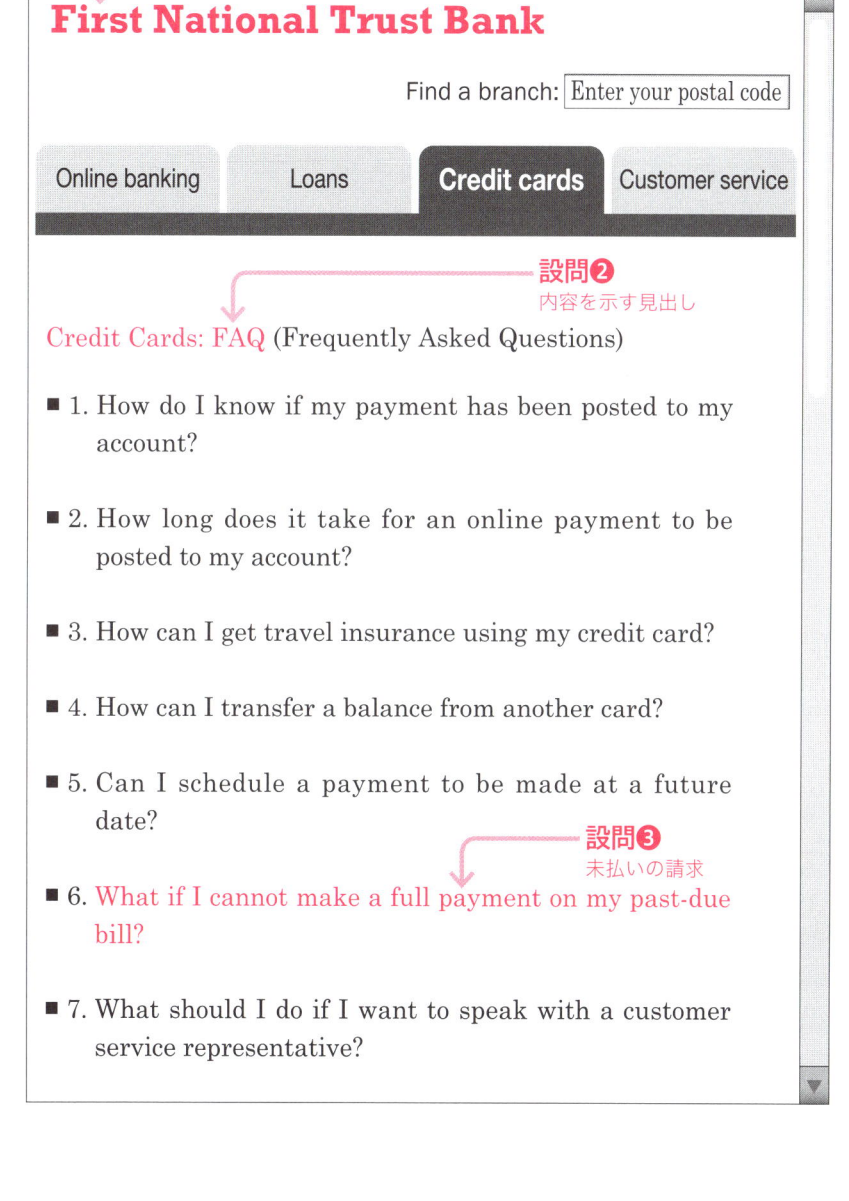

First National Trust Bank

Find a branch: [Enter your postal code]

| Online banking | Loans | **Credit cards** | Customer service |

Credit Cards: FAQ (Frequently Asked Questions)

- 1. How do I know if my payment has been posted to my account?

- 2. How long does it take for an online payment to be posted to my account?

- 3. How can I get travel insurance using my credit card?

- 4. How can I transfer a balance from another card?

- 5. Can I schedule a payment to be made at a future date?

- 6. What if I cannot make a full payment on my past-due bill?

- 7. What should I do if I want to speak with a customer service representative?

💡 解き方を確認しよう

1. 正解（A）

解説 ウェブサイトの運営者は通例、ページの上部か下部を見れば明記されています。このページでも上部にはっきりと First National Trust Bank とあるので、これを A financial institution「金融機関」と言い換えている (A) が正解です。FAQ 中にある語を含む (B)(C)(D) にひっかからないよう注意しましょう。

訳 このウェブサイトを運営しているのはおそらく、何の組織ですか。
(A) 金融機関
(B) 債権回収業者
(C) 保険会社
(D) 信用調査会社

2. 正解（D）

解説 ページの中央部分を見れば、このウェブサイトが提供している情報が Credit Cards: FAQ であるのは明らかです。FAQ とは Frequently Asked Questions「よく尋ねられる質問」の省略ですが、これを同義表現で言い換えている (D) Answers to commonly asked questions が正解です。

訳 このウェブページには、何の情報が掲載されていますか。
(A) クレジットカードの電子申請
(B) 顧客の最近の出入金明細
(C) カスタマーサービス窓口のリスト
(D) よくある質問への答え

3. 正解（D）

解説 FAQ のリスト中には making a partial payment on an outstanding bill とまったく同じ表現はないので、これと同義の表現を探しましょう。partial payment は「部分的支払い」、outstanding bill は「未払いの請求」のことです（outstanding は「傑出した、すばらしい」の意味もあわせて覚えておきましょう）。正解である 6 に、cannot make a full payment「完全な支払いができない」、past-due bill「支払い期限が過ぎた請求」と、これらの同義表現が含まれています。

訳 未払いの請求に対する部分的支払いについて知りたいとき、利用者はどの番号を選べばよいですか。
(A) 1
(B) 2
(C) 4
(D) 6

> **パッセージ訳**
>
> ファースト・ナショナル・トラスト銀行
>
> 支店を見つける：郵便番号を入力
>
> オンラインバンキング ／ ご融資 ／ クレジットカード ／ カスタマーサービス
>
> クレジットカード：FAQ（よくあるご質問）
> 1. 支払いが口座に反映されたか、どうすればわかりますか。
> 2. オンラインでの支払いが口座に反映されるまで、どのくらい時間がかかりますか。
> 3. カードで旅行保険を利用するには、どうすればよいですか。
> 4. 別のカードから残高を移すには、どうすればよいですか。
> 5. 支払い日を先延ばしすることはできますか。
> 6. 支払い期限が過ぎた請求を満額支払えない場合、どうなりますか。
> 7. カスタマーサービス窓口に直接問い合わせたい場合は、どうすればよいですか。

語句 branch「支店」　postal code「郵便番号」　account「口座」　insurance「保険」
transfer「を移す」　balance「残高」

タイプ 6　チャット

注目するポイント

文脈を読み取り、述べられていない内容をつかむ！

短文の連続なので、読まなければならない文の量は多くはありません。しかし必要最低限の情報のやりとりでは、多くが省略されるので、慣れないとかえって難しく思われるかもしれません。練習問題をこなすことで、文脈を理解できるようになるでしょう。

【例題】
※実際のテストでは先にパッセージが印刷されています。

1. At 3:46 P.M., what does Jay mean when he writes, "No kidding"?
   (A) He disagrees with what Tami said.
   (B) He thought Tami quit the rewards program.
   (C) He thinks Tami is joking with him.
   (D) He is surprised at the news Tami gave him.

2. What is indicated about Tami?
   (A) She stays at the same hotel every year.
   (B) She is disappointed with the hotel's service.
   (C) She expects an apology from the hotel staff.
   (D) She wants the hotel to repair her suitcase.

設問❶
対象となる発言はどこにあるか、その前でどのようなやりとりがあるかを探します。

設問❷
漠然とした質問に対しては、全体の流れを正確につかみます。

Jay   3:45 P.M.
No problems checking in to your hotel?

Tami   設問❶ 問われている発言の直前の内容   3:46 P.M.
Nope. Really smooth. In fact, they upgraded us to a suite.

Jay   3:46 P.M.
No kidding? Why? Because you're a member of their rewards program?

Tami   3:46 P.M.
That helps, but the main reason they said was to say sorry.

Jay   3:47 P.M.
For what?

Tami   3:47 P.M.
The last time we stayed here, they dropped my suitcase and broke it.

Jay   3:47 P.M.
Didn't they fix it?

Tami   3:48 P.M.
Not only that, they convinced the manufacturer to replace it with a new one!

Jay   3:48 P.M.
So why did they feel the need to apologize again?

Tami   設問❷ タミとホテルの関係性   3:49 P.M.
Probably because we always use this hotel for our annual vacation.

解き方を確認しよう

1. 正解（D）

解説 No kidding? は、相手の言ったことに対して、「本当に？」「冗談だよね？」と、驚きを表す表現です。ここではタミからの直前のメッセージ they upgraded us to a suite を受けて、ジェイが、タミが受けた好待遇に驚いて発した言葉です。ですから (D) が正解です。動詞 kid の本来の意味は「冗談を言う」ですが、タミが本当に冗談を言っていると思っているわけではないので (C) は誤りです。

訳 午後3時46分の時点で、ジェイが「本当に？」と書いているのは、何を意味していますか。

(A) タミが言ったことに同意していない。
(B) タミが還元プログラムをやめたと思った。
(C) タミが冗談を言っていると思っている。
(D) タミが伝えたニュースに驚いている。

2. 正解（A）

解説 チャットでのタミの最後のメッセージに、we always use this hotel for our annual vacation とあるので、正解はこれを同義的に言い換えている (A) です。we always use this hotel が She stays at the same hotel に、for our annual vacation が every year に対応する表現です。annual「例年の、毎年恒例の」は確実に覚えておきたい語です。前回の滞在時のトラブルへの言及はありますが、既に解決しており、特に苦情なども述べていないので、ほかの選択肢は考えられません。

訳 タミについてわかることは何ですか。

(A) 毎年同じホテルに滞在している。
(B) ホテルのサービスにがっかりしている。
(C) ホテルのスタッフからの謝罪を期待している。
(D) ホテルがスーツケースを修理してくれるよう望んでいる。

> **パッセージ訳**

ジェイ	ホテルのチェックインは問題なし？	午後 3 時 45 分
タミ	問題なし。すごく順調。それどころか、私たちの部屋をスイートにアップグレードしてくれたのよ。	午後 3 時 46 分
ジェイ	本当に？　どうして？　君がホテルの還元プログラムの会員だから？	午後 3 時 46 分
タミ	それもそうだけど、あちらが言うには主な理由はお詫びだそうよ。	午後 3 時 46 分
ジェイ	何の？	午後 3 時 47 分
タミ	前回ここに私たちが泊まったとき、ホテルの人が私のスーツケースを落として壊しちゃったのよ。	午後 3 時 47 分
ジェイ	向こうで修理してくれたんじゃなかった？	午後 3 時 47 分
タミ	それだけじゃなくて、製造メーカーと話をつけて、新品と交換してくれたのよ！	午後 3 時 48 分
ジェイ	じゃあ何でまた、お詫びをしないといけないなんて思ったんだろう？	午後 3 時 48 分
タミ	たぶん私たちが毎年の休暇に必ずこのホテルを使ってるからね。	午後 3 時 49 分

語句　nope = no　　suite「（ホテルなどの）一続きの部屋、スイートルーム」
reward(s) program「還元プログラム」　　convince「説得して…させる」
annual「毎年の」

タイプ 7　文挿入問題

🔍 注目するポイント

ヒントがあれば利用して、すべての箇所に文を入れてみる！

Part 6 の「文選択問題」と形式は異なりますが、解くための考え方は同様で、表現にヒントがないかどうかと、空所前後の流れを確認するのです。this や such のような何かを指す語があればヒントになるので、それらを利用しながら、4箇所すべての前後をチェックして、正しい位置を見つけましょう。

【例題】
※実際のテストでは先にパッセージが印刷されています。

---

1. In which of the positions marked [1], [2], [3], and [4] does the following sentence best belong?
   "This expected decline is due to falling consumer demand in China."
   (A) [1]
   (B) [2]
   (C) [3]
   (D) [4]

設問❶
This があるので、前に decline に関する記述があるとわかります。

2. In which of the positions marked [5], [6], [7], and [8] does the following sentence best belong?
   "Heavy industry involved in such construction, in particular, benefitted from the increased spending."
   (A) [5]
   (B) [6]
   (C) [7]
   (D) [8]

設問❷
such と the から、前に何らかの construction、increased spending があるとわかります。

FACTORY OUTPUT UNEXPECTEDLY UP IN INDIA

—[1]—. India's factory output surged 13.8 percent in December, compared to a year earlier, reversing expectations. —[2]—. The South Asian nation showed its sharpest increase in the past 12 months, according to figures released by the government yesterday. —[3]—. However, Armand Rudra, an analyst at the economic forecasting firm of Murti Associates, predicted that factory output would slow down somewhat in the coming year. —[4]—.

設問❶
生産の落ち込み

Economists at the Central Bank of India attributed the output rise to specific stimulus measures undertaken by the government. —[5]—. For example, the budget allocated for infrastructure spending on public roads, buildings, bridges, and airports was doubled this year. —[6]—.

設問❷
建築に対する支出の増加

The sharp rise in industrial output is the country's biggest in at least five years. —[7]—. It will most likely encourage the Finance Ministry to continue stimulus efforts to return India's economic growth to the annual 8 percent it averaged over the past decade. —[8]—.

解き方を確認しよう

1. 正解（D）

解説 This expected decline「この予測されている下落」の this から、expected decline についての説明がこの前でなされているとわかります。[1] は冒頭なので、この前には何の説明もありません。[2] の前文には surged、[3] の前文には sharpest increase があり、decline と同義的ではありません。残る [4] の前文にきて、ようやく would slow down somewhat「幾分か落ち込むだろう」という類義的な表現が見つかります。よって (D) が正解です。

訳 [1]、[2]、[3]、[4] と記載された箇所のうち、次の文が入るのに最もふさわしいのはどれですか。

「この予測されている下落は中国での消費需要の落ち込みによるものだ」

(A) [1]
(B) [2]
(C) [3]
(D) [4]

2. 正解（B）

解説 この挿入文には、前の文の内容を示唆する表現が 2 つ含まれています。such と the が重要で、such construction からは前に「建設」についての説明があること、the increased spending からは「支出増」についての説明があることがわかります。For example で始まる文に該当するものがあります。such construction に対応しているのは public roads, buildings, bridges, and airports であり、the increased spending に対応しているのは、the budget allocated for infrastructure ... was doubled です。よって (B) が正解です。

訳 [5]、[6]、[7]、[8] と記載された箇所のうち、次の文が入るのに最もふさわしいのはどれですか。

「特に、こうした建築に関わる重工業は、この支出増の恩恵を受けた」

(A) [5]
(B) [6]
(C) [7]
(D) [8]

パッセージ訳

インドの工場生産が予期せぬアップ

インドの工場の生産が、12月に前年度比で、13.8パーセント急上昇し、予測を裏切った。この南アジアの国は、昨日、同国政府によって公表された数字によれば、過去12か月で最も鋭い伸びを示した。しかし、経済予測会社のムルティ・アソシエイツ社のアナリスト、アルマンド・ルドラは、工場生産は来年度には幾分か落ち込むだろうと予測している。この予測されている下落は中国での消費需要の落ち込みによるものだ。

インド中央銀行のエコノミストらは、生産の増加は、政府が実施した特定の景気刺激策によるものとしている。例えば、公共の道路、建築物、橋、空港に対するインフラ支出に割り当てられた予算は今年、倍増している。特に、こうした建築に関わる重工業は、この支出増の恩恵を受けた。

工業生産におけるこの急激な上昇は、少なくともこの5年では同国最大である。これはきっと、インドの経済成長率を、過去10年にわたっての平均である毎年8%に戻すため、財務省が景気刺激策を取りつづけるきっかけとなるだろう。

語句 output「生産（高）」　surge「急に上昇する」　reverse「を逆にする」
expectation「予想、期待」　release「（情報など）を公表する」
analyst「分析者、アナリスト」　attribute ... to ～「…を～に起因すると考える」
stimulus measure「景気刺激策」　allocate「を割り当てる」
infrastructure「基幹施設、インフラ」　double「を2倍にする、倍増させる」
encourage ... to do「〈人〉を～するよう励ます」

タイプ 8　ダブルパッセージ

注目するポイント

❶ 2つのパッセージを含む問題は、両者の関連を確認

例えば、求人とそれに対する応募、質問と回答、苦情とお詫び、などが典型例です。

❷ 求人広告は、職種、勤務条件、応募資格、応募方法などの基本情報を確認

▽例題
※実際のテストでは先にパッセージが印刷されています。

---

1. **In what area** is a candidate being recruited?
   (A) Marketing
   (B) Education
   (C) Research
   (D) Engineering

   設問❶
   求人広告で募集対象の業種や専門は必ず、わかりやすく明記されています。

2. According to the advertisement, what **benefit** will the successful candidate receive?
   (A) Guaranteed promotion
   (B) Employee housing
   (C) Medical insurance
   (D) Annual bonus

   設問❷
   求人広告には通例、benefit「待遇」も明記されています。

3. What factor may **reduce** Mimi Kasem's **chances of being hired**?
   (A) Her language proficiency
   (B) Her date of graduation
   (C) Her field of current study
   (D) Her personal background

   設問❸
   求人広告の応募条件と、Eメールにある候補者の資格・状況を綿密に対照する必要があります。

4. What does Mimi Kasem include in her e-mail?
   (A) A résumé
   (B) A recommendation
   (C) A list of references
   (D) A graduation diploma

設問❹
E メール中で include in her e-mail に相当する表現を検索しましょう。

5. What does Mimi Kasem ask Somchai Ratiwatana to do?
   (A) Consult with her supervising professor
   (B) Review her language proficiency exams
   (C) Contact her school placement center
   (D) Grant her an interview

設問❺
E メール中で、Kasem から Ratiwatana へのお願いを表す表現を検索しましょう。

Open to either a recent university graduate or one who expects to graduate by the end of March

Research Trainee: one-year provisional post culminating in possible permanent appointment as laboratory technician

Qualifications:
* Bachelor's or Master's degree in Plant Science, Bio-Engineering, Biology, or a related research field
* Good command of spoken and written English
* Native fluency in Thai
* Experience in farming

Benefits:
* Competitive entry-level salary
* Health coverage
* Commuting expenses

GreenTech Corporation is a leading global provider of technology-based tools and agricultural products that improve farm productivity and food quality, with its regional headquarters and Asian research facility located in Bangkok. We work to create agricultural products and solutions to meet the world's growing food needs, to conserve natural resources, and to protect the environment.

Please e-mail your résumé, as an attached file, to HR Director Somchai Ratiwatana at sratiwatana@greentechcorp.th by February 28.

To:	Somchai Ratiwatana <sratiwatana@greentechcorp.th>
From:	Mimi Kasem
Subject:	Application for Research Trainee Position
Date:	February 15

Dear Mr. Ratiwatana,

　I am writing to you to apply for your research trainee position advertised in the Career Placement Center here at Bangkok University. I am currently majoring in biochemistry, serving as the personal research assistant of Professor Sutassi Ying, and I am scheduled to graduate in June.

　My father is a rice farmer in Udon Thani province. As a child I often worked in the fields with him, planting and caring for the rice crop. My interest in developing higher yield varieties, as does my present research work with Dr. Ying, stems from my farming background.

　After graduating from high school, I was fortunate enough to win a scholarship to study for two years in Australia. Thus, I can read and write English at a high level. Of course, my first language is Thai.

　I would greatly appreciate the chance to meet with you and other members of the hiring committee to discuss my qualifications, motivation, and suitability for the position. My curriculum vitae is attached.

　It would fulfill a lifelong dream if I were to be able to work in an area that contributed solutions to global food shortages.

Sincerely yours,
Mimi Kasem
Attachment: cv.doc

解き方を確認しよう

1. 正解（C）

解説　募集対象は求人広告に Research Trainee「リサーチ研修生」と明記されています。よって (C) Research が正解。

訳　応募者が募集されているのは、どの分野ですか。
(A) マーケティング
(B) 教育
(C) リサーチ
(D) エンジニアリング

2. 正解（C）

解説　Benefits の項に 3 点列挙されていますが、このうち Health coverage「健康保険」と同義的なのが (C) Medical insurance。(A) (B) (D) に該当する項目は、挙げられていません。

訳　この募集広告によれば、採用者にはどのような待遇が与えられますか。
(A) 昇進の保証
(B) 社宅
(C) 医療保険
(D) 年次ボーナス

3. 正解（B）

解説　求人広告の冒頭に、応募条件は「大学新卒者」または one who expects to graduate by the end of March「3 月末までに卒業予定の者」とあります。しかし応募者の Mimi Kasem は E メールで I am scheduled to graduate in June「6 月に卒業予定」と自己紹介しています。よって (B) Her date of graduation がマイナス要因だとわかります。(A) (C) (D) は応募条件に合致しています。

訳　ミミ・カセムの採用の可能性を低めるかもしれないのは、どの要素ですか。
(A) 語学力
(B) 卒業時期
(C) 現在の研究分野
(D) 個人的経歴

4. 正解（A）

解説 Eメールの終わり近くに ... is attached「…が添付されています」との表現があるので注目すると、その主語は My curriculum vitae「私の履歴書」とあります。この語はしばしば CV と略されますが、メール末尾の Attachment「添付」の項には、たしかに cv とあります。したがって、同義の (A) A résumé が正解。

訳 ミミ・カセムが E メールに含めているのは、何ですか。
(A) 履歴書
(B) 推薦状
(C) 参考資料のリスト
(D) 卒業証書

5. 正解（D）

解説 Eメールの最後近くで Kasem は I would greatly appreciate「大変ありがたく思う」という丁寧な表現を用いてお願いをしています。Kasem が求めているのは the chance to meet with you ... なので、これを Grant her an interview と言い換えた (D) が正解。

訳 ミミ・カセムはソムチャイ・ラティワタナに、何をしてくれるよう頼んでいますか。
(A) 彼女の指導教授の意見を聞くこと
(B) 彼女の語学力試験の結果を検査すること
(C) 彼女の学校の就職支援センターに連絡すること
(D) 彼女に面接の機会を与えること

> **パッセージ訳**
>
> 大学新卒者または3月末までの卒業予定者を募集
>
> リサーチ研修生：
> 1年間の仮採用。ただし、期間終了後、実験技師として正規雇用の可能性あり
>
> 応募資格：
> ・植物科学、生物工学、生物学、または関連研究分野における学士号または修士号
> ・話し書きに不自由しない英語力
> ・母語レベルのタイ語運用能力
> ・農業の経験
>
> 待遇：
> ・他社に優る初任給
> ・健康保険
> ・通勤手当
>
> グリーンテック社は、農業生産力と食品の品質を高める先端的な機材や農業製品を世界規模で提供する業界屈指の企業で、バンコクに地域本社とアジア研究施設を置いています。わが社は、世界的に高まりつつある食糧需要に応え、天然資源を保全し、環境を保護する農業製品や解決策の開発に尽力しています。
>
> 履歴書はEメールに添付し、人事担当ディレクターのソムチャイ・ラティワタナ sratiwatana@greentechcorp.th 宛てに、2月28日までに送付してください。

語句 graduate「卒業生、卒業する」　trainee「研修生」　provisional「臨時の」
culminate in ...「…に達する」　permanent「永久的な、終身の」
appointment「任命」　qualifications「資格」　Bachelor's degree「学士号」
Master's degree「修士号」　command「自由に駆使する力」
commute「通勤する」　provider「供給者」　agricultural「農業の」
productivity「生産性」　regional「地域の」　meet「(要求など)を満たす」
conserve「を保護する」　HR (=human resources)「人事部」

> **パッセージ訳**

宛先：ソムチャイ・ラティワタナ＜sratiwatana@greentechcorp.th＞
送信者：ミミ・カセム
件名：リサーチ研修職への応募
日付：2月15日

ラティワタナ様

　バンコク大学の就職支援センターに掲示されていた御社のリサーチ研修職に応募したく、Eメールを差し上げます。私は現在、生化学を専攻しており、スタッシ・イング教授の個人的なリサーチ・アシスタントを務めておりますが、6月には卒業を予定しております。

　私の父はウドンターニ地方で米を栽培しています。私も子供の頃にはよく父を手伝って、田んぼで苗を植えたり稲の世話をしたりしました。収穫率の高い品種の開発に対する私の関心も、現在、イング博士と進めている研究と同様、こうした農業経験に由来するものです。

　高校卒業後、幸いにも奨学金を得て、2年間オーストラリアに留学しましたので、高いレベルの英語の読み書きに支障はありません。第1言語はもちろん、タイ語です。

　本職に対する私の資格・動機・適性についてお話しするために、貴殿ならびに採用委員会の方々にお目にかかる機会をいただけますと大変ありがたく思います。履歴書は添付いたします。

　世界的な食糧不足の解決に資する分野で働くことができれば、長年抱いてきた私の夢がかなうことになります。

敬具
ミミ・カセム
添付ファイル：cv.doc

語句
- major in ...「…を専攻する」　　crop「作物、収穫物」　　interest「興味、関心」
- yield「収穫高」　　stem from ...「…に由来する」　　fortunate「運のよい、幸福な」
- scholarship「奨学金」　　motivation「動機」　　suitability「適性」
- curriculum vitae（＝ CV）「履歴書」　　contribute「を提供する、寄付する」

タイプ 9　トリプルパッセージ

注目するポイント

それぞれの内容を的確につかむ

1つ目のパッセージの内容がよくわからないまま2つ目に進んでも、意味がつかめず、設問を見てからパッセージ間を行ったり来たりすることになってしまいます。大まかな流れを確実に理解しながら読み進めるようにしましょう。

【例題】
※実際のテストでは先にパッセージが印刷されています。

1. **Why was the notice** most likely posted?
   (A) A dance instructor suddenly left the country.
   (B) A new salsa instructor has been hired.
   (C) Carlos Rodriguez was fired from his position.
   (D) A national emergency has occurred in Mexico.

設問❶
お知らせの内容を正しく理解すれば、掲示された理由がわかります。特に冒頭に注目します。

2. What have Carlos Rodriguez's **students most likely received**?
   (A) A cash refund for some canceled classes
   (B) A letter about when classes will start again
   (C) A full credit on their previous month's bill
   (D) A list of alternative classes they can take

設問❷
生徒たちが受け取ったものを文脈から探します。

3. How was Juan able to receive a job offer so quickly?
   (A) His current school notified him of the opening.
   (B) He was well acquainted with the owner of the school.
   (C) He was working at a nearby dance studio.
   (D) His close friend highly recommended him.

   設問❸
   フアンが早々に講師に決まった理由は、フアンの手紙から読み取れます。

4. What does Mary Santos seem primarily concerned about in her e-mail?
   (A) The rising cost of the school's tuition
   (B) The times the lessons will be offered
   (C) The new instructor's teaching experience
   (D) The date the original teacher will return

   設問❹
   メアリー・サントスが心配する内容は彼女のEメールから読み解きます。

5. What might potentially be a problem for some members of the salsa class?
   (A) A different style of dance might be taught.
   (B) They might not receive credit for missed classes.
   (C) The instructor may be working without a visa.
   (D) Classes will resume later than expected.

   設問❺
   生徒にとって問題になることを、生徒であるメアリーのEメールから読み解きます。

IMPORTANT NOTICE

Carlos Rodriguez, our salsa dance instructor, has returned to his native Mexico to take care of a sudden family emergency. It is unclear when he will be able to return. A search for a replacement teacher has already begun and we expect to fill the position shortly so that those of you studying salsa dance do not have to miss too many lessons. We will notify all members enrolled in salsa classes by mail about when their classes can resume.

Even though no cash refund is available, you will receive credit for any canceled classes you have already paid for. This credit will be applied to your first monthly bill after classes begin again with the new teacher, hopefully within the next two weeks, i.e., by July 1.

Joanna Grimes, Owner
Bailando Dance School

June 18
Dear Ms. Grimes,

Thank you for your offer of employment. I am very excited to work with your school. When my childhood friend Carlos Rodriguez told me that you were looking for someone to replace him, I knew it would be a dream come true to have a chance to share my dancing talents with others in a more formal setting. Unlike Carlos, who graduated from the most prestigious music and dance schools in all of Mexico, I am largely self-trained. I very much appreciate your trusting Carlos's recommendation of me, despite my lack of formal qualifications.

I have been informed that it will take a little less than one month to process my visa. Once I have official permission to work in the United States, I will catch the next flight to Seattle. I look forward to meeting you in person and to beginning to teach classes.

Sincerely,
Juan Gomez

To: jgrimes@bailando.com
From: msantos@atkt.net
Subject: Resuming my salsa lessons
Date: June 21, 9:00

Ms. Grimes,

設問❷

I received your letter about the resuming of salsa lessons. While I am happy that you could so quickly find someone to fill in, from your summary of his résumé, **設問❹** 新しい講師の力量を疑問視 I wonder if the new instructor will be of the same caliber as Carlos. Are you still planning to charge the same tuition as before? Also, the starting date for the new classes is almost two weeks later than you indicated it would be in your original notice. This is fine with me; however, please let me know when we will eventually receive credit for four full weeks of canceled classes.

設問❺ 予定より再開が遅れたことに言及

Mary Santos

251

解き方を確認しよう

1. 正解（A）

解説 最初のパッセージ（お知らせ）の用件は、1行目に our salsa dance instructor, has returned to his native Mexico とあり、またその理由は to take care of a sudden family emergency と書かれています。これを A dance instructor suddenly left the country. とまとめている (A) が正解です。なお、この the country はダンススクールのある国（米国）であり、メキシコではないことに注意。

訳 この告知が掲示されたのは、おそらくどうしてですか。
(A) ダンスのインストラクターが急に国を去った。
(B) 新しいサルサ・インストラクターが採用された。
(C) カルロス・ロドリゲスが職を解雇された。
(D) メキシコで国家的な緊急事態が発生した。

2. 正解（B）

解説 お知らせの中に、We will notify all members enrolled in salsa classes by mail about when their classes can resume. とあり、授業再開の予定について郵送すると予告しています。3つ目のパッセージ（Eメール）の第1文 I received your letter about the resuming of salsa lessons. から、その手紙を受け取ったことがわかるので、(B) が正解です。本文の resuming が選択肢では start again と言い換えられています。Eメールの中でクレジットを受け取る日を教えてほしいと言っているため、(C) は誤りです。

訳 カルロス・ロドリゲスの生徒たちはおそらく何を受け取りましたか。
(A) キャンセルになった授業分の返金
(B) 授業がいつ再開されるかに関する手紙
(C) 前月の支払いに対する全額のクレジット
(D) 代わりに受講できる授業のリスト

3. 正解（D）

解説 2つ目のパッセージ（手紙）の my childhood friend Carlos Rodriguez から、フアンとカルロスが子供の頃からの友人だとわかります。また、I very much appreciate your trusting Carlos's recommendation of me から、カルロスがフアンを新しいインストラクターとして推薦したことがわかります。したがって正解は (D) です。

訳 フアンはどうして仕事のオファーをこんなに速く受けることができたのですか。
(A) 彼の現在のスクールが仕事の空きを彼に知らせた。
(B) 彼はスクールのオーナーをよく知っていた。
(C) 彼は近くのダンススタジオで働いていた。
(D) 彼の親友が彼を強く推薦した。

4. 正解（C）

解説 2つ目のパッセージの第1段落に、新しいインストラクターはカルロスと違って独学だとあります。それに対して、3つ目のパッセージの I wonder if the new instructor will be of the same caliber as Carlos から、メアリー・サントスは彼がカルロスほど優秀ではないかもしれないと思っていることがわかります。つまり、(C) の teaching experience を心配していることになります。同じパッセージに charge the same tuition とあるように、(A) の授業料アップの話は出ていません。

訳 メアリー・サントスはEメールで主に何を心配しているように思われますか。
(A) スクールの授業料の費用が上がること
(B) レッスンが行われる回数
(C) 新しいインストラクターの講師経験
(D) 元の講師が戻る日付

5. 正解（D）

解説 3つ目のパッセージの the starting date for the new classes is almost two weeks later than ... から、授業の再開が予定より遅れていることがわかります。Eメールの書き手は This is fine with me としていますが、ほかの受講生には問題になる可能性があり、(D) が正解です。2つ目のパッセージに it will take a little less than one month to process my visa とあり、正式な許可を得てから米国に来ると書かれていますから、(C) のように新インストラクターがビザなしで働くことはありません。

訳 サルサの授業の一部の受講生にとって、ひょっとすると問題になるかもしれないのは何ですか。
(A) 違うスタイルのダンスが教えられるかもしれない。
(B) 休んだ授業のクレジットを受け取れないかもしれない。
(C) インストラクターはビザなしで働くかもしれない。
(D) 授業が予想より遅く再開される。

> **パッセージ訳**

重要なお知らせ

当スクールのサルサ・ダンス・インストラクターであるカルロス・ロドリゲスは、急を要する家族の用件に対応するため、故国メキシコに帰国いたしました。いつ彼が戻ってこられるかは未定です。代理の講師は既に探し始めており、サルサ・ダンスを学んでいる皆さんがあまり多くのレッスンを休まなくても済むよう、講師の席はすぐに埋まると考えております。授業がいつから再開できるかについては、サルサの授業にご登録の方全員に、郵便で連絡いたします。

返金には応じられませんが、既に皆さんが授業料を支払っていてキャンセルされた授業については、クレジットをお受け取りいただきます。このクレジットは新しい講師で授業が再開された後、最初の月の月謝に適用されます。授業の再開はできれば今後2週間以内、つまり7月1日までにはと考えております。

ジョアンナ・グライムズ、オーナー
バイランド・ダンススクール

> **語句**
> instructor「指導者、インストラクター」
> take care of ...「…を処理する、…に対応する」　family emergency「家族の急用」
> replacement「代替者、代わり」　fill「（空位）を補充する」　notify「に知らせる」
> enroll「を登録させる」　resume「再び始まる」　refund「返金」　i.e.「すなわち」

> **パッセージ訳**

6月18日
グライムズ様

仕事のオファーをいただきありがとうございます。そちらのスクールで働くことにとてもわくわくしています。子供の頃の友人カルロス・ロドリゲスから、そちらで彼の代わりをする人を探していると聞かされたとき、もっと正式な場で私のダンスの才能をほかの人たちに分け与える機会を得れば、夢がかなうことになるとわかりました。メキシコ全土で最も名声の高い音楽学校とダンススクールを卒業したカルロスとは違い、私は主に独学です。私に公式の資格がないにもかかわらず、カルロスの推薦を信頼していただいたことを深く感謝いたします。

ビザの手続きに1か月弱かかると通知されています。米国で働く公式の許可が下りしだい、シアトル行きの次の便に乗ります。直接お目にかかり、授業で教え始めることを楽しみにしております。

敬具
フアン・ゴメス

語句 replace「に取って代わる」　share「を伝える、分かち合う」　setting「環境、背景」
unlike「と違って」　prestigious「名声の高い」　largely「主として」
self-trained「独学の」　qualification「資格」　in person「自ら、じかに」

パッセージ訳

宛先：jgrimes@bailando.com
送信者：msantos@atkt.net
件名：サルサのレッスンの再開
日付：6月21日　9:00

グライムズ様

サルサのレッスンの再開についてのお手紙を受領しました。そちらでこんなに早く代理の人を見つけられたことはうれしく思いますが、履歴書の要約からすると、新しいインストラクターにはカルロスと同じ力量があるのだろうかと思います。やはり以前と同じ授業料を請求されるおつもりでしょうか。また、新しい授業の開始日は、最初の通知でそうなるだろうと書かれていたよりも2週間近く遅れています。それはそれで私は構いません。しかし、キャンセルされた授業まる4週間分のクレジットを最終的にいついただけるのか、教えてもらえますか。

メアリー・サントス

語句 fill in「代理をする」　summary「要約」　résumé「履歴書」
caliber「力量、優秀さ」　tuition「授業（料）」

Part 7 練習問題

Questions 1-2 refer to the following e-mail.

To:	Brogers@x-pac.com
From:	Hchoi@x-pac.com
Subject:	Timely submission of reports
Date:	March 15

Bill,

I'm writing you today about submitting monthly reports on time. I heard from your direct supervisor, Emily Jones, that your reports were submitted late three of the last four months. In one case, she did not receive your report until 10 days after it was due. This is totally unacceptable. There is no excuse for missing a deadline. If people do not receive reports on time, it means that they cannot do their own jobs.

To be honest, I was surprised to hear from Emily about this. During the five years you've worked for X-Pac, I have always highly valued your contribution to our team. And for the four years you worked directly for me, I never had to worry about your turning in work after any deadline. If there is some personal reason you'd like to share for why you missed these deadlines, my door is always open for you.

Helen Choi

1. According to the e-mail, how long has Bill Rogers worked for X-Pac?

   (A) Three months
   (B) Four months
   (C) Four years
   (D) Five years

2. What does Ms. Choi mean when she writes, "This is totally unacceptable"?

   (A) Mistaken calculations are impermissible.
   (B) The customer's request is unreasonable.
   (C) Employees must always arrive on time.
   (D) Deadlines should always be met.

Questions 3-4 refer to the following online chat.

B. Suharto [5:42 P.M.]
Karen, I'm on my way, let me know when you land.

Karen Biggs [5:43 P.M.]
Already here. And I only had a carry-on, no baggage. So I'm leaving the gate now.

B. Suharto [5:44 P.M.]
Wow. I thought I had plenty of time. I should pull up in 10 minutes. Intercontinental Airways, arrival level, right?

Karen Biggs [5:45 P.M.]
No, departure level. Remember? Less traffic.

B. Suharto [5:45 P.M.]
Oh, that's right.

B. Suharto [5:47 P.M.]
I'll text you when I get there. I can't park because of security so let me know where you'll be standing once you get out of the terminal.

Karen Biggs [5:49 P.M.]
Okay, will do.

3. What can be inferred about Ms. Biggs?

    (A) She is on a business trip.
    (B) Her flight arrived early.
    (C) She is waiting for her bag.
    (D) Her plane will depart shortly.

4. What will Mr. Suharto do soon?

    (A) Pass through security
    (B) Park his car
    (C) Contact the woman
    (D) Enter the terminal building

Questions 5-8 refer to the following letter.

JQR Adjustment Company, Inc.
1375 S. Seminole Blvd., Suite 1347
Orlando, FL 32792
Toll free (866) 555-2345 ext.1398

December 1

Ms. Ruby Jefferson
2098 Gola Place
Orlando, FL 32794

This is my eighth attempt to contact you—by letter, telephone, and e-mail—regarding your outstanding credit card bill of $3,507.29. —[1]—. I have verified that the above mailing address and phone number are still valid by checking with your local service providers. —[2]—. I can only assume, therefore, that you are ignoring my effort to get in touch with you. —[3]—.

Unless you contact me right away by telephone to make arrangements to repay this outstanding balance, I will have no choice but to notify the major credit reporting agencies. —[4]—. As you are no doubt aware, such a negative report will have a serious impact on your future ability to obtain credit. Moreover, I will be forced to involve our corporate attorney in this matter.

I urge you to give this matter your closest attention and to call me now, without delay. I am confident that we can agree upon a mutually satisfactory repayment plan.

Sincerely yours,

Harold J. Vick
Harold J. Vick, Agent

This letter is an attempt to receive payment for an outstanding financial obligation. Any information collected will be used for that purpose.

5. Why is Harold J. Vick writing to Ms. Jefferson?

   (A) To sell her a financial product
   (B) To offer her a housing loan
   (C) To solicit her e-mail address
   (D) To collect an outstanding debt

6. What does Harold J. Vick imply about Ms. Jefferson?

   (A) She has refused to respond to his previous correspondence.
   (B) She has unexpectedly changed her mailing address.
   (C) She has failed to pay her utility bills.
   (D) She had someone else contact him on her behalf.

7. What does Harold J. Vick recommend Ms. Jefferson do?

   (A) Apply for a new credit card
   (B) Contact a credit reporting agency
   (C) Telephone him immediately
   (D) Consult with an attorney

8. In which of the positions marked [1], [2], [3], and [4] does the following sentence best belong?

   "All of these attempts have remained unanswered from your side."

   (A) [1]
   (B) [2]
   (C) [3]
   (D) [4]

Questions 9-12 refer to the following article.

Getting Regular Exercise

Having trouble setting up a regular exercise program and sticking to it? These calorie-burning ideas provide small doses of exercise throughout the day. Try them out. You'll find they'll help you stay fit.

At home:
* Wake up early. Try getting up 30 minutes earlier than usual and use the time to go for a walk or to practice yoga. Studies prove that people who exercise in the morning are 40 percent more likely to stick to their exercise program than those who don't.
* Make household chores count. Turn up the volume of your favorite music and put some extra energy into mopping the floor, washing the windows, or dusting the furniture.
* Go out into the garden. Mowing the lawn, moving bags of soil, and digging in the dirt all get your heart pumping and build strength.

At work:
* Park farther away from the entrance.
* Climb the stairs instead of taking the elevator. Taking two stairs at a time or stepping up your climbing pace can make a huge difference.
* Take a walk around the building during your coffee break. Get others to join you.

Even these simple things can really contribute to maintaining both your shape and your overall health. So how about getting started today?

9. According to the article, what is true about people who exercise early in the day?

(A) They have a 40 percent longer lifespan.
(B) They consume fewer calories per day.
(C) They carry significantly less body weight.
(D) They are more likely to exercise consistently.

10. The word "count" in paragraph 2, line 6, is closest in meaning to

(A) calculate
(B) sum up
(C) rely upon
(D) be worthwhile

11. What household activity does the article recommend to stay in shape?

(A) Cooking
(B) Rearranging furniture
(C) Cleaning
(D) Washing dishes

12. What is NOT suggested as an activity someone can do while at work?

(A) Taking periodic strolls
(B) Avoiding the elevator
(C) Walking from one's car
(D) Jogging during lunchtime

Questions 13-17 refer to the following memo and e-mail.

Memorandum

From the desk of Rita O'Connell

Date: November 3

To: Bill Bradley and Jason Thomas, team leaders

Well, the fiscal year is drawing to a close and we find ourselves in the fortunate situation of having a budget surplus of close to $10,000. After consulting with my boss, Barbara Allison, I was able to confirm my suspicion that if we don't spend our entire budget this year, our budget for next year will likely be reduced by the amount we don't spend.

So, what I'd like you, my two team leaders, to do is to come up with suggestions about how we can best spend this surplus wisely. My only conditions are that the money be spent equally between the two teams and that whatever we decide to spend the funds on brings direct benefits to our teams, and our teams only. All of our team members have worked hard to reduce waste this year and that's the reason why the budget Barbara and I agreed on at the beginning of the year has money left in it now. I want to reward our people accordingly.

Let me know your suggestions by the end of next week, OK?

Rita O'Connell

To:	oconnell@wunderbar.co.uk
From:	Bill@wunderbar.co.uk
Subject:	Your memo
Date:	15: 00 GMT November 7

Ms. O'Connell,

I read your memo with interest. I agree with you that this is a great opportunity to spend our remaining budget wisely on items that will really benefit our two teams. Within one hour of receiving your memo, I called my team members together to discuss ideas of how to use the surplus funds.

We came up with four suggestions, all of which are within the financial constraints you explained in your memo.
1. A new desktop computer for the two designers on our team. They've been getting by on an old computer that cannot run some recently developed applications.
2. A company-wide picnic. It would be great to network and broaden relations in an informal environment with members from other divisions in the company.
3. An upgraded software package to manage staff scheduling. Raphael Lopez has some specific ideas on something he'd like to present to you.
4. Some basic office supplies, like flip charts, whiteboards, colored markers, etc. We are constantly running out of these things.

I look forward to your feedback.

Best,
Bill

13. What is the purpose of Ms. O'Connell's memo?

    (A) To elicit ideas from her staff
    (B) To urge her staff to reduce expenses
    (C) To decide whether to cut staff
    (D) To determine staff promotions

14. In the memo, what does Ms. O'Connell imply about this year's budget?

    (A) It contains many unnecessary expenditures.
    (B) It was decided without her input.
    (C) It must be spent before the end of the year.
    (D) It is tighter than the previous year's.

15. In the memo, the phrase "close to" in paragraph 1, line 2, is closest in meaning to

    (A) adjacent to
    (B) tightly
    (C) nearly
    (D) exceeding

16. According to the e-mail, what did Bill Bradley do immediately upon receipt of Ms. O'Connell's memo?

    (A) Speak to Ms. O'Connell directly
    (B) Suggest a series of budget revisions
    (C) Convene a meeting of his team
    (D) E-mail Ms. O'Connell's supervisor

17. Which of Bill Bradley's suggestions is Ms. O'Connell likely to reject?

    (A) A computer for his designers
    (B) Upgraded scheduling software
    (C) Additional office supplies
    (D) A company-wide picnic

Questions 18-22 refer to the following e-mails and shipping list.

To:	yancey@housingsupplies.com
From:	g.kowalczyk@greyconstruction.com
Subject:	RE: confirming the receipt of Grey Construction recent order
Date:	9:30 EDT June 27

Dear Rob Yancey,

We're anxiously awaiting the delivery of an order of 160 boxes of screws, 50 boxes of elbow brackets, 10 electrical sockets, and 100 2×4 wooden doorframes from your store. They were ordered on June 21, and we expected to receive them yesterday or the day before. These items are urgently needed for some ongoing construction projects. Lack of parts means delays in the three family homes we are erecting. Did you receive the order? When can we expect receipt of the items?

Glen Kowalczyk, Supply Manager

To:	g.kowalczyk@greyconstruction.com
From:	yancey@housingsupplies.com
Subject:	RE: Order #5789
Date:	10:20 EDT June 27

Glen,

I immediately checked, as you requested, on the status of your order #5789 that was supposed to have been delivered to your warehouse last Friday, June 24. —[1]—.

Unfortunately, we don't have a sufficient number of the doorframes in stock to fill your order and our supplier will be unable to provide us with any more until after the July 4th weekend. —[2]—.

We have back-ordered the remaining stock and will send them to you as soon as we receive them. My best guess is that we can ship them on July 7th, at the latest, and they will arrive on July 8th. —[3]—.

Rather than keep you waiting, at our expense, I instructed our warehouse to express ship this morning the other items in your order, including some doorframes, that we currently have in stock. —[4]—. They should arrive at your warehouse tomorrow afternoon. I apologize for the inconvenience.

Rob
Housing Supply Wholesale

Shipping List—Housing Supply Wholesale June 27, to Grey Construction		
Quantity	Type	Size
160 boxes	Screws	#4
50 boxes	Elbow Brackets	90 deg
30 units	Doorframes	2x4

18. What is the purpose of Glen Kowalczyk's e-mail?

  (A) To place an additional order
  (B) To verify a shipping address
  (C) To explain a shipping delay
  (D) To request a status check

19. When will Grey Construction receive most of the items it has ordered?

  (A) June 24
  (B) June 27
  (C) June 28
  (D) July 8th

20. In which of the positions marked [1], [2], [3], and [4] does the following sentence best belong?

  "That's why we delayed delivery."

  (A) [1]
  (B) [2]
  (C) [3]
  (D) [4]

21. What item did Housing Supply Wholesale neglect to ship?

   (A) Doorframes
   (B) Screws
   (C) Elbow brackets
   (D) Electrical sockets

22. How many doorframes will be shipped in July?

   (A) 30
   (B) 50
   (C) 70
   (D) 160

Part 7 練習問題　解答解説

▶問題は p.256

Questions 1-2【E メール】

宛先：Brogers@x-pac.com
送信者：Hchoi@x-pac.com
件名：レポートの期限前提出
日付：3月15日

ビル、

今日メールしているのは、期限どおりに月例レポートを提出することについてです。あなたの直属の上司であるエミリー・ジョーンズから聞きましたが、あなたのレポートは過去4か月のうち3回、遅れて提出されたそうですね。うち1回は、彼女は締め切りを10日過ぎてようやく受け取ったとのこと。こうしたことはまったく容認できません。締め切りを守らないことに弁解の余地などありません。レポートを期限どおりに受け取らなければ、その人は自分の仕事ができなくなってしまうのです。

率直に言って、私はエミリーからこのことを聞いて驚きました。あなたが我が X-Pac 社に勤めてきたこの5年間、私は常々、われわれのチームへのあなたの貢献を高く評価してきました。それに、直接私の下で働いていた4年間では、あなたが何であれ締め切りを過ぎて仕事を提出するのを心配しなければならなかったことは、一度もありませんでした。上記の締め切りを守らなかったのには何か個人的な理由があって、私に話したいということなら、いつでも歓迎します。

ヘレン・チョイ

語句　submit「を提出する」　supervisor「管理者、上司」
due「（提出物・返済などが）期限になって」　turn in ...「…を提出する」

1. 正解（D）

解説　第2段落に During the five years you've worked for X-Pac「あなたが我が X-Pac 社に勤めてきたこの5年間」とあるので、(D) が正解です。(A) と (B) は、この4か月のうち3回も月例レポートが締め切りに遅れた、という文脈で出てきた数字ですが、ここでは無関係です。(C) は男性がヘレン・チョイの下で働いていた期間です。

訳 Eメールによれば、ビル・ロジャーズはどれくらいの期間、X-Pac社に勤めているか。
(A) 3か月
(B) 4か月
(C) 4年
(D) 5年

2. 正解（D）

解説 This が指しているのは、直前で述べられている、ビルがレポートの提出期限を守っていないという問題のこと。これが totally unacceptable ということは当然、レポートの「締め切り」（deadlines）は厳守されるべきだということで、正解は (D) です。meet には「（必要・義務・要求など）に応じる、を満たす」の意味があります。

訳 チョイ氏が「こうしたことはまったく容認できません」と書いているのは、何を意味していますか。
(A) 誤った見積もりは許されない。
(B) 顧客の要求は不当だ。
(C) 従業員はいつも定時に到着しなければならない。
(D) 締め切りは常に守られるべきだ。

Questions 3-4【チャット】

B・スハルト　午後5時42分
　カレン、今、向かっているよ。着陸したら連絡して。

カレン・ビッグス　午後5時43分
　もう着いているわ。それに機内持ち込みだけで、預ける荷物はなかったの。だから今ゲートを出るところ。

B・スハルト　午後5時44分
　えー。余裕たっぷりだと思っていたのに。あと10分で着けるかな。インターコンチネンタル航空の到着階だよね。

カレン・ビッグス　午後5時45分
　いいえ。出発階よ。覚えてる？　もっと空いているわ。

B・スハルト　午後5時45分
　ああ、そうだったね。

B・スハルト　午後5時47分
　そっちに着いたらまたメッセージを送るよ。セキュリティーのせいで駐車はできないから、ターミナルから出たらすぐに、どこに立っているか連絡して。

カレン・ビッグス　午後5時49分
　了解。そうするわ。

> **語句** carry-on「機内持ち込み手荷物」　pull up「車を止める＝ stop」
> arrival [departure] level「到着［出発］階」

3. 正解（B）

解説 let me know when you land「着陸したら連絡して」とのB・スハルトのメッセージに対して、カレン・ビッグスは Already here.「もう着いているわ」と応じています。これを受けてB・スハルトは Wow. と驚いているので、正解は (B) Her flight arrived early.「彼女の飛行便は早く到着した」です。

訳 ビッグス氏について何が推測できますか。

(A) 彼女は出張中である。

(B) 彼女の飛行便は早く到着した。

(C) 彼女は自分のバッグを待っている。

(D) 彼女の飛行機は間もなく出発する。

4. 正解（C）

解説 やりとりの最後でB・スハルトは、I'll text you when I get there.「そっちに着いたらまたメッセージを送るよ」と言っているので、(C) Contact the woman「女性に連絡する」が正解です。text は、もともとは「文章」の意味の名詞ですが、最近の口語英語では、スマートフォンやタブレット、パソコンのメッセージアプリから「ショートメール（メッセージ）を打つ、送信する」の意味で使われます。

訳 スハルト氏は間もなく何をするでしょうか。

(A) セキュリティーを通る

(B) 駐車する

(C) 女性に連絡する

(D) ターミナルビルに入る

Questions 5-8 【手紙】

JQR アジャストメント社
1375 S. セミノール通り、スイート 1347
オーランド、フロリダ州 32792
フリーダイヤル (866) 555-2345 内線 1398

12 月 1 日

ルビー・ジェファーソン様
2098 ゴーラ・プレース
オーランド、フロリダ 32794

3,507.29 ドルというクレジットカードの請求未払いについて、貴殿に連絡を試みるのは、郵便、電話、E メールを合わせて、これで 8 回目となります。これらの連絡に対して、貴殿からはこれまで一度もお返事いただいておりません。上記住所と電話番号が現在も使われていることは、地元の水道・電気会社を通して確認しております。したがいまして当方といたしましては、貴殿がこちらからの連絡を無視していると考えざるを得ません。

この未払い金返済の手続きのため大至急お電話をいただかないかぎり、大手信用調査機関に通報する以外、選択の余地がございません。十分にご承知のこととは思いますが、こうした問題の報告は、貴殿の今後の信用獲得に深刻な影響を及ぼします。さらに本件は、当社の弁護士が関与せざるを得なくなります。

どうかこの件を、十二分にご検討いただき、一刻も早くお電話をいただくようお願いいたします。必ずや双方納得のいく返済計画に合意できるものと考えております。

敬具

担当　ハロルド・J・ヴィック

＊＊この通知は、未払いとなっている債務の返済を求めるため、お送りするものです。入手したいかなる情報も、この目的のために利用されます。＊＊

語句
attempt「試み」　　contact「に連絡を取る」　　regarding ...「…に関して」
outstanding「未払いの」　　bill「請求書」　　verify「…ということを確かめる」
valid「正当な、有効な」　　get in touch with ...「…に連絡する」
right away「即座に」　　make arrangements「手配する、手はずをととのえる」
balance「残り、残余、残金」
have no choice but to do「…せざるを得ない、…するほかに選択の余地がない」
no doubt「疑いなく、たしかに」　　attorney「弁護士」　　urge「に勧める、促す」
give ... attention「…に注意を払う」　　without delay「遅れることなく」
agree upon ...「…に合意する」　　mutually satisfactory「互いに満足のいく」
obligation「債務、義務」

5. 正解（D）

解説 冒頭で再三連絡をしているのは regarding your outstanding credit card bill「クレジットカード請求未払いについて」と用件が明記されています。また本文末にある注記にも to receive payment for an outstanding financial obligation「未払いとなっている債務の返済を求めるため」と同様の記述があります。よって同義語を使って言い換えている (D) To collect an outstanding debt が正解。

訳 ハロルド・J・ヴィックがジェファーソンさんに手紙を書いているのはなぜですか。

(A) 彼女に金融商品を売るため

(B) 彼女に住宅ローンを提供するため

(C) 彼女の E メールアドレスを教えてもらうため

(D) 未払いの借金を回収するため

6. 正解（A）

解説 第 1 段落の最後に、you are ignoring my effort to get in touch with you「貴殿がこちらからの連絡を無視している」とあります。また、問題 8 の挿入文には、have remained unanswered「返信がないまま」とあります。よって、こうした状況をまとめている (A) She has refused to respond to his previous correspondence. が正解。

訳 ハロルド・J・ヴィックはジェファーソンさんについて、どんなことを示唆していますか。

(A) これまでの彼からの連絡に応答するのを拒んできた。

(B) 突然、郵送先住所を変更した。

(C) 公共料金の支払いをしていない。

(D) 別の人を代理人として、彼に連絡させた。

7. 正解（C）

解説 recommend に相当する表現を検索すると、I urge you to ... という強い勧告を表す言い方が第 3 段落に見つかります。つづいてここに call me now, without delay「一刻も早く電話をするように」と書かれているので、これを同義的に言い換えている (C) Telephone him immediately が正解。

訳 ハロルド・J・ヴィックはジェファーソンさんに、どうするように勧めていますか。

(A) 新しいクレジットカードを申請する

(B) 信用調査機関に連絡する

(C) すぐに彼に電話をする

(D) 弁護士に相談する

8. 正解（A）

解説 All of these attempts の these から、この一文が、複数の attempts につづく位置に補充されるべきだとわかります。この attempts とは具体的には、冒頭にある This is my eighth attempt で始まる文にある、by letter, telephone, and e-mail による連

絡のことです。よって正解は (A) [1] です。

訳 [1]、[2]、[3]、[4] と記載された箇所のうち、次の文が入るのに最もふさわしいのはどれですか。

「これらの連絡に対して、貴殿からはこれまで一度もお返事いただいておりません」

(A) [1]
(B) [2]
(C) [3]
(D) [4]

Questions 9-12 【記事】

定期的な運動

定期的に運動しようとプランを立ててもなかなか守れない、などとお困りではありませんか。以下に示したカロリー燃焼のためのお薦め案は、軽い運動を 1 日の生活に分散させています。ぜひお試しください。健康維持に役立つと実感できるはずです。

自宅では：
* 早起きすること。普段より 30 分早く起きるように心がけ、その時間を使って散歩に行ったり、ヨガをしたりしましょう。朝に運動する人の方が、そうでない人よりも、40％高い確率で運動プランを維持できる、との調査結果があります。
* 家事も活用すること。お気に入りの曲のボリュームを上げ、いつもよりちょっと力を込めて、床のモップがけをしたり、窓を拭いたり、家具のほこりを取ったりしてみましょう。
* 庭に出ること。芝生を手入れしたり、園芸用の土を運んだり、土を掘り起こしたりなど、こうしたことはすべて心臓を活発に動かし、体を鍛えることになります。

会社では：
* 入り口から離れたところに駐車しましょう。
* エレベーターは使わず、階段を昇りましょう。1 段飛ばしたり、昇るペースを上げていったりするのも、とても効果的です。
* コーヒーブレークの時間には、建物の周りを散歩しましょう。ほかの人たちも誘ってみましょう。

こんなちょっとしたことでも、体形や健康の維持には大いに役立つものです。さあ、あなたも今日からスタートしてみませんか。

語句
have trouble *doing*「なかなか…できない、…するのに苦労する」
stick to ...「…を着実にやる、こつこつつづける」　stay fit「健康を保つ」
be likely to *do*「…しそうである」　household chores「家事、家の中の雑用」
count「価値がある」　entrance「入り口、玄関」　stairs「階段」
make a difference「影響する」　contribute to ...「…に貢献する、ためになる」
overall「全体的な、総合的な」

9. 正解（D）

解説 people who exercise early in the day「1日の早い時間に運動する人」に相当する表現を検索すると、At home の項に people who exercise in the morning「朝に運動する人」とあり、40 percent more likely to stick to their exercise program「40％高い確率で運動プランを維持できる」とあります。よって、これを言い換えている (D) They are more likely to exercise consistently. が正解。数字の 40 に惑わされて (A) を選ばないように注意。

訳 この記事によれば、1日の早い時間に運動する人に関して、あてはまるのはどれですか。
(A) 40 パーセント長生きする。
(B) 1日あたりのカロリー消費量が少ない。
(C) 体重がとても軽い。
(D) 継続的に運動する傾向がある。

10. 正解（D）

解説 count には「数える、計算する」のほかに「価値がある、重要である」という意味があります。問題では「家事を有意義にしましょう」という意味なので、後者です。よって正解は (D) です。文脈を考えずに「count ＝計算する」と思い込んでしまうと、(A) や (B) にひっかかってしまいます。このように語彙問題では、明らかな誤りではなく、文脈によっては正解になる選択肢が含まれていて、最初に目に入る (A) や (B) にあることがしばしばあります。ぱっと目についた選択肢にあわてて飛びつかずに、すべての選択肢をよく検討して答えるようにしましょう。

訳 第2段落の6行目にある count に最も近い意味の語は
(A) を計算する
(B) を合計する
(C) に依存する
(D) やりがいのある

11. 正解（C）

解説 household activity に相当する表現を検索すると At home の項に、household chores が見つかります。ここでは音楽をかけ力を入れて mopping the floor, washing the windows, or dusting the furniture をしてみるように勧めているので、これらを Cleaning とまとめている (C) が正解。

訳 この記事は健康維持のため、どんな家事を勧めていますか。
(A) 料理
(B) 家具の配置変え
(C) 掃除
(D) 皿洗い

12. 正解 (D)

解説 選択肢と At work の3点を対照すると、(A) Taking periodic strolls = Take a walk ... 、(B) Avoiding the elevator = Climb the stairs ... 、(C) Walking from *one's* car = Park farther away ... となります。言及がないのは (D) Jogging during lunchtime です。

訳 職場でもできる活動として、挙げられていないのはどれですか。

(A) 定期的によく歩くこと
(B) エレベーターを避けること
(C) 自分の車から歩くこと
(D) 昼食の時間にジョギングすること

Questions 13-17【社内回覧とEメール】

社内回覧

リタ・オコネルのデスクより

日付：11月3日

宛先：チーム・リーダー、ビル・ブラッドリー および ジェイソン・トーマス

さて、今会計年度も間もなく終わりますが、私たちにとって幸いなことに、1万ドル近く予算が余っている状況です。上司のバーバラ・アリソンに相談したところ、やはり懸念していたように、年度内に全予算を使い切らない場合、この未消化分に相当する額が、次年度の予算から減らされるようです。

そこでチーム・リーダーのお2人には、この余っている予算をどうすれば最も賢明に使えるか、提案してほしいのです。私の唯一の条件は、この予算が2チームに均等に配分されるようにすること、そして、何に予算を使うにせよ、くれぐれもわれわれのチームだけに、直接的なプラスになるようにすること、です。今年度、われわれのチームのメンバーは全員、無駄を減らすべくがんばってきました。バーバラと私とで年度当初に合意した予算が、こうして余っているのも、このためです。私としては、チームの皆さんの労にしかるべく報いたいと思っています。

来週末までに、あなた方の提案を知らせてもらえますか。

リタ・オコネル

語句 fiscal year「会計年度」　draw to a close「終わりに近づく」　budget「予算」
surplus「余り、余剰、黒字」　consult with ...「…に相談する、…の意見を聞く」
confirm「を確かめる、確認する」　suspicion「疑念、疑い」
come up with ...「…を考えつく、提案する」　condition「条件」　waste「無駄」
reward「に報いる」　accordingly「それに応じて、然るべく」

宛先：oconnell@wunderbar.co.uk
送信者：Bill@wunderbar.co.uk
件名：あなたのメモ
日付：11月7日 15：00 グリニッジ標準時

オコネル様

あなたの回覧を興味深く読みました。これは予算の残り分をわれわれ2チームに本当にプラスになるものに賢く使うことができるよい機会だ、というご意見、私も同感です。メモを受け取ってから1時間以内に、チームメンバーを集め、余りの予算をどう使うべきか話し合ってみました。

私たちは4つの案を思いつきましたが、いずれもメモに説明してあった会計上の制約内に収まるものです。
1. 私たちのチームのデザイナー2人のための新しいデスクトップ・コンピューター：彼らはこれまで古いコンピューターで何とかやってきましたが、これだと最近開発されたいくつかのアプリケーションが使えません。
2. 全社ピクニック：社内のほかの部署に所属するメンバーと、仕事を離れて交流し、関係を広げるのは有益ではないかと思います。
3. スタッフのスケジュール管理用ソフトウェアのアップグレード版：ラファエル・ロペズが、直接提案したいと言っている、いくつかの案を持っています。
4. フリップチャート、ホワイトボード、カラーマーカーなど、基本的な事務用品：こうしたものはいつもすぐに切らしてしまうので。

あなたのフィードバックをお待ちしています。

敬具
ビル

語句　with interest「興味深く」　　agree with ...「（人）と意見が一致する」
get by「何とかやっていく」　broaden「を広げる」　informal「形式ばらない」
division「部署」　manage「を管理する」　office supplies「事務用品」
run out of ...「…を切らす」　feedback「意見、フィードバック」

13. 正解（A）

解説　社内回覧（メモ）の第2段落で So「そこで」と注意を喚起し、メモの送り先である2人に come up with suggestions「提案してほしい」と言っています。これを elicit ideas from her staff と言い換えている (A) が正解。

訳　オコネルさんのメモの目的は、何ですか。
(A) 部下のスタッフに案を出してもらうこと
(B) 部下のスタッフに経費削減を促すこと
(C) スタッフを削減すべきか決めること
(D) スタッフの昇進を決定すること

14. 正解（C）

解説 this year's budget に相当する表現を検索すると、メモの第1段落に、budget this year とあり、年内に予算を消化しないと翌年度は予算が削減されると説明されています。ここから (C) It must be spent before the end of the year. と推測できます。

訳 このメモの中でオコネルさんは、今年度の予算に関して、どのようなことを示唆していますか。

(A) 不必要な支出が数多く含まれている。
(B) 彼女の意見を聞かずに決定された。
(C) 年度末までに使わなければならない。
(D) 前年度よりも厳しい。

15. 正解（C）

解説 close は、簡単に言えば「近い、近くに」の意味ですが、距離、時間、関係の親密さ、程度・状態の類似、注意・観察の綿密さ、密集した間隔、ぴったり合うサイズなど、多くの意味があります。問題文の文脈では、金額が「近い」の意味なので、類義となるのは (C) です。文脈を無視して close の意味だけを考えてしまうと、(C) よりも先に目に入る (A) 距離の近さや (B) ぴったりしたサイズにひっかかってしまいかねません。

訳 メモの第1段落2行目にある close to に最も近い意味の語は

(A) …に隣接した
(B) きつく
(C) ほとんど
(D) 過度の

16. 正解（C）

解説 immediately upon receipt ...「（オコネルさんからのメモ）を受け取ってすぐ」に相当する表現を Bradley が送信した「Eメール」中で検索すると、第1段落に Within one hour of receiving your memo ...「メモを受け取ってから1時間以内に」とあり、つづいて I called my team members together ...「チームメンバーを集め」とあります。よって、これを同義的に言い換えた (C) Convene a meeting of his team が正解。

訳 このEメールによれば、ビル・ブラッドリーはオコネルさんからのメモを受け取ってすぐ、何をしましたか。

(A) オコネルさんと直接話をした
(B) 一連の予算の見直しを提示した
(C) 自分のチームでミーティングを開いた
(D) オコネルさんの上司にEメールをした

17. 正解（D）

解説 O'Connell の示した条件と Bradley の提案を対照します。O'Connell はメモの第 2 段落で余剰予算は、our teams, and our teams only「くれぐれもわれわれのチームだけに」用いるようにと指示しています。しかし Bradley の第 2 の提案 A company-wide picnic はこれに合致していません。よって正解は (D)。

訳 ビル・ブラッドリーの提案のうち、オコネルさんが却下する可能性が高いのはどれですか。
(A) デザイナーのためのコンピューター
(B) スケジュール管理ソフトのアップグレード版
(C) 追加のオフィス用品
(D) 全社ピクニック

Questions 18-22【E メール 2 つと表】

宛先：yancey@housingsupplies.com
送信者：g.kowalczyk@greyconstruction.com
件名：返信：グレイ・コンストラクション社からの最近の発注の受け取り確認の件
日付：東部夏時間 9:30　6 月 27 日

ロブ・ヤンシー様

弊社では、御社からの、ネジ 160 箱、L 字型ブラケット 50 箱、電気ソケット 10 個、2×4 の木製ドアフレーム 100 個の配送はまだかと心配しております。これらは 6 月 21 日に発注しており、昨日または一昨日には受け取れるものと期待していました。これらの部品は、進行中の建築プロジェクトに至急必要とされています。部品の不足は建設中の住宅 3 件に遅れが出ることになります。注文はお受け取りいただいているでしょうか。部品の受け取りはいつ頃と考えればよいでしょうか。

グレン・コワルシク　資材担当

語句 anxiously「心配して」　await「を待つ」　elbow「L 字形の」　urgently「緊急に」
ongoing「（現在）進行中の」　erect「（家など）を建てる」

宛先：g.kowalczyk@greyconstruction.com
送信者：yancey@housingsupplies.com
件名：返信：注文番号 #5789 の件
日付：東部夏時間 10:20　6 月 27 日

グレン様

先週の金曜日、6 月 24 日に貴社倉庫にお届けすることになっておりました注文番号 5789 の状況について、ご依頼を受けましてすぐに確認いたしました。

残念ながらドアフレームにつきましては、弊社ではご注文分の十分な数の在庫がなく、納入業者の方でも 7 月 4 日の週末過ぎまで追加を納品できない状況でございます。このような理由で発送が遅れました。

残りの分につきましては取り寄せの注文をかけておりますので、入荷次第お送りいたします。遅くとも 7 月 7 日には出荷できるかと思いますので、7 月 8 日には配送となります。

それまでお待たせすることのないよう、弊社負担で、ドアフレームを含め在庫のあるご注文のほかの商品を、急ぎの便で発送するよう、今朝ほど弊社の倉庫に指示いたしました。こちらは明日の午後には貴社倉庫に配送となるはずです。ご不便のほど、お詫び申し上げます。

ロブ
ハウジング・サプライ・ホールセール社

語句　status「状態、状況」　　have ... in stock「…の在庫がある」
back-order「を取り寄せ注文する」　ship「（商品）を発送する、出荷する」
at the latest「遅くとも」

発送伝票：ハウジング・サプライ・ホールセール社		
6 月 27 日　グレイ・コンストラクション社 様		
数量	品目	サイズ
160 箱	ネジ	#4
50 箱	L 字形ブラケット	90 度
30 個	ドアフレーム	2 × 4

18. 正解（D）

解説 Rob Yancey 宛に Glen Kowalczyk が送った E メール本文の最後には Did you receive the order? When can we expect receipt of the items? とあります。ここから、この E メールの目的は、まだ配送されていない注文品について、(D) To request a status check「状況確認を依頼すること」だとわかります。

訳 グレン・コワルシクの E メールの目的は何ですか。

(A) 追加の発注をすること
(B) 送付先住所の確認をすること
(C) 発送の遅れを説明すること
(D) 状況確認を依頼すること

19. 正解（C）

解説 2 通の E メールの本文中には複数の日付が出てきますが、設問が問うているのは most of the items「商品の大部分」が配送される日付です。これは取り寄せの注文をかけた商品を除くその他の注文品のことであり、これらについては 2 通目の E メールの第 4 段落の最後で、They should arrive at your warehouse tomorrow afternoon. と説明されています。この E メールの送信日は June 27 ですから、配送日はその翌日の (C) June 28 ということになります。

訳 グレイ・コンストラクション社は発注した商品の大部分をいつ受け取りますか。

(A) 6 月 24 日
(B) 6 月 27 日
(C) 6 月 28 日
(D) 7 月 8 日

20. 正解（B）

解説 That's why ...「このような理由で」から、この前文では発送の遅れの理由が、具体的に説明（釈明）されているとわかります。これに該当するのは第 2 段落なので、正解は (B) [2] です。

訳 [1]、[2]、[3]、[4] と記載された箇所のうち、次の文が入るのに最もふさわしいのはどれですか。

「このような理由で発送が遅れました」

(A) [1]
(B) [2]
(C) [3]
(D) [4]

21. 正解（D）

解説 注文品すべての内容は、最初の E メールにあるように、ネジ 160 箱、L 字型ブラケット 50 箱、電気ソケット 10 個、2 × 4 の木製ドアフレーム 100 個、の合計 4 種です。しかし Shipping List「発送伝票」には、(D) Electrical sockets「電気ソケット」が記載されていません。よってこの商品は、送られるはずでありながら、何らかの理由で発送されていないのだとわかります。(A) Doorframes「ドアフレーム」は 100 個の注文に対して 30 個しか配送されていませんが、一部（在庫があった分）とはいえ発送されたことは間違いありません。

訳 ハウジング・サプライ・ホールセール社はどの商品を発送していませんか。

(A) ドアフレーム

(B) ネジ

(C) L 字形ブラケット

(D) 電気ソケット

22. 正解（C）

解説 ドアフレームの注文数が「100 個」であり（E メール 1）、6 月 27 日付の Shipping List「発送伝票」に記載されている今回の発送数が「30 個」ですから、7 月に発送される（E メール 2）残りの個数は当然、(C)「70 個」ということになります。

訳 何点のドアフレームが 7 月に発送される予定ですか。

(A) 30 個

(B) 50 個

(C) 70 個

(D) 160 個

30分で解く
はじめての ミニ模試

問題	p.286
解答一覧	p.304
解答・解説	p.305
解答用紙	p.335

＊このミニ模試は実際のテストの約1/4の問題数になっています。目標解答時間を約30分として、実力試しをしてみましょう。

Copyright © 2015 Educational Testing Service. www.ets.org
Updated Listening and Reading Directions for the TOEIC® Test are reprinted by permission of Educational Testing Service, the copyright owner. All other information contained within this publication is provided by Obunsha Co., Ltd. and no endorsement of any kind by Educational Testing Service should be inferred.

LISTENING TEST

In the Listening test, you will be asked to demonstrate how well you understand spoken English. The entire Listening test will last approximately 45 minutes. There are four parts, and directions are given for each part. You must mark your answers on the separate answer sheet. Do not write your answers in your test book.

PART 1

Directions: For each question in this part, you will hear four statements about a picture in your test book. When you hear the statements, you must select the one statement that best describes what you see in the picture. Then find the number of the question on your answer sheet and mark your answer. The statements will not be printed in your test book and will be spoken only one time.

Statement (C), "They're sitting at a table," is the best description of the picture, so you should select answer (C) and mark it on your answer sheet.

※本書のリスニングテストの時間は15分が目安です。
解答用紙は p. 335 にあります。

1.

2.

3.

PART 2

CD 61 ~ CD 68

Directions: You will hear a question or statement and three responses spoken in English. They will not be printed in your test book and will be spoken only one time. Select the best response to the question or statement and mark the letter (A), (B), or (C) on your answer sheet.

4. Mark your answer on your answer sheet.
5. Mark your answer on your answer sheet.
6. Mark your answer on your answer sheet.
7. Mark your answer on your answer sheet.
8. Mark your answer on your answer sheet.
9. Mark your answer on your answer sheet.
10. Mark your answer on your answer sheet.

PART 3

CD 69 ~ CD 72

Directions: You will hear some conversations between two or more people. You will be asked to answer three questions about what the speakers say in each conversation. Select the best response to each question and mark the letter (A), (B), (C), or (D) on your answer sheet. The conversations will not be printed in your test book and will be spoken only one time.

11. Why is the man calling the woman?

    (A) He will be late for an appointment.
    (B) He cannot find his train ticket.
    (C) He left something behind.
    (D) He is unable to make the presentation.

12. What will the woman most likely do for the man?

    (A) Mail him a package
    (B) Send him an attached file
    (C) Meet him at his hotel
    (D) Print some documents

13. What does the man mean when he says, "so I'll have to speak quickly"?

    (A) Telephone charges are expensive.
    (B) He needs to finish the call soon.
    (C) He is running out of minutes.
    (D) He has a lot he wants to say.

14. What is the woman's problem?

    (A) The store does not carry the calendar she wants.
    (B) She did not bring enough money with her.
    (C) The item she wants is out of stock.
    (D) She has lost her personal calendar.

15. What do the men recommend the woman do?

    (A) Keep her schedule on her computer
    (B) Come back in a few days
    (C) Access the bookstore's Web site
    (D) Buy a more expensive item

16. What will the woman most likely do next?

    (A) Try again to find her calendar
    (B) Follow the men's suggestion
    (C) Visit another store
    (D) Telephone her colleague

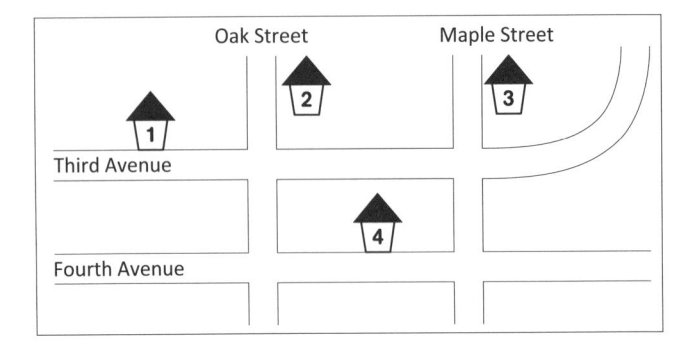

```
                Oak Street         Maple Street
                    ▲                  ▲
          ▲        │2│                │3│
         │1│
    Third Avenue

                        ▲
                       │4│
    Fourth Avenue
```

17. Who most likely is the woman?

(A) A physician
(B) An auto mechanic
(C) An accountant
(D) A computer engineer

18. What is the man's problem?

(A) He did not meet a deadline.
(B) He is constantly tired.
(C) He cannot manage his finances.
(D) He needs a new computer.

19. Look at the graphic. Which location does the woman recommend the man go to?

(A) 1
(B) 2
(C) 3
(D) 4

PART 4

CD 73 ~ CD 75

Directions: You will hear some talks given by a single speaker. You will be asked to answer three questions about what the speaker says in each talk. Select the best response to each question and mark the letter (A), (B), (C), or (D) on your answer sheet. The talks will not be printed in your test book and will be spoken only one time.

20. Who is most likely leaving this message?

    (A) A personal friend
    (B) A supervisor
    (C) A car mechanic
    (D) A receptionist

21. What does the man ask Janice to do?

    (A) Give him a ride to work
    (B) Bring a copy of an insurance card
    (C) Take him to a rental car agency
    (D) Review his presentation slides

22. What does the man mean when he says, "Normally I wouldn't think to ask this"?

    (A) He normally forgets things.
    (B) He realizes his request is unusual.
    (C) He meant to ask this before.
    (D) He didn't think this was important.

Monthly Sales Report Meeting

Place: Conference Room B
Date and Time: February 10, 9:00 a.m.

Agenda

I. Introduction of new staff — Emma Griggs
II. Tentative sales summaries (for February) — Mohamed Al Ghamdi
III. Last year's complete report — Adi Atmadja
IV. Next quarter's sales targets — Robert Miller
V. New sales opportunities — full staff

23. Who is giving this talk?

    (A) A senior sales manager
    (B) A newly hired associate
    (C) An executive secretary
    (D) An advertising executive

24. Look at the graphic. What topic will be postponed until the next meeting?

    (A) Tentative sales summaries
    (B) Last year's complete report
    (C) Next quarter's sales targets
    (D) New sales opportunities

25. What would the speaker like to focus on during the meeting?

    (A) New employee recruitment
    (B) Overseas travel allowances
    (C) Communication among staff
    (D) Expanding into new markets

This is the end of the Listening test. Turn to Part 5 in your test book.

READING TEST

In the Reading test, you will read a variety of texts and answer several different types of reading comprehension questions. The entire Reading test will last 75 minutes. There are three parts, and directions are given for each part. You are encouraged to answer as many questions as possible within the time allowed.

You must mark your answers on the separate answer sheet. Do not write your answers in your test book.

PART 5

Directions: A word or phrase is missing in each of the sentences below. Four answer choices are given below each sentence. Select the best answer to complete the sentence. Then mark the letter (A), (B), (C), or (D) on your answer sheet.

※本書のリーディングテストの時間は 15 〜 20 分が目安です。

26. A worker satisfaction survey taken at Brixton Company showed that more than 70 percent of all employees viewed their working conditions -------.

    (A) favorite
    (B) favorable
    (C) favor
    (D) favorably

27. K.J. Associates ------- the leading consulting firm in the region for the past thirty-five years.

    (A) was
    (B) will be
    (C) are
    (D) has been

28. Dr. Hussein was ------- by the National Science Academy for his groundbreaking research in the field of microbiology.

    (A) declared
    (B) labeled
    (C) honored
    (D) memorized

29. Employees ------- vacation should use the auto-reply function on their e-mail systems so that customers can know when they will be back in the office.

    (A) at
    (B) during
    (C) with
    (D) on

30. Yancey Industries recently announced ------- quarterly dividend in its entire 150-year history.

    (A) a large
    (B) the larger
    (C) the largest
    (D) largest

31. Janis Vance was chosen to run the accounting department, ------- having less than three years of accounting experience.

    (A) despite
    (B) owing to
    (C) although
    (D) rather than

32. Everton Kitchen Supplies offers a standard two-year ------- on all of its merchandise.

    (A) return
    (B) warranty
    (C) potential
    (D) word

33. Companies are increasingly realizing ------- having a diverse workforce is an important factor in maintaining global competitiveness.

    (A) which
    (B) that
    (C) only by
    (D) by which

PART 6

Directions: Read the texts that follow. A word, phrase, or sentence is missing in parts of each text. Four answer choices for each question are given below the text. Select the best answer to complete the text. Then mark the letter (A), (B), (C), or (D) on your answer sheet.

Questions 34-37 refer to the following memo.

January 16

To: All Engineering Staff
From: Bob Watkins, Head of Security

Effective from the beginning of next month, any visitor -------- to enter
                                                          34.
the engineering offices must be accompanied at all times by a member of the engineering staff. If you are expecting visitors, please meet -------- at the security office near the main entrance to the facility.
        35.
You will need to sign for their passes at that time with security. --------.
                                                                      36.

As you know, some areas of the facility are strictly off-limits to --------
                                                                    37.
personnel. Please check with your supervisor to make sure any areas you are visiting allow non-company staff. At the end of the visit, please again sign the ledger at the security office and stay with your visitors until they have exited the campus.

34. (A) wish
    (B) wishes
    (C) wished
    (D) wishing

35. (A) him
    (B) them
    (C) themselves
    (D) himself

36. (A) The cafeteria is located next to the research and development department.
    (B) You also must remain with them if they then visit the laboratory area.
    (C) Our engineering facilities are among the most advanced in the world.
    (D) You may eat lunch with your visitors at the company cafeteria.

37. (A) outside
    (B) company
    (C) temporary
    (D) retired

PART 7

Directions: In this part you will read a selection of texts, such as magazine and newspaper articles, e-mails, and instant messages. Each text or set of texts is followed by several questions. Select the best answer for each question and mark the letter (A), (B), (C), or (D) on your answer sheet.

Questions 38-40 refer to the following report.

Goldstein and Sons, Inc.
10 East 53 Street
New York, NY 10022

INDEPENDENT AUDITOR'S REPORT

We have audited the relevant accounting records of Hanover Industries, Inc., a subsidiary of New Hampshire Holdings, Inc. of Dover, New Hampshire. —[1]—. We performed our audit in accordance with generally accepted auditing standards. Our objective was to determine whether the consolidated financial statements offer a true and faithful picture of the actual financial condition of Hanover Industries, Inc. —[2]—.

In general, we analyzed the company's income statements and balance sheets. —[3]—.

In our opinion, the consolidated financial statements and stated assets of Hanover Industries, Inc. do present a fair and accurate representation of the company's financial condition as of the end of this calendar year. —[4]—.

Goldstein and Sons, Inc.

38. Who is issuing this report?

    (A) A subsidiary of a holding company
    (B) An independent auditing firm
    (C) A manufacturing company
    (D) An employee of Hanover Industries

39. What is the conclusion reached by Goldstein and Sons, Inc. concerning Hanover Industries?

    (A) Its financial position is unstable.
    (B) Its accounting reports are correct.
    (C) It should consolidate its operations next year.
    (D) It should recalculate its financial statements.

40. In which of the positions marked [1], [2], [3] and [4] does the following sentence best belong?

    "In addition to those financial statements, we also reviewed the method used for valuing the company's assets."

    (A) [1]
    (B) [2]
    (C) [3]
    (D) [4]

Questions 41-43 refer to the following advertisement.

Job Opening: Assistant Office Manager, Construction Company

Requirements:
- Excellent clerical and administrative skills
- Able to effectively support managerial staff
- Minimum four years working in the construction industry
- Familiarity with a variety of word processing applications
- Knowledge of basic accounting fundamentals
- Outgoing personality to welcome visitors to the office

Send your résumé in English (together with the names and contact information of three references) to:

GoMax Builders
5880 Jersey Road
Philadelphia, PA 19019

To view a detailed job description for this position, visit our Web site: www.gomax-builders.com

---

41. What is a basic requirement for this position?

    (A) A record of successful executive management
    (B) A degree from a four-year university
    (C) Three letters of recommendation
    (D) Prior experience in the construction field

42. What information is NOT mentioned in the advertisement?

    (A) The type of company seeking the job applicant
    (B) The benefits the successful candidate will receive
    (C) The qualities required of applicants
    (D) The way to learn more about the position

43. How should interested parties apply for this position?

    (A) By accessing the firm's Web site
    (B) By mailing their résumé to the firm
    (C) By calling the firm's personnel department
    (D) By sending the firm an e-mail

Questions 44-46 refer to the following text message chain.

N. Krishnamurti   8:20 A.M.
Where are you? This conference center is enormous.

R.S. Park   8:25 A.M.
Gaming booths. The 3-D virtual reality software is amazing. Don't tell the boss!

N. Krishnamurti   8:26 A.M.
No worries. You're on your own time before 9. But when are you planning to check out the office computing systems? We're both supposed to make recommendations on new server and desktop hardware.

R.S. Park   8:27 A.M.
This afternoon. I don't think we need to coordinate that. We can compare notes back at the hotel tonight.

N. Krishnamurti   8:32 A.M.
Sure thing. But I think we should meet up for the presentations on new security protocols. The talks start at 1 in the auditorium. Lunch?

R.S. Park   8:33 A.M.
Okay. 12 p.m. at the café on the first floor.

N. Krishnamurti   8:35 A.M.
Got it. I know you're not interested but I'm going to check out wearables now, like the new computerized watches.

44. What are the people most likely doing?

    (A) Attending a trade show
    (B) Visiting a manufacturer
    (C) Giving presentations at a conference
    (D) Shopping at an electronics retailer

45. Where will the people most likely meet next?

    (A) An entrance way
    (B) An auditorium
    (C) A café
    (D) A hotel

46. What is R.S. Park probably NOT interested in?

    (A) Virtual reality games
    (B) Office computers
    (C) Security systems
    (D) Wearable devices

Questions 47-51 refer to the following letter, invoice, and e-mail.

Babson's Books
933 Robertson Lane
Vancouver, British Columbia, V5Y 1V4
Canada

July 15

Ms. Deborah Yee
2459 Michigan Street
Billings, Montana 59102
U.S.A.

Dear Ms. Yee:

Below is the shipping invoice for your recent book order. We must apologize that two volumes you ordered were not available in our warehouse. We back-ordered these two titles from their respective publishers, but they still have not yet arrived.

We are truly sorry that we have not yet been able to fill your order. Please contact me by e-mail to let me know if you would like us to go ahead and ship the volumes we have in stock now. Or, if you prefer, we can wait for the remaining two volumes to come in and then ship you the entire original order at one time.

I look forward to hearing from you.

Sincerely yours,

Roger Taguchi
Roger Taguchi
r-taguchi@babsonsbooks.co.ca

Shipping Invoice

Quantity	Unit price	Title of book	Total	In stock?
3	$12.50	*Basic Marketing Principles*	$37.50	Yes
1	$30.00	*Taking Advantage of the New Tax Laws*	$30.00	No
1	$55.00	*Going Global: Expanding your Boundaries*	$55.00	No
4	$10.00	*Motivating your Team*	$40.00	Yes
1	$25.50	*Hiring the Best and the Brightest*	$25.50	Yes

To:	r-taguchi@babsonsbooks.co.ca
From:	debbie-yee@uniweb.com
Subject:	Missing volumes
Date:	9:00 GMT July 20

Mr. Taguchi,

Thank you for your letter informing me of the status of my order. To be honest, I was wondering why I had not received the order yet, especially considering that I placed it exactly one month before you wrote me.

I can wait for the remaining two books to arrive at your warehouse before you ship them to me. However, I need to amend the order slightly. One of my colleagues found a used copy of the talent recruitment book, so we can take that off the list.

Debbie Yee

47. Why was the customer's original order unable to be completely filled?

    (A) Two of the books were no longer being printed.
    (B) Some books had not yet reached the retailer.
    (C) Some of the volumes were damaged during shipment.
    (D) The customer had neglected to pay the shipping charge.

48. What does Mr. Taguchi offer to do for Ms. Yee?

    (A) Give her a discount
    (B) Keep her informed by e-mail
    (C) Send her a partial shipment
    (D) Reorder some volumes

49. When did Ms. Yee apparently place her original order?

    (A) June 15
    (B) June 30
    (C) July 15
    (D) July 20

50. In the e-mail, the word "especially" in paragraph 1, line 2, is closest in meaning to

    (A) significantly
    (B) particularly
    (C) entirely
    (D) exclusively

51. Which book will most likely NOT be part of the final shipment?

    (A) *Basic Marketing Principles*
    (B) *Going Global: Expanding your Boundaries*
    (C) *Motivating your Team*
    (D) *Hiring the Best and the Brightest*

Stop! This is the end of the test. If you finish before time is called, you may go back to Parts 5, 6, and 7 and check your work.

はじめてのミニ模試　解答一覧

*問題 → p.286
*解説 → p.305

LISTENING SECTION

Part 1

No.	ANSWER
1	Ⓐ Ⓑ Ⓒ ●
2	Ⓐ ● Ⓒ Ⓓ
3	● Ⓑ Ⓒ Ⓓ

Part 2

No.	ANSWER
4	● Ⓑ Ⓒ
5	Ⓐ ● Ⓒ
6	Ⓐ ● Ⓒ
7	● Ⓑ Ⓒ
8	Ⓐ Ⓑ ●

Part 3

No.	ANSWER
11	Ⓐ Ⓑ ● Ⓓ
12	● Ⓑ Ⓒ Ⓓ
13	Ⓐ Ⓑ ● Ⓓ
14	Ⓐ ● Ⓒ Ⓓ
15	Ⓐ ● Ⓒ Ⓓ
16	Ⓐ Ⓑ ● Ⓓ
17	Ⓐ ● Ⓒ Ⓓ
18	Ⓐ Ⓑ ● Ⓓ
19	Ⓐ ● Ⓒ Ⓓ

Part 4

No.	ANSWER
20	Ⓐ Ⓑ ● Ⓓ
21	Ⓐ Ⓑ Ⓒ ●
22	Ⓐ Ⓑ ● Ⓓ
23	Ⓐ ● Ⓒ Ⓓ
24	Ⓐ Ⓑ ● Ⓓ
25	Ⓐ Ⓑ ●

READING SECTION

Part 5

No.	ANSWER
26	● Ⓑ Ⓒ Ⓓ
27	● Ⓑ Ⓒ Ⓓ
28	Ⓐ Ⓑ Ⓒ ●
29	● Ⓑ Ⓒ Ⓓ
30	Ⓐ Ⓑ Ⓒ ●

Part 6

No.	ANSWER
31	Ⓐ ● Ⓒ Ⓓ
32	Ⓐ Ⓑ ● Ⓓ
33	Ⓐ ● Ⓒ Ⓓ

Part 7

No.	ANSWER
34	Ⓐ Ⓑ ● Ⓓ
35	Ⓐ Ⓑ ● Ⓓ
36	Ⓐ Ⓑ Ⓒ ●
37	● Ⓑ Ⓒ Ⓓ
38	● Ⓑ Ⓒ Ⓓ
39	● Ⓑ Ⓒ Ⓓ
40	● Ⓑ Ⓒ Ⓓ
41	Ⓐ ● Ⓒ Ⓓ
42	● Ⓑ Ⓒ Ⓓ
43	Ⓐ ● Ⓒ Ⓓ
44	Ⓐ Ⓑ ● Ⓓ
45	Ⓐ ● Ⓒ Ⓓ
46	Ⓐ Ⓑ ● Ⓓ
47	● Ⓑ Ⓒ Ⓓ
48	Ⓐ ● Ⓒ Ⓓ
49	Ⓐ Ⓑ ● Ⓓ
50	Ⓐ ● Ⓒ Ⓓ
51	Ⓐ Ⓑ Ⓒ ●

Part 1

解答解説

▶ 問題は p.286

1. 正解（C）　CD 58

(A) She's placing the screen on the wall.
(B) She's plugging the cord into the screen.
(C) She's watching something on the screen.
(D) She's screening her phone calls.

(A) 彼女は壁に画面を設置している。
(B) 彼女は画面にコードを接続している。
(C) 彼女は画面に映っているものを見つめている。
(D) 彼女はかかってきた電話をふるい分けている。

解説 女性とテレビ画面との位置関係を確認しましょう。(A) placing ... on the wall や (B) plugging the cord は、女性が画面に直接触れて何かをしていることになるので不適です。(D) screening は screen とのひっかけ。screen phone calls は、かかってきた電話番号を見て、出る相手と出ない相手を選別することを言います。

2. 正解（A）　CD 59

(A) Some bikes are parked upright.
(B) The tires are being repaired.
(C) The icicles are hanging from the roof.
(D) Some bicycles are being ridden on the sidewalk.

(A) 数台の自転車が立てて駐輪されている。
(B) タイヤが修理されている。
(C) 屋根からつららが垂れている。
(D) 数台の自転車が歩道を走っている。

解説 (A) upright の意味がわかるかどうかがカギ。(A) bikes、(B) tires、(D) bicycles と、自転車と部品に関する単語が出てくるので、その中から消去法で正解を選ぶこともできます。(C) icicles は、発音が似ている bicycles とのひっかけです。

3. 正解（D）　CD 60

(A) The clerks are shutting down their computers.
(B) The photos are being placed on shelves.
(C) The employees are serving a customer.
(D) The reception desk is curved.

(A) 事務員たちはパソコンを終了しようとしている。
(B) 写真は棚に置かれている。
(C) 従業員たちは客に応対している。
(D) 受付のデスクは湾曲している。

> **解説** 写真の情報量が多く、焦点を絞りにくい問題です。(A) computers はありますが、shutting down しているようには見えません。(B) 中央の人の上に見える棚は1つだけで、photos は置かれていません。(C) 応対されている customer は写っていません。(D) curved は名詞 curve の形容詞で、「カーブした、湾曲した」という意味です。

Part 2　解答解説

▶ 問題は p.288

4. 正解（C）

How many people will participate in this afternoon's meeting?
(A) About three hours in all.
(B) From 3:30.
(C) Most likely between ten and twelve.

今日の午後の会議には何名が参加しますか。
(A) 合計で3時間くらいです。
(B) 3時半からです。
(C) おそらく10名から12名の間です。

> **解説** How many people ...?「何名が…」と尋ねているので、人数で答えている選択肢が正解になります。(A) は継続時間、(B) は開始時刻について言っているので誤りです。(C) の between ten and twelve は文脈によっては時間を表すこともありますが、ここでは人数を言っています。

語句 participate in ...「…に参加する」　in all「合計で」　likely「たぶん」

5. 正解（B）

Why don't we try that new steakhouse on Sixth Street?
(A) No, it's actually the fifth time.
(B) That's a great idea.
(C) Because we haven't tried that yet.

6番通りのあの新しいステーキ屋に行ってみませんか。
(A) いいえ、実は5回目です。
(B) それはいい考えです。
(C) 私たちはまだそれを試していないからです。

> **解説** Why don't we ...?「…しませんか」という提案や勧誘の表現を正しく理解できるかどうかがポイントです。これを「なぜ私たちは…しないのですか」と誤って理解すると、Because で始まっている (C) を選んでしまうことになります。

語句 steakhouse「ステーキ屋」　actually「実は、実際は」

6. 正解（C）

Ahmed, are you ready for your marketing presentation tomorrow?
(A) No, I plan to stop by on my way home from work.
(B) As far as I know, I expect everyone to be present.
(C) Not yet. I still need to analyze some data.

アーメッド、明日のマーケティングのプレゼンの用意はできていますか。
(A) いいえ、会社から帰宅する途中に立ち寄る予定です。
(B) 私が知るかぎり、全員出席するものと思います。
(C) まだです。まだすこしデータを分析する必要があります。

解説 人名の呼びかけ Ahmed に惑わされずに are you ready が聞き取れれば、質問の内容に即した正解を選ぶことができます。「準備ができているか」という質問に対する適切な応答は (C) だけです。Are you ...? には Yes / No で答えるのが基本ですが、応答のパターンはさまざまなので、唯一 Yes / No で答えている (A) をあわてて選ばないように注意しましょう。

語句 stop by「立ち寄る」　as far as ...「…するかぎり」　analyze「を分析する」

7. 正解（B）

What is the weather supposed to be like on Friday?
(A) No, it doesn't have to be like that.
(B) It's supposed to snow, from what I heard.
(C) I'm not sure whether or not to go.

金曜日の天気はどうなりそうですか。
(A) いいえ、そのようになる必要はありません。
(B) 私が聞いたところでは、雪になりそうです。
(C) 行くべきかどうかわかりません。

解説 放送文は be supposed to do を用いて、「（天気予報によると）どうなりそうですか」というニュアンスで質問しています。What is the weather が聞き取れれば、天気に関する語 snow を用いた (B) が正解とわかります。放送文と同じ supposed to でひっかけではないかと不安になるかもしれませんが、同じ語で正解になるケースもときどきあります。(A) は放送文と同じ to be like を使ったひっかけ、(C) は weather と音の似た whether を使ったひっかけです。

語句 be supposed to do「…することになっている」
be not sure whether ...「…かどうか確信がない」

8. 正解（A）

Paula, could you give me a hand moving this cabinet?
(A) Sure. Just let me finish this e-mail first.

ポーラ、このキャビネットを動かすのを手伝ってもらえますか。
(A) いいですよ。まずこのメールを書き終わらせてください。

307

(B) I think we'd better go by train.　　(B) 電車で行くのがいいと思います。
(C) They moved here just last month.　(C) 彼らは先月ここに移ってきたばかりです。

> **解説** Could you ...? は「…してもらえますか」と丁寧に依頼する表現ですが、応答に Yes, I could. / No, I couldn't. とは言わず、引き受けるなら Sure. や Certainly.、断るなら I'm afraid not. などと答えるのが一般的です。(A) がその基本に沿った応答になっています。(C) moved は放送文の moving とのひっかけです。

> **語句** give +〈人〉+ a hand doing「〈人〉が…するのを手伝う」
> had better do「…する方がよい」

9. 正解 (A)　　CD 67

I can't understand the instructions on this package.

この箱の説明書きが理解できません。

(A) Here, let me see it.　　　　　　(A) どれ、見せてください。
(B) I'm packed and ready to go.　　(B) 荷造りを終えたのでいつでも出かけられます。
(C) His comments were very instructive.　(C) 彼の発言はとてもためになりました。

> **解説** I can't understand「理解できません」という発言に対する適切な応答を選びます。Here は相手に物を渡すときによく使われる表現ですが、ここでは相手に助力を提供する「さあ、どれ」という意味合いで用いられています。package ≒ (B) packed、instructions ≒ (C) instructive は似た音のひっかけです。

> **語句** instructions「使用書、説明書」　　packed「荷造りを済ませた」
> instructive「ためになる」

10. 正解 (B)　　CD 68

I wonder if you would happen to know where I could find a drugstore near here?

この近くにドラッグストアがないか、もしかしてご存じないでしょうか。

(A) By prescription only.　　(A) 処方箋がある人にかぎります。
(B) On the next corner.　　　(B) 次の角にあります。
(C) We're nearly finished.　　(C) もうすこしで終わりです。

> **解説** I wonder if ...? は低姿勢に発話を始める決まり文句、happen to do は「偶然…する」という意味ですが、この文のように「ひょっとして…ではないか」のニュアンスで使われます。極めて丁寧に相手の意向を尋ねているのですが、発言の眼目は where I could find a drugstore near here にあります。要するに場所を聞いているのだとわかれば、正解 (B) を選ぶことができます。

> **語句** happen to do「偶然…する」　　prescription「処方箋」

308

Part 3

解 答 解 説

▶ 問題は p.289

CD 70　M: 🇦🇺　W: 🇬🇧

Questions 11-13 refer to the following conversation.

M: Hello, Jane. I'm calling you from the platform. My train is boarding in a few minutes, so I'll have to speak quickly.
W: Sure, Tom. What's up?
M: I just noticed that I forgot to bring some of my presentation materials with me. You know, the handouts you and Bob worked on for the new client presentation I need to make tomorrow. They're probably on the table in my office.
W: OK. No problem. I'll send them to you as an e-mail attachment. You can print them out at the hotel's business center after you arrive.

設問 11 から 13 は次の会話に関するものです。
男性：もしもし、ジェーン。プラットホームから電話しています。僕の乗る列車があと 2、3 分で乗車なので、急いで話さなければならないんだ。
女性：わかったわ、トム。どうしたの？
男性：プレゼンの資料の一部を持って来るのを忘れたことに、たった今気がついたんだ。ほら、僕が明日しなければならない新しいクライアント向けのプレゼン用に、君とボブが作業していた例のプリントなんだけど。たぶん僕のオフィスのテーブルの上にあるんだ。
女性：わかった。大丈夫よ。メールに添付して送るから。着いたらホテルのビジネスセンターで印刷すればいいわ。

11. 正解（C）

Why is the man calling the woman?

(A) He will be late for an appointment.
(B) He cannot find his train ticket.
(C) He left something behind.
(D) He is unable to make the presentation.

男性はなぜ女性に電話しているのですか。

(A) 約束の時間に遅れる。
(B) 列車の切符が見つからない。
(C) 忘れ物をした。
(D) プレゼンをすることができない。

> **解説** 男性の I forgot to bring some of my presentation materials with me から、必要な資料を忘れて駅まで来てしまったことがわかるので、(C) が正解です。資料の一部がないだけで、プレゼンができないとはっきり言ってはいないので、(D) は誤りです。leave something behind は「忘れ物をする」の意味の決まり文句。

12. 正解（B）

What will the woman most likely do for the man?

(A) Mail him a package
(B) Send him an attached file
(C) Meet him at his hotel
(D) Print some documents

女性は男性のためにおそらく何をすると考えられますか。

(A) 彼に小包を郵送する
(B) 彼に添付ファイルを送る
(C) ホテルで彼と会う
(D) 書類を印刷する

> **解説** 女性は最後の発話で I'll send them to you as an e-mail attachment. と言っているので、attachment を attached file と言い換えた (B) が正解です。(A) の Mail は e-mail とのひっかけ。(D)「書類を印刷する」は、男性がメールで添付ファイルを受け取った後に自分ですることです。

13. 正解（B）

What does the man mean when he says, "so I'll have to speak quickly"?

(A) Telephone charges are expensive.
(B) He needs to finish the call soon.
(C) He is running out of minutes.
(D) He has a lot he wants to say.

「なので、急いで話さなければならないんだ」と言うとき、男性は何を意味していますか。

(A) 電話料金が高い。
(B) すぐに電話を終える必要がある。
(C) 通話時間がなくなりつつある。
(D) 言いたいことがたくさんある。

> **解説** 設問で引用されている文の前で、男性は My train is boarding in a few minutes と言っています。間もなく列車の乗車時間なので、それまでに女性に用件を伝えて電話を切らなければならない、というのが男性の意図です。したがって (B) が正解です。

> **語句** board「（飛行機などが）乗客を乗せる」　notice「…ということに気づく」
> material「資料」　handout「プリント、配布資料」　work on ...「…の作業をする」
> attachment「添付ファイル」　business center「ビジネスセンター」（OA 機器など、仕事に必要なサービスを提供するホテル内の施設）

CD 71　W: 🇨🇦　M1: 🇺🇸　M2: 🇦🇺

Questions 14-16 refer to the following conversation with three speakers.

W: Excuse me, do you have this personal calendar in a smaller size? My co-worker lost hers and asked me to pick one up for her.
M1: I don't think so. But let me check with the manager. He's right here. Larry, you're more on top of inventory than I am. Do we have any of these pocket calendars in the back? This lady needs one.
M2: I'm sorry, ma'am. We're out of them just now. You could order one online from our bookstore's Web site, though. Tom here could help you with that.
M1: That's a good idea. I can help you do that right now, if you'd like.
W: No, my associate said she definitely wanted something today. Let me give her a call to see if the larger size would work for her.

設問 14 から 16 は 3 人の話し手による次の会話に関するものです。
女性：すみません、この個人用カレンダーのもっと小さいサイズはありますか。同僚が自分のをなくしてしまい、選んでほしいと頼まれたんです。
男性 1：ないと思いますが、店長に確認してみます。ちょうどここにいますので。ラリー、あなたの方が僕より在庫に詳しいですよね。この小型カレンダーはどれか裏にあったでしょうか。こちらのご婦人が 1 つご所望なんです。
男性 2：申し訳ございません、お客さま。今切らしております。ですが、当書店のウェブサイトからオンラインで注文していただけます。こちらのトムがそのお手伝いをできますが。
男性 1：それはいい考えです。よろしければ、今そうされるお手伝いをできます。
女性：いいえ、どうしても今日中に欲しいと同僚は言っていました。彼女に電話して、大きい方のサイズでも構わないか聞いてみます。

14. 正解（C）

What is the woman's problem?

(A) The store does not carry the calendar she wants.
(B) She did not bring enough money with her.
(C) The item she wants is out of stock.
(D) She has lost her personal calendar.

女性の問題は何ですか。

(A) この店は彼女が欲しいカレンダーを扱っていない。
(B) 彼女は十分なお金を持って来なかった。
(C) 彼女が欲しい品物が在庫切れである。
(D) 彼女は自分の個人用カレンダーをなくした。

> **解説** 買い物に来た女性に対し、男性 2 は We're out of them just now.「今切らしております」と言っていますが、them は女性が欲しいカレンダーを指します。つまり、欲しい商品がないことが女性にとっての問題ということになります。out of them を out of stock と言い換えている (C) が正解です。(A) の carry は「（商品）を扱う、置いている」の意味で、今は在庫がないだけなので誤り。カレンダーをなくしたのは同僚なので (D) も誤りです。

15. 正解（C）

What do the men recommend the woman do?
(A) Keep her schedule on her computer
(B) Come back in a few days
(C) Access the bookstore's Web site
(D) Buy a more expensive item

男性たちは女性が何をすることを勧めていますか。
(A) スケジュールをパソコンに保存する
(B) 2、3 日後にまた来る
(C) この書店のウェブサイトにアクセスする
(D) もっと高価な品物を買う

> **解説** 在庫を切らしていると言った男性 2 は、You could order one online from our bookstore's Web site とつづけています。You could ... は「あなたは…できた」という過去の可能の意味ではなく、「あなたは…することもできる」と現在の可能性を控えめに言う表現で、何かを提案するときにしばしば用いられます。つまり、男性は、ネットで注文してはいかがですかと勧めていることになります。したがって (C) が正解です。

16. 正解（D）

What will the woman most likely do next?
(A) Try again to find her calendar
(B) Follow the men's suggestion
(C) Visit another store
(D) Telephone her colleague

女性はおそらく次に何をすると考えられますか。
(A) カレンダーをもう一度見つけようとする
(B) 男性たちの提案に従う
(C) 別の店を訪ねる
(D) 同僚に電話する

> **解説** 女性は最後に Let me give her a call と言っています。give +〈人〉+ a call は「〈人〉に電話する」という意味で、her は彼女が代わりにカレンダーを買いに来た同僚を指していますから、彼女は同僚に電話しようとしていることになります。放送文では co-worker、associate と言っている「同僚」を (D) は colleague と言い換えています。

> **語句** co-worker「同僚」　　pick ... up「…を選ぶ」　　on top of ...「…に精通して」
> inventory「在庫」　　be out of ...「…を切らしている、…が不足している」
> associate「仲間、同僚」　　definitely「たしかに、絶対に」
> work for +〈人〉「〈人〉に異存がない」

CD 72 M: 🇦🇺 W: 🇨🇦

Questions 17-19 refer to the following conversation and map.

M: Dr. Mason, I recently have no energy and I can't sleep well at night.
W: Carl, this is the third time you've been in to see me this month. You're obviously spending too much time in front of your computer.
M: But it's the end of the fiscal year. Those of us in the accounting department have to prepare all of the company's financial statements and tax payments.
W: I know you're busy, but your body is not a car engine that can easily be repaired.
M: What do you suggest I do?
W: Well, in addition to getting some rest, I think you should visit an eye specialist. There's an excellent clinic on Maple Street I can refer you to. I think a lot of the problems you're having may be related to eye strain.

設問 17 から 19 は次の会話と地図に関するものです。
男性：メイソン先生、最近は元気がなくて夜もよく眠れないんです。
女性：カール、今月診察を受けに来たのはこれで 3 度目ですよ。パソコンの前で過ごす時間が明らかに長すぎるんですよ。
男性：だけど今は会計年度末なんです。僕たち経理部の人間は、会社の財務諸表と納税を全部準備しなければならないんです。
女性：忙しいのはわかりますけど、体は簡単に修理できる車のエンジンじゃないんですからね。
男性：どうすればいいと思われますか。
女性：そうですね、すこし休養を取ることに加えて、目の専門医を訪ねてみるべきだと思います。メイプル通りにとてもいいクリニックがあるから、そこに紹介しますよ。あなたが抱えているたくさんの問題は、目に負担をかけていることと関係があるかもしれないと思います。

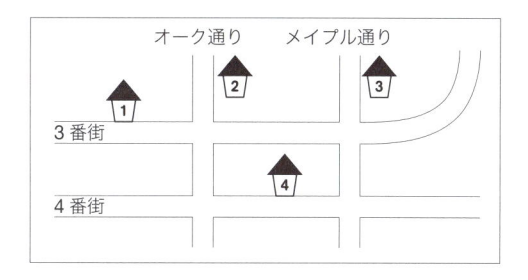

17. 正解（A）

Who most likely is the woman?
(A) A physician
(B) An auto mechanic
(C) An accountant
(D) A computer engineer

女性はおそらく誰だと考えられますか。
(A) 医師
(B) 自動車整備士
(C) 会計士
(D) コンピューターエンジニア

解説 男性が最初に Dr. Mason と呼びかけているので、女性は医師か博士だと見当がつきます。その後は男性の健康状態をめぐる会話がつづくので、女性は医師ということになります。physician は、medical doctor「医師、医者」の意味です。(C) は男性の仕事なので、あわてて選ばないようにしましょう。

18. 正解（B）

What is the man's problem?
(A) He did not meet a deadline.
(B) He is constantly tired.
(C) He cannot manage his finances.
(D) He needs a new computer.

男性の問題は何ですか。
(A) 締め切りに間に合わなかった。
(B) 常に疲れている。
(C) 自分の財務管理ができない。
(D) 新しいパソコンが必要だ。

解説 男性は最初の発話で I recently have no energy と言っています。今月3度目の診察であるなど、疲れた状態がつづいていることが語られているので、(B) が正解です。前の設問で例えば (C) と誤答すると、会計士の連想からここでも (C) を選びかねません。TOEIC にはそのような誤答の連鎖反応を誘うひっかけもあるので、要注意です。

19. 正解（C）

Look at the graphic. Which location does the woman recommend the man go to?

(A) 1
(B) 2
(C) 3
(D) 4

図表を見てください。女性はどの場所に行くよう男性に勧めていますか。

解説 女性は最後の発話で you should visit an eye specialist と言い、There's an excellent clinic on Maple Street とつづけています。つまり Maple Street にある目の専門医で診てもらうよう勧めており、男性はその眼科に行くと考えられます。地図にある4つの建物のうち、Maple Street にある (C) 3 が正解です。

語句 obviously「明らかに」　fiscal year「会計年度」　accounting「経理」
financial statements「財務諸表」　refer A to B「A（病人）を B（専門医）に紹介する」
be related to ...「…と関係がある」　strain「負担、緊張」

Part 4

解答解説

▶ 問題は p.291

CD 74

Questions 20-22 refer to the following recorded message.
Janice, this is Sam. I'm sorry I'm calling you so early. Listen, I had an accident last night on my way home from work. I'm OK but my car isn't. I'll need to get a new one eventually, but with our big presentation coming up at the end of the week, I don't have time to go look for one right now. I made a reservation to rent a car for the next week or so. My insurance will cover it. Normally I wouldn't think to ask this of one of my subordinates, but since my house and the rental agency are both on your way to work, would you be willing to pick me up and take me to get my rental car? Let me know. My number's 555-9040. I'd really appreciate it.

設問 20 から 22 は次の録音メッセージに関するものです。
ジャニス、サムです。こんな早朝に電話して申し訳ありません。聞いてほしいのですが、昨夜会社から帰宅途中、事故を起こしてしまいました。私は大丈夫ですが、車は大丈夫ではありません。最終的には新しい車を買う必要がありますが、大事なプレゼンを週末に控えているので、今のところ新車を探しに行く時間がありません。来週いっぱいくらいレンタカーを借りる予約をしました。費用は保険で賄えます。普通なら部下の 1 人にこんなことを頼むなんて思いも寄らないのですが、私の家とレンタカー会社はどちらも君の通勤ルートにあるので、面倒でなければ車で迎えに来て、レンタカーを取りに連れて行ってもらえないでしょうか。連絡をください。私の電話は **555-9040** です。よろしくお願いします。

20. 正解（B）

Who is most likely leaving this message?	このメッセージを残しているのはおそらく誰だと考えられますか。
(A) A personal friend	(A) 友人
(B) A supervisor	(B) 上司
(C) A car mechanic	(C) 自動車修理工
(D) A receptionist	(D) 受付係

315

> **解説** This is ... は電話で名乗るときの決まり文句なので、冒頭の Janice, this is Sam. から、サムがジャニスに電話をかけているとわかります。2 人の関係については、中ほどの Normally I wouldn't think to ask this of one of my subordinates がポイントです。subordinate は「部下」の意味なので、サムはジャニスの上司ということになります。subordinate という語を知らなくても、内容から同じ職場であることが推測できます。

21. 正解 (C)

What does the man ask Janice to do? 男性はジャニスに何をするよう頼んでいますか。

(A) Give him a ride to work (A) 会社まで車に乗せて行く
(B) Bring a copy of an insurance card (B) 保険証の写しを持って来る
(C) Take him to a rental car agency (C) レンタカー会社まで連れて行く
(D) Review his presentation slides (D) 彼のプレゼン用のスライドを再検討する

> **解説** 後半の would you be willing to *do* ... は、「嫌でなければ…していただけませんか」と、相手の自発的な厚意を期待して何かを依頼する丁寧な言い方です。pick me up and take me to get my rental car「車で迎えに来てレンタカーを取りに連れて行く」が依頼の内容ですから、(C) が正解です。

22. 正解 (B)

What does the man mean when he says, "Normally I wouldn't think to ask this"? 「普通ならこんなことを頼むなんて思いも寄らない」と言うとき、男性は何を意味していますか。

(A) He normally forgets things. (A) 普通、物忘れをする。
(B) He realizes his request is unusual. (B) 自分の要望が普通ではないとわかっている。
(C) He meant to ask this before. (C) もっと前にこのことを頼むつもりだった。
(D) He didn't think this was important. (D) これが重要だとは思っていなかった。

> **解説** Normally I wouldn't think「普通なら思わないだろう」ということは、裏を返せば、「普通の事態ではないので思ってしまった」ということです。車がないという非常事態にあって、自分の家とレンタカー会社が両方ともジャニスの通勤ルートにあると気づいたので、無理を承知でお願いしている、というのが男性の本意です。したがって (B) が正解です。

> **語句**
> eventually「結局、最終的に」　　come up「やって来る、間近である」
> make a reservation「予約をする」　　cover「(費用など)を賄う」
> normally「普通は」　　ask A of B「AをB(人)に頼む」　　subordinate「部下」
> rental agency「レンタカー会社」　　pick up「を車で迎えに行く」

CD 75 🇨🇦

Questions 23-25 refer to the following talk and schedule.

Good morning. For those of you who are new to us, I'm Emma Griggs, head of sales. Before we begin, let me announce a change to the agenda. Robert Miller is away on a business trip, so the fourth item will need to be postponed until next month's meeting. Actually, that will give us more time to focus on agenda item 5. That's in my opinion the most important issue facing us now: increasing our total sales by targeting new markets overseas. So, with that said, let's start now with item 1, introducing our new associates. I'm excited about the exceptionally talented and unusually experienced individuals that have just joined our team.

設問 23 から 25 は次の話とスケジュールに関するものです。
おはようございます。新しく入ってこられた皆さん、私は営業部長のエマ・グリッグズです。始める前に、議題の変更をお伝えします。ロバート・ミラーは出張で留守なので、4つ目の項目は来月の会議まで延期する必要があるでしょう。実はそうすることで、議題の項目5に集中する時間が増えることになります。私の意見では、これが今、私たちが直面している最重要案件です。つまり、海外の新たなマーケットを対象にすることによって、総売上を伸ばすことです。さて、そこまで話したところで、今から項目1を始めましょう。新しい仲間の紹介です。私たちのチームに加わったばかりの、並外れて有能で非常に経験豊富な方々のことで私は興奮しています。

月例売上報告会議
場所：会議室 B
日時：2月10日午前9時
　　　　　議題
I. 新スタッフ紹介―エマ・グリッグズ
II. 暫定的売上概要(2月分)―モハメッド・アル・ガンディ
III. 昨年の全報告―アディ・アトマジャ
IV. 次四半期の売上目標―ロバート・ミラー
V. 新しい売上機会―全スタッフ

23. 正解（A）

Who is giving this talk?

(A) A senior sales manager
(B) A newly hired associate
(C) An executive secretary
(D) An advertising executive

この話をしているのは誰ですか。

(A) 営業シニアマネージャー
(B) 新たに雇われた同僚
(C) 役員秘書
(D) 広告担当役員

> **解説** 話者は最初に I'm Emma Griggs, head of sales と自己紹介しているので、head of sales を senior sales manager と言い換えた (A) が正解です。新たに雇われた同僚も複数この場にいますが、今話をしているわけではありません。

24. 正解（C）

Look at the graphic. What topic will be postponed until the next meeting?

(A) Tentative sales summaries
(B) Last year's complete report
(C) Next quarter's sales targets
(D) New sales opportunities

図表を見てください。どのトピックが次の会議まで延期されますか。

(A) 暫定的売上概要
(B) 昨年の全報告
(C) 次四半期の売上目標
(D) 新しい売上機会

> **解説** 放送文で Robert Miller is away on a business trip, so the fourth item will need to be postponed until next month's meeting. と言っているので、Robert Miller と the fourth item がポイントです。図の Agenda を見ると、4つ目の項目 (C) Next quarter's sales targets が Robert Miller の担当なので、これが正解です。

25. 正解（D）

What would the speaker like to focus on during the meeting?

(A) New employee recruitment
(B) Overseas travel allowances
(C) Communication among staff
(D) Expanding into new markets

会議の間、話者は何に焦点を当てたいと思っていますか。

(A) 新しい従業員の募集
(B) 海外への旅費
(C) スタッフ間のコミュニケーション
(D) 新しいマーケットへの拡大

> **解説** 話者は項目5に関連する the most important issue として、increasing our total sales by targeting new markets overseas を挙げています。つまり、海外で新しいマーケットを開拓して売上を伸ばすことが最も重要だと考えていることになり、(D) が正解です。新しい従業員は既にこの会議に参加しているので、(A) の「募集」は誤りです。

318

語句 agenda「議題」　postpone「を延期する」　target「を対象とする」
exceptionally「並外れて」　tentative「仮の、暫定的な」

Part 5

解答解説

▶ 問題は p.293

26. 正解（D）

A worker satisfaction survey taken at Brixton Company showed that more than 70 percent of all employees viewed their working conditions -------.
(A) favorite
(B) favorable
(C) favor
(D) favorably

ブリクストン社で行われた従業員満足度調査では、全社員の 70% 以上が労働条件を好意的に見ていることが明らかになった。

語句
satisfaction survey「満足度調査」

解説 選択肢には似た語の異なる品詞があるので、空所がある文の構造を確認します。動詞が viewed、目的語が their working conditions なので、空所には動詞を修飾する副詞 (D) favorably が入ります。動詞 view は、consider のように「動詞＋目的語＋形容詞［名詞］」という形は取らないので注意が必要です。

27. 正解（D）

K.J. Associates ------- the leading consulting firm in the region for the past thirty-five years.
(A) was
(B) will be
(C) are
(D) has been

K・J・アソシエイツ社は、過去 35 年にわたり地域でトップのコンサルティング会社である。

語句
leading「首位の」
consulting firm「コンサルティング会社」

解説 選択肢には be の異なる時制があるので、文全体の構造を確認します。for the past thirty-five years の past は「過去から現在まで」の意味で、35 年前から今まで継続していることを表します。過去から現在までの継続を表す時制は現在完了なので、(D) has been が正解です。Associates は複数形ですが、社名の場合は単数形扱いになります。

28. 正解（C）

Dr. Hussein was ------- by the National Science Academy for his groundbreaking research in the field of microbiology.

(A) declared
(B) labeled
(C) honored
(D) memorized

フセイン博士は、微生物学の分野における画期的な研究の栄誉を国立科学アカデミーからたたえられた。

語句
groundbreaking「草分け的な、画期的な」
microbiology「微生物学」

解説 選択肢には異なる動詞があるので、文の意味から適切な語を選びます。his groundbreaking research から、フセイン博士はアカデミーから高く評価されていると推測されます。honor は「honor +〈人〉+ for +〈事〉」で「(事) について (人) をたたえる、(人) に敬意を表する」の意味で、文脈に合います。

29. 正解（D）

Employees ------- vacation should use the auto-reply function on their e-mail systems so that customers can know when they will be back in the office.

(A) at
(B) during
(C) with
(D) on

休暇中の社員は、いつ会社に戻るのかを顧客がわかるよう、Eメールシステムの自動返信機能を使うべきだ。

語句
auto-reply「自動返信の」
function「機能」

解説 選択肢には異なる前置詞があるので、空所前後の文構造を確認します。Employees から vacation までが should use の前にあることから、これ全体が主語で、「休暇中の社員」という意味になるとわかります。「休暇中の」を表す言い方は on vacation でほかの前置詞は使わないので、(D) on が正解です。

30. 正解（C）

Yancey Industries recently announced ------- quarterly dividend in its entire 150-year history.

(A) a large
(B) the larger
(C) the largest
(D) largest

ヤンシー・インダストリーズ社は最近、会社の全150年の歴史で最高額の四半期配当を発表した。

語句
quarterly「年4回の、四半期の」
dividend「配当」

320

| **解説** | 選択肢には形容詞の異なる形があるので、文全体の意味から適切なものを選びます。in its entire 150-year history がポイントです。in history は形容詞や副詞の最上級と結びついて、「史上最も…」という表現を作ります。したがって (C) the largest が正解です。名詞を修飾する形容詞の最上級には必ず the がつくので、(D) は誤りです。

31. 正解（A）

Janis Vance was chosen to run the accounting department, ------- having less than three years of accounting experience.

(A) despite
(B) owing to
(C) although
(D) rather than

ジャニス・ヴァンスは、経理の経験が3年に満たないにもかかわらず、経理課の責任者に選ばれた。

| **語句** |
run「を運営［管理］する」
accounting「経理」

| **解説** | 選択肢には前置詞や接続詞など異なる品詞があるので、全体の文脈を確認します。空所前では経理課の責任者に選ばれたこと、空所後では経理の経験が3年未満であることが書かれています。経験の浅い人が責任者になることは普通考えられませんから、空所には逆接を意味する語句が入ることになります。該当するのは (A) と (C) ですが、空所後は名詞句なので、前置詞 despite が適切です。

32. 正解（B）

Everton Kitchen Supplies offers a standard two-year ------- on all of its merchandise.

(A) return
(B) warranty
(C) potential
(D) word

エバートン・キッチン・サプライ社は、全商品に2年間の標準保証をつけている。

| **語句** |
merchandise「商品」

| **解説** | 選択肢には異なる名詞があるので、文の意味から適切な語を選びます。商品に2年間つけるものとしては「保証」が適切です。a warranty on …「（製品など）の保証」のように warranty はしばしば on を伴います。

33. 正解（B）

Companies are increasingly realizing ------- having a diverse workforce is an important factor in maintaining global competitiveness.

多様な従業員を抱えることが世界的競争力を維持する上での重要な要素だということを、企業はますます強く認識している。

(A) which
(B) that
(C) only by
(D) by which

語句
diverse「多様な」
workforce「総従業員」
competitiveness「競争力」

解説 選択肢には異なる品詞があるので、空所前後の文構造を確認します。空所後の having a diverse workforce が節内の主語だとわかるかどうかがポイントです。空所後は全体で1つの完全な文を形作っています。realize + that 節で「…と気づく、認識する」という意味ですから、(B) that が正解となります。

Part 6 解答解説

▶ 問題は p.295

Questions 34-37 【メモ】

1月16日

宛先：エンジニアリング部各位
発信者：警備責任者ボブ・ワトキンズ

来月初めから、エンジニアリング室への立ち入りを望む来客は誰であっても、常にエンジニアリング部員の1人に付き添われなければならないものとします。来客を予定している場合は、施設の正門近くの警備室でその方を出迎えてください。その際は警備担当者と来客用の入館証にサインして受領する必要があります。また、来客がそれから研究室区画を訪ねるのであれば、一緒にいなければなりません。

ご承知のように、施設には外部の人の立ち入りが厳重に禁止されている区画があります。訪ねる区画がどこであれ、社外スタッフの出入りが許可されていることを上司に問い合わせて確認してください。来訪の最後には、警備室でもう一度台帳にサインし、来客が敷地の外に出るまで離れないでください。

語句
security「警備」　effective「実施されて」　accompany「に付き添う」
facility「施設」　sign for ...「…にサインして受け取る」　pass「入館証」
strictly「厳格に、厳しく」　off-limits to ...「…は立ち入り禁止で」
personnel「人員」　supervisor「上司」　make sure ...「…ということを確かめる」
allow「に（出入りを）許可する」　ledger「台帳」　exit「から退出する」
campus「敷地、構内」

34. 正解（D）

... any visitor ------- to enter the engineering offices must be ...

(A) wish
(B) wishes
(C) wished
(D) wishing

> **解説** offices の後が動詞 must be accompanied であることから、any から offices までがひとまとまりの名詞句を作って主語になっていることがわかります。したがって visitor を修飾する (D) wishing が正解です。wishing は who wishes と書き換えることもできます。

35. 正解（B）

... please meet ------- at the security office ...

(A) him
(B) them
(C) themselves
(D) himself

> **解説** 選択肢には代名詞が並んでいるので、誰を指しているのかを探します。直前に If you are expecting visitors とあることから、空所には複数形 visitors を受ける代名詞が入ることになります。したがって (B) them が正解です。

36. 正解（B）

(A) The cafeteria is located next to the research and development department.

(A) カフェテリアは研究開発部の隣にあります。

(B) You also must remain with them if they then visit the laboratory area.

(B) また、来客がそれから研究室区画を訪ねるのであれば、一緒にいなければなりません。

(C) Our engineering facilities are among the most advanced in the world.

(C) 当社のエンジニアリング施設は世界で最も高度なものの 1 つです。

(D) You may eat lunch with your visitors at the company cafeteria.

(D) 会社のカフェテリアで来客と昼食を食べても構いません。

> **解説** 来客があった場合の手続きと警備体制に関する文書ですから、それに合う文はどれかを考えると、(B) が最もふさわしい選択肢です。them と they は visitors を指します。(A) と (C) は文書の主旨から外れています。(D) は visitors という語を含んではいますが、前の文とつながりません。代名詞などのわかりやすいヒントがない場合は、その文書の内容に合わないものを外して考えましょう。

37. 正解（A）

... some areas of the facility are strictly off-limits to ------- personnel.

(A) outside
(B) company
(C) temporary
(D) retired

> **解説** 選択肢の語はそれぞれ意味が異なるので、文脈から適切なものを選びます。空所の次の文がカギです。訪ねる区画が allow non-company staff だと確認しなさいということは、この会社のスタッフではない人、つまり外部の人の立ち入りが許可されていない区画があることを意味しています。non-company を言い換えた (A) outside が正解です。

Part 7 解答解説

▶問題は p.296

Questions 38-40【報告書】

ゴールドスタイン・アンド・サンズ株式会社
東10　53通り
ニューヨーク、ニューヨーク州　10022

独立会計監査人報告

当社は、ニューハンプシャー州ドーバーのニューハンプシャー・ホールディングス株式会社の子会社であるハノーバー・インダストリーズ株式会社の当該財務記録の会計監査を行いました。当社は一般に認められている会計監査基準に従って会計監査を実施いたしました。当社の目標は、連結財務諸表がハノーバー・インダストリーズ株式会社の実際の財務状態の正確かつ忠実な全体像を提示するものであるかを確定することでした。

全般的に、当社はこの会社の損益計算書と貸借対照表を分析しました。こうした財務諸表に加えて、当社はこの会社の資産評価に用いられた手法も再検討しました。

当社の考えでは、ハノーバー・インダストリーズ株式会社の連結財務諸表と申告資産は、当暦年末現在における同社の財務状態の実情を間違いなく公正かつ正確に伝えるものです。

ゴールドスタイン・アンド・サンズ株式会社

> **語句** auditor「会計監査人」　audit「の会計監査をする」　relevant「関連のある」
> subsidiary「子会社」　in accordance with ...「…に従って」
> generally accepted「広く認められた」　objective「目標、目的」
> consolidated「連結した」　financial statements「財務諸表」　faithful「忠実な」
> picture「状況、全体像」　income statement「損益計算書」
> balance sheet「貸借対照表」　asset「資産」　representation「表現、表示」
> as of ...「…現在の」　calendar year「暦年」

38. 正解（B）

解説 大文字で書かれている報告書のタイトルが INDEPENDENT AUDITOR'S REPORT なので、報告書を書いたのは independent auditor ということになります。レターヘッドの Goldstein and Sons, Inc. から auditor は個人ではなく会社だとわかるので、auditor を auditing firm と言い換えている (B) が正解です。

訳 誰がこの報告書を出していますか。

(A) 持ち株会社の子会社

(B) 独立した会計監査会社

(C) 製造業の会社

(D) ハノーバー・インダストリーズ社の従業員

39. 正解（B）

解説 第 3 段落に、財務諸表は do present a fair and accurate representation of the company's financial condition と書かれています。つまり、財務諸表に間違いはない、というのが報告書の結論です。financial statements を accounting reports と言い換えている (B) が正解です。報告書はあくまで財務諸表の信頼性に関するもので、(A) のように会社の財務状況には言及していません。

訳 ハノーバー・インダストリーズ社に関してゴールドスタイン・アンド・サンズ株式会社が達した結論は何ですか。

(A) 財務状況が不安定だ。

(B) 会計報告は正確だ。

(C) 来年、事業を統合するべきだ。

(D) 財務諸表を計算し直すべきだ。

40. 正解（C）

解説 前にある何かを示唆する表現として、In addition to those financial statements がポイントです。financial statements に加えて method を調べたとあり、これにぴったり合うのは [3] です。全般的に損益計算書と貸借対照表を分析して、それに加えて、資産評価に用いられた手法を再検討した、という流れが自然です。

訳 [1]、[2]、[3]、[4] と記載された箇所のうち、次の文が入るのに最もふさわしいのはどれですか。
「こうした財務諸表に加えて、当社はこの会社の資産評価に用いられた手法も再検討しました」

(A) [1]
(B) [2]
(C) [3]
(D) [4]

Questions 41-43【広告】

求人：所長代理、建設業

応募条件
・優れた事務・管理スキル
・管理職を効果的に補佐できる
・建設関連業界での最低4年の実務経験
・各種の文書作成ソフトに精通している
・経理の初歩的な基礎知識
・来客をオフィスに喜んで迎える外向的性格

英語の履歴書を（照会できる方3人の名前と連絡先を添えて）以下に送付してください：

ゴーマックス建設
5880 ジャージー通り
フィラデルフィア、ペンシルベニア州 19019

この仕事の詳しい職務内容を見るには、当社ウェブサイトをご覧ください：
www.gomax-builders.com

語句 job opening「就職口、求人」 requirement「必要条件、資格」 clerical「事務の」 administrative「管理の、経営の」 effectively「効果的に」 managerial staff「管理職の人たち」 minimum「最低限の」 a variety of ...「さまざまな…」 accounting「経理」 fundamental「基本、基礎」 outgoing「外向的な」 résumé「履歴書」 contact information「連絡先」 reference「照会先」 detailed「詳しい」 description「説明、記述」

41. 正解（D）

解説 応募条件3つ目の Minimum four years working を Prior experience と言い換えている (D) が正解です。(A) のような経営管理の経験は求められていません。後半の three references の reference には「推薦状」の意味もありますが、ここでは「(推薦状を書いてもらえる) 照会先」の意味で、以前の職場の上司などを指します。

| 訳 | この仕事の基本的必要条件は何ですか。
(A) 経営管理に成功した経歴
(B) 4年制大学の学位
(C) 推薦状 3 通
(D) 建設分野での以前の経験

42. 正解（B）

| 解説 | 選択肢を 1 つ 1 つ見て考えます。冒頭に Construction Company とあるので、(A) の業種は書かれています。そのすぐ下の Requirements 以下、応募者に求められていることが挙げられているので、(C) も書かれています。最後の 2 行に、仕事についての詳しい情報を見るには企業のウェブサイトを見るようにとあるので、(D) もあります。採用された場合の福利厚生はどこにも書かれていないので、(B) が正解です。

| 訳 | 広告で言及されていない情報は何ですか。
(A) 応募者を求めている企業の業種
(B) 採用された候補者が受ける福利厚生
(C) 応募者に求められる資格
(D) その仕事についてもっと知る方法

43. 正解（B）

| 解説 | 応募方法については Send your résumé ... to: とあり、その後には会社名と住所が書かれています。履歴書を会社宛に送ることが求められているので、Send を mailing と言い換えている (B) が正解です。日本語では E メールを送ることを「メールする」と言いますが、英語の動詞 mail は「郵送する」という意味です。

| 訳 | 関心のある関係者はどうやってこの仕事に応募すればいいですか。
(A) 会社のウェブサイトにアクセスすることで
(B) 会社に履歴書を郵送することで
(C) 会社の人事課に電話することで
(D) 会社にメールを送ることで

Questions 44-46【テキストメッセージ】

N・クリシュナムルティ　　　　　　　　　　　　　　　　　午前 8 時 20 分
どこにいる？　このコンファレンスセンターは巨大だよ。

R・S・パク　　　　　　　　　　　　　　　　　　　　　　午前 8 時 25 分
ゲームのブース。3D のバーチャルリアリティーソフトはすごいわね。ボスには言わないで！

N・クリシュナムルティ　　　　　　　　　　　　　　　　　午前 8 時 26 分
心配無用。9 時までは勤務時間外だから。だけどオフィスコンピューティングシステムはいつチェックしに行く予定？　2 人とも新しいサーバーとデスクトップのハードウェアの提案をすることになっている。

R・S・パク　　　　　　　　　　　　　　　　　　　　　　午前 8 時 27 分
今日の午後。2 人の都合を調整する必要はないと思う。今晩ホテルに戻ってからメモを比べればいい。

N・クリシュナムルティ　　　　　　　　　　　　　　　　　午前 8 時 32 分
了解。だけど、待ち合わせて新しいセキュリティープロトコルのプレゼンを見に行くのがいいと思う。講演は講堂で 1 時開始。ランチは？

R・S・パク　　　　　　　　　　　　　　　　　　　　　　午前 8 時 33 分
いいわ。1 階のカフェで 12 時に。

N・クリシュナムルティ　　　　　　　　　　　　　　　　　午前 8 時 35 分
わかった。君が興味ないのは知ってるけど、僕はこれからウェアラブル機器をチェックしに行く。新しい腕時計型コンピューターとか。

語句 on one's own time「勤務時間外で」　　check out「を見てみる、に行ってみる」
　　　coordinate「を調整する」　　meet up「（一緒に何かをするために）会う」
　　　auditorium「講堂」　　wearable「ウェアラブル機器」

44. 正解（A）

解説 まず最初の発言から、conference center にいることがわかります。さらに、gaming booths、office computing systems、server and desktop hardware といった語句から、IT 関係の展示会に来ていると推測されます。したがって (A) が正解です。presentations という語は出てきますが、見に行くという話をしているだけなので、(C) は誤り。

訳 この人たちはおそらく何をしていると思われますか。

(A) 見本市に参加している
(B) メーカーを訪問している
(C) 会議でプレゼンをしている
(D) 電子機器販売店で買い物をしている

45. 正解（C）

解説 選択肢のうち、auditorium と café と hotel が出てきます。hotel に戻るのは今晩、auditorium では午後 1 時から講演が始まる、café で 12 時からランチを食べる、という流れなので、2 人が最も早く顔を合わせるのは (C) café ということになります。

訳 この人たちはおそらく次にどこで会うと思われますか。

(A) 入り口
(B) 講堂
(C) カフェ
(D) ホテル

46. 正解（D）

解説 クリシュナムルティはパクに I know you're not interested but I'm going to check out wearables というメッセージを送っているので、パクが興味がないのは (D) Wearable devices です。パクはバーチャルリアリティーソフトは amazing だと言い、午後にオフィスコンピューティングシステムを見に行く予定で、2 人でセキュリティー関係のプレゼンに行くのですから、これらには関心を持っていることになります。

訳 R・S・パクがおそらく興味がないのはどれですか。

(A) バーチャルリアリティーゲーム
(B) オフィスコンピューター
(C) セキュリティーシステム
(D) ウェアラブル機器

Questions 47-51【手紙、明細書、Eメール】

バブソン書店
933 ロバートソン通り
バンクーバー、ブリティッシュコロンビア、V5Y 1V4
カナダ

7月15日

デボラ・イー様
2459 ミシガン通り
ビリングズ、モンタナ州 59102
アメリカ合衆国

イー様

下記はお客さまの最近の本の注文の出荷明細書です。ご注文いただいたうち2冊が当社の倉庫に在庫がなかったことをお詫びしなければなりません。この2冊はそれぞれの出版社からの入荷待ちになっていますが、まだ届いておりません。

お客さまの注文をまだ処理できておらず、まことに申し訳ございません。私にEメールでご連絡いただき、現在在庫のある本を発送する方向で進めることをお望みかどうか、お知らせください。あるいは、残りの2冊が入荷するのを待ってから、当初の注文が全部そろったものをまとめて発送する方をご希望でしたら、それでも構いません。

ご返事をお待ちしております。

敬具

ロジャー・タグチ
r-taguchi@babsonsbooks.co.ca

> **語句** shipping invoice「出荷明細書」　apologize「謝罪する」　available「入手できる」
> warehouse「倉庫」　back-order「を入荷待ちで注文する、取り寄せる」
> respective「それぞれの」　ship「を発送する」　in stock「在庫があって」
> remaining「残りの」

出荷明細書

冊数	単価	書名	小計	在庫の有無
3	12.50ドル	『マーケティング基本原理』	37.50ドル	有
1	30.00ドル	『新税法活用術』	30.00ドル	無
1	55.00ドル	『世界に飛躍する：限界の拡張』	55.00ドル	無
4	10.00ドル	『チームのモチベーションアップ』	40.00ドル	有
1	25.50ドル	『最高の人材を雇うには』	25.50ドル	有

> **語句** unit price「単価」　principle「原理、原則」　boundary「境界、限界」
> motivate「に意欲を起こさせる」

宛先：r-taguchi@babsonsbooks.co.ca
送信者：debbie-yee@uniweb.com
件名：欠本
日付：7月20日 9:00 グリニッジ標準時

タグチ様

私の注文の状況を知らせるお手紙をいただきありがとうございました。実を言いますと、手紙をいただいたちょうど1か月前に注文したことを特に考慮すると、どうして注文がまだ届かないのだろうと思っておりました。

残りの2冊がそちらの倉庫に届くのを待って発送していただく、ということで構いません。ですが、注文をすこし修正する必要があります。同僚の1人が、人材募集本の古本を見つけましたので、その本はリストから外してもいいです。

デビー・イー

> **語句** missing「欠けている」　status「状態、状況」　especially「特に、とりわけ」
> considering「…を考慮すると」　place「(注文)をする」　exactly「正確に、ぴったり」
> amend「を修正する」　slightly「すこし」　talent「人材」　recruitment「募集」

47. 正解（B）

解説 手紙の第2段落の最初に、設問と同じ fill を使った we have not yet been able to fill your order「お客さまの注文をまだ処理できていない」とありますが、その理由は第1段落に書かれています。在庫がない本を出版社に注文したが they still have not yet arrived「まだ届いていない」ことが理由です。この書店を retailer と表現している (B) が正解です。

訳 なぜこの客の当初の注文は完全に処理できなかったのですか。

(A) 本のうち2冊がもう出版されていなかった。
(B) まだ小売店に届いていない本があった。
(C) 本の一部が出荷の間に破損した。
(D) 客が送料を払うのを怠った。

48. 正解（C）

解説 手紙の第 2 段落に、ship the volumes we have in stock now「現在在庫のある本を発送する」ことを希望するか知らせてほしい、とあります。つまり、注文の全部ではなく一部分だけを先に発送してもよいと申し出ていることになり、それを Send her a partial shipment と表した (C) が正解です。手紙にある go ahead は、保留になっていることや確定していないことを実行に移す、という意味です。

訳 タグチさんはイーさんのために何をすると申し出ていますか。

(A) 値引きをする

(B) E メールで常に新しい情報を伝える

(C) 部分的に発送する

(D) 何冊か再注文する

49. 正解（A）

解説 手紙には注文日に関する情報はありません。イーさんのメールの I placed it exactly one month before you wrote me がポイントです。it は the order を指すので、この文は「あなたが手紙を書いたちょうど 1 か月前に注文した」という意味になります。手紙の日付を見ると July 15 とありますから、イーさんが注文したのはそのちょうど 1 か月前、つまり (A) の 6 月 15 日ということになります。

訳 イーさんが最初の注文をしたのはいつだと思われますか。

(A) 6 月 15 日

(B) 6 月 30 日

(C) 7 月 15 日

(D) 7 月 20 日

50. 正解（B）

解説 especially は「特に、とりわけ」という意味の副詞で、類義語は (B) particularly です。especially と particularly はともに、especially [particularly] because ...「特に…なので」、especially [particularly] when ...「とりわけ…の場合は」のように、いくつか考えられる理由・条件などのうち最も重要なものを述べる場合によく用いられます。

訳 E メールの第 1 段落 2 行目にある especially に最も意味が近いのは

(A) 著しく

(B) 特に

(C) まったく

(D) もっぱら

51. 正解（D）

解説 Eメールの第2段落には2つのことが書かれています。1つは、在庫なしの本が入荷してからまとめて送って構わないということ。設問の the final shipment はこれを指すので、現在の在庫の有無は関係ありません。在庫が No だからといって (B) を選ばないようにしましょう。もう1つは、古本で見つけた本を take that off the list「リストから外す」、つまりキャンセルして発送分に含めないようにという希望です。その本は the talent recruitment book「人材募集の本」としか書かれていないので、ここから書名を推測する必要があります。(D) の the Best and the Brightest は「最高の人材」を意味する慣用表現なので、これが正解です。recruitment と Hiring の意味の関連性からも推測可能です。

訳 最後の発送分におそらく含まれないのはどの本ですか。

(A)『マーケティング基本原理』
(B)『世界に飛躍する：限界の拡張』
(C)『チームのモチベーションアップ』
(D)『最高の人材を雇うには』

はじめてのミニ模試　解答用紙

LISTENING SECTION

Part 1

No.	ANSWER A B C D
1	Ⓐ Ⓑ Ⓒ Ⓓ
2	Ⓐ Ⓑ Ⓒ Ⓓ
3	Ⓐ Ⓑ Ⓒ Ⓓ

Part 2

No.	ANSWER A B C
4	Ⓐ Ⓑ Ⓒ
5	Ⓐ Ⓑ Ⓒ
6	Ⓐ Ⓑ Ⓒ
7	Ⓐ Ⓑ Ⓒ
8	Ⓐ Ⓑ Ⓒ
9	Ⓐ Ⓑ Ⓒ
10	Ⓐ Ⓑ Ⓒ

Part 3

No.	ANSWER A B C D
11	Ⓐ Ⓑ Ⓒ Ⓓ
12	Ⓐ Ⓑ Ⓒ Ⓓ
13	Ⓐ Ⓑ Ⓒ Ⓓ
14	Ⓐ Ⓑ Ⓒ Ⓓ
15	Ⓐ Ⓑ Ⓒ Ⓓ
16	Ⓐ Ⓑ Ⓒ Ⓓ
17	Ⓐ Ⓑ Ⓒ Ⓓ
18	Ⓐ Ⓑ Ⓒ Ⓓ
19	Ⓐ Ⓑ Ⓒ Ⓓ

Part 4

No.	ANSWER A B C D
20	Ⓐ Ⓑ Ⓒ Ⓓ
21	Ⓐ Ⓑ Ⓒ Ⓓ
22	Ⓐ Ⓑ Ⓒ Ⓓ
23	Ⓐ Ⓑ Ⓒ Ⓓ
24	Ⓐ Ⓑ Ⓒ Ⓓ
25	Ⓐ Ⓑ Ⓒ Ⓓ

READING SECTION

Part 5

No.	ANSWER A B C D
26	Ⓐ Ⓑ Ⓒ Ⓓ
27	Ⓐ Ⓑ Ⓒ Ⓓ
28	Ⓐ Ⓑ Ⓒ Ⓓ
29	Ⓐ Ⓑ Ⓒ Ⓓ
30	Ⓐ Ⓑ Ⓒ Ⓓ

Part 6

No.	ANSWER A B C D
31	Ⓐ Ⓑ Ⓒ Ⓓ
32	Ⓐ Ⓑ Ⓒ Ⓓ
33	Ⓐ Ⓑ Ⓒ Ⓓ
34	Ⓐ Ⓑ Ⓒ Ⓓ
35	Ⓐ Ⓑ Ⓒ Ⓓ
36	Ⓐ Ⓑ Ⓒ Ⓓ
37	Ⓐ Ⓑ Ⓒ Ⓓ

Part 7

No.	ANSWER A B C D
38	Ⓐ Ⓑ Ⓒ Ⓓ
39	Ⓐ Ⓑ Ⓒ Ⓓ
40	Ⓐ Ⓑ Ⓒ Ⓓ
41	Ⓐ Ⓑ Ⓒ Ⓓ
42	Ⓐ Ⓑ Ⓒ Ⓓ
43	Ⓐ Ⓑ Ⓒ Ⓓ
44	Ⓐ Ⓑ Ⓒ Ⓓ
45	Ⓐ Ⓑ Ⓒ Ⓓ
46	Ⓐ Ⓑ Ⓒ Ⓓ
47	Ⓐ Ⓑ Ⓒ Ⓓ
48	Ⓐ Ⓑ Ⓒ Ⓓ
49	Ⓐ Ⓑ Ⓒ Ⓓ
50	Ⓐ Ⓑ Ⓒ Ⓓ
51	Ⓐ Ⓑ Ⓒ Ⓓ

はじめての TOEIC® LISTENING AND READING テスト 全パート教本 三訂版 新形式問題対応
ヒルキ&ワーデンの鉄板メソッド10

別冊

TOEIC is a registered trademark of Educational Testing Service (ETS). This publication is not endorsed or approved by ETS.

ロバート・ヒルキ／ポール・ワーデン 著

旺文社

ここでは、長年TOEICの指導と研究を続けるロバート・ヒルキ先生とポール・ワーデン先生が「TOEICスコアアップを目指す人が絶対に押さえておくべきこと」を厳選してお伝えします。学習を始める前の目標確認や学習中のモチベーション維持にも、また試験直前にも役立つ内容になっていますので、折に触れて読み返すようにしてください。

もくじ

- **01** TOEICの時間配分と戦略 …………………… 2
- **02** ボキャブラリー増強術①
  ボキャブラリー増強のコツ …………… 6
- **03** ボキャブラリー増強術②
  日常単語 ……………………………… 12
- **04** ボキャブラリー増強術③
  必修ビジネス単語 …………………… 16
- **05** 「先読み」のテクニック ………………… 24
- **06** Part 2 攻略のためのテクニック ………… 32
- **07** 「音声のワナ」
  ―「この単語はわかったぞ！」というひっかけ …… 38
- **08** 頻出質問文によるTOEIC攻略 ………… 42
- **09** 頻出文法項目によるTOEIC攻略 ……… 50
- **10** 速読術 ― Part 3と4のために ………… 58

01 TOEICの時間配分と戦略

TOEICのための時間配分

　TOEICを受験する際に、時間配分が極めて重要であることは、どんなに強調しても強調しきれません。TOEICのスコアをそのときの英語力と比べて、「まずまず」であるのか「よくやった」と思えるかは、どれだけ賢くどれだけ戦略的に時間配分をできたかにかかっています。これはリスニングセクションにもリーディングセクションにも言えることです。TOEICテストのスコアは、時間配分という行動によって決まるのです。

　奇妙に思えるのは、受験者が時間配分の必要性をわかっていて、それでもなお、時間をうまく配分できず、本来取れるはずのスコアよりも低いスコアを取ってしまうことです。この点から、まずは話を始めましょう。

　TOEICで成功を収めること、英語の実力に見合ったスコアを取ること、それを目的とした全体的・一般的な戦略というものを考えてみます。ポイントは、行動を変えること、「**行動変容（Behavior Modification）**」です。リーディングセクションですべての文を最初から最後まで読んだり、リスニングセクションで問題を事前に速読することなく音声を追っかけたりといったことをしていませんか？　そうしているのであれば、**TOEICに対する基本的なアプローチを変えなければなりません**。そのために必要なのが「行動変容」です。例えば、ダイエットのために甘いお菓子を我慢することを例にとってみましょう。甘いお菓子をやめるには、何が自分に甘いものを食べさせようとするのか、その原因となる基本的な行動を特定しなければなりません。さらにその上で、その行動を変えなければなりません。多くの人にとってこれは、本当に困難を伴うことは言うまでもありません。「行動変容」という考え方はそれほど奥深く、成し遂げることが非常に困難なものです。

　同じことがTOEICテストについても言えます。ともすれば受験者は、深く考えずに、戦略を持たずにTOEICにアプローチします。リーディングセクションのことを考えてみてください。Part 5、Part 6、Part 7の3つのパートで75分間です。試験問題を見たときに、時間内に終わらせることができると感じていますか？　あるいは、試験終了間際になって、パニックになり、ただ適当に解答用紙の楕円を塗りつぶしたことはありませんか？

日本の受験者にとって重要なPart 7

　実は私は（わりと英語は得意ですが！）、TOEICテストを実に何度も何度も受けています。

　次の3つをチェックすることを課題に受験しています。

1. TOEICに新しい傾向がないか。
2. (1にも関連して) 自分の教えている戦略が有効で役に立つものであるか。
3. 実際に受験者はどのような様子でTOEICテストを受けているか。

　試験は時代の移り変わりとともに変化していきます。何が起きているのかを知り、それに合わせて教える内容を変える必要があります。また、テスト問題だけでなく受験者も観察しています。ほとんどの受験者は、最後になって時間に追われています。この受験者たちは、精神的余裕を持ってすべての問題に答えることはできないはずです。おそらくは、Part 7のすべての問題をじっくり解くことができないのです。

　ちょっと話が脇にそれますが、4つの言語的基本技能（リスニング、スピーキング、リーディング、ライティング）のうち、日本の英語学習者にとってどれが最も困難を感じるでしょうか？　どれが最も簡単に感じるでしょうか？　間違いなく、多くの人にとってスピーキングが最大の問題でしょう。おそらく英語を話す機会が十分にないと感じているのではないでしょうか？　しかし、これには賛同できません。実際のところ今日では、英語を話す機会は多くあります。語学パートナーを作ればいいのです。日本語を学ぼうとしている外国人と一緒に勉強するのです。週に数時間、時間を作って会います。例えば、まず1時間は、日本語を話して、パートナーの勉強を手伝います。次の1時間は、英語を話して、自分の勉強を手伝ってもらう……といったようにするのです。もちろんやり方は自由ですが。家の近くのスーパーマーケットの掲示板でもオンラインでも適切な人は見つかります。あるいは、SKYPEで英語の授業をやっている企業を利用するという方法もあります。低コストで高い効果が得られます。

　話を戻します。日本の英語学習者にとって最も簡単なのは、リーディングであることは疑いがないでしょう。英文の読み方の授業を少なくとも中学・高校の6年間以上受けてきたのではありませんか？　Part 7はまさにそのようなリーディングのテストです。ではなぜ、多くの人が試験終了間際になってパニックになっているかというと、Part 5とPart 6が、もがけばもがくほど深みにはまる「あり地獄」になってしまっているからです。そういう人は、**Part 5とPart 6の問題文の内容を理解しようとあまりにも多くの時間を使ってしまい、結果として、余裕を持ってPart 7を解く時間を失ってしまっている**のです。

　もちろん、「Part 7は簡単だ」などと言いたいのではありません。Part 7は実際、簡単ではありません。それどころか、近年Part 7は難化の傾向にあります。しかし、それでもやはり、読解のテストなのです。日本人が読解能力に自信を持っているのは正当なことだと思います。だからこそ、何としてでもPart 5とPart 6をすばやく的確にこなして、Part 7に時間を取っておくべきです。

Part 7に時間を残すためのPart 5・6のテクニックと時間配分

　実践的には、まず、心の中に明確なタイムリミットの意識を持つことです。**Part 5では、どんな問題でも1問あたり20秒以上の時間をかけないように意識し**ます。各問題に20秒以上かかっているということは、「悩んでいる」ということです。そしてそれは、はっきり言えば、いずれにせよ間違う可能性が非常に高いということです。よって、さらりと流して次の問題に移るべきです。Part 5とPart 6で1秒でも無駄にするということは、Part 7での時間を削っているということであり、全体のスコアを最大化する力を犠牲にしているのだということを忘れないようにしておくべきでしょう。

　これを行うにあたって重要なことの1つは、Part 5の**問題文を読むことを避ける**ということです。少なくとも最初は読まない。**選択肢に目を走らせ、その問題がどのタイプなのかを判断する**ことです。そうすれば、それぞれの問題を解くにあたって適切なテクニックを使うことができるようになります。例えば、次のような選択肢を見てください。これが「**品詞問題**」であることはすばやく判断できるはずです。

(A) decision
(B) decisive
(C) decide
(D) decidedly

　4つの選択肢は語幹が同じで、語尾が違うことがわかります。この場合、問題文を読む必要はありません。文の内容を深く理解する必要もありません。ほとんど常に、空所の前後をさっと見るだけでどの品詞が必要とされているかが理解できます。

David Underwood made **an important ------- about** which countries to target in his firm's new marketing campaign.

　「冠詞＋形容詞＋名詞」という形がわかっていれば、正解することができます。形がわかりさえすれば、問題文の内容を把握する必要はないのです。選択肢の中で名詞は、**(A)** のdecisionのみです。

　Part 5の30問のうち、7〜8問はこの品詞問題です。このテクニックを知り、自動的にできるまで真面目に訓練すれば、Part 7を解くための時間の節約になります。

　Part 5の目標解答時間は1問あたり20秒でした。**Part 6は1問あたり最大30秒**というのがいいでしょう。これが可能なのは、Part 6の文選択問題以外の問題のうち、約3分の2がPart 5とまったく同じ、文脈を把握する必要のない問題であるか

らです。したがって、Part 5を速く正確に解くことができれば、Part 6でも同じことができるはずです。これを計算してみましょう。

Part 5　30問×20秒＝10分
Part 6　16問×30秒＝8分

切りがいい数字ではないので、あわせて20分ということにしましょう。リーディングセクション全体では75分の時間があります。75分－20分＝55分。もし私たちのアドバイスを受け入れ、それが本当にできるまで練習するならば、**Part 7に取り組む時間は55分**あるはずです。簡単なことだとは言えませんが、無駄な時間をかけることが必要ないことは確信できるでしょう。Part 7については、単純にかける時間を増やすだけで、正解が増えるはずです。これはTOEIC全体のスコアに重大な影響をもたらします。

> リーディングセクションの時間配分
> Part 5　10分　　　（1問あたり20秒）
> Part 6　8分　　　（1問あたり30秒）
> 　→ Part 5 〜 6 で合計約20分
> Part 7　残った約55分

以下の章で説明すること

最後に、こういうことを言う人もいるのではないでしょうか？　「わかった、それがリーディングセクションで有効なのはわかった。でも、リスニングセクションでは音声のスピードに従わなくてはいけないのだから、時間配分を工夫する余地はない」と。しかし、これは正しくありません。音声と音声の間に何をするかが決定的に重要なのです。例えば、Part 3とPart 4では、事前に設問を読んで、それから音声を聞くようにしていますか？　正解のヒントとなる事柄を知り、それを予測しながら会話や発話を聞いていますか？（この点については第5章を参照してください。）もしやっていないなら、行動変容は極めて重要なことになります。

したがって、結局のところ、TOEICテストに必要な行動変容を成し遂げるということは、時間を賢く使えるようになるということです。だからこそ、『ヒルキ＆ワーデンの鉄板メソッド10』の最初にこれをもってきました。以下の章で述べる「TOEICのスコアを上げるためにどのテクニックを使うのか」ということの土台は時間配分です。この章で述べたことを原則に、これから詳細について説明したいと思います。

02 ボキャブラリー増強術① ボキャブラリー増強のコツ

TOEICにおけるボキャブラリーについて

第1章では、時間配分について述べました。これは、私たちのメソッド（「ヒルキメソッド」と呼んでいます）の2本の大きな柱のうちの1つです。もう1つは、合理的な推測のテクニックです。合理的な推測のテクニックというのは、たしかな答えがわからないときでも、正しい解答を導く確率を高くするものです。このテクニックの詳細については、第5～9章を参照してください。

この2つの柱のほかに、TOEICのスコアを上げるために重要なことがあります。それがボキャブラリーです。第2～4章の3つの章では、ボキャブラリーについて述べたいと思います。

TOEICというのは英語のテストです。「完璧な」英語のテストではないかもしれません。仮に完璧なテストというのがあるとすれば、まずは、私のオフィスに来てもらい、それから10～15分の間一緒に過ごしてもらいます。何かを読んでもらい、それについて質問をします。さらには、何かのリスニングをしてもらい、そしておそらくそれに関連する何かを書いてもらうでしょう。しかしご承知のとおり、このような方法では、公平で標準化された形で、何百万人もの人の英語の能力を測定するということは不可能です。こういった点を考慮すると、TOEICは、それなりによくできたテストであると言えます。TOEICは、合理的で正しい英語のアセスメントを毎年何百万人に提供しているのです。

そして、TOEICが英語のテストである以上、その主要な構成要素は、当然、単語となります。私の考えでは、語学で最も重要なのは単語、ボキャブラリーです。もちろん文法は重要です。発音も重要です。しかし、言語を分析していくと、最終的には単語に行き着くわけです。単純に言って、多くの言葉を覚えれば覚えるほど、その分だけ読んで理解できるようになり、聞いて理解できるようになります。それだけではなく、自分自身を表現し、多くの人に理解してもらえるようになります。

同義語の重要性

TOEICについて言うと（もっと言えば、英語の上達について言っても同じことなのですが）、**同義語（synonyms）の知識を増やす**ということがポイントになります。既に知っている単語に対して、同義語を増やすことで、ずっと多くの単語を覚えるようにします。これはTOEICのすべてのパートにあてはまりますが、特にPart 3、Part 4、Part 7について言えることです。

なぜPart 3、Part 4、Part 7に特にあてはまるかというと、これらの問題が**キー**

ワードと関連しているからです。これらのパートの質問には、問題のコアとなるキーワードが1つまたは2つあるのが通常です。妙なたとえかもしれませんが、英語のセンテンスを沸騰させ、水分を蒸発させ、残留物を残すとすれば、それは通常1つか2つの単語となり、その単語こそが、センテンスの中心的な意味を伝達しているはずです。そしてそのようなキーワードは、Part 3の会話からもPart 4のスピーチからもPart 7のパッセージからも同じように見つけ出すことができます。キーワードを一度見つければ、あとはその周辺を注意深く読めばよい、あるいは聞けばよいということです。ほとんどの場合、正解を見つけることができます。

TOEICでの同義語の使われ方

例を挙げて説明しましょう。

Part 7を解いているとします。キーワードを探しながら、以下の問題文を読んでみてください。

What must be done for the warranty to be valid?
（保証が有効になるためには、何をしなければなりませんか）

この問題文の中で最も重要な情報というのは、"warranty"（保証）と "valid"（有効な）です。問題文の中からキーワードを特定してしまえば、次は長文パッセージの中にそのキーワードを探し、あとはキーワードの周辺を注意深く読めばよいということになります。**ほとんどすべての場合、正解に必要な情報はキーワードの周辺にあります。**実際にパッセージを読んでみたところ、次のような文がありました。

Note: For your warranty to be valid, you must register your product online within one week of purchase.
（注意：保証が有効になるためには、あなたは購入から1週間以内にオンラインで製品のユーザー登録をしなくてはなりません）

このケースでは、親切にもパッセージには "warranty" も "valid" もそのまま現れていることになります。パッセージ中のキーワードも見つけやすいはずです。こういったキーワードの周辺を読めば、正解は容易に見てとることができるでしょう（選択肢については後述）。

しかしながら、パッセージ中で、正解につながる情報が同じ単語ではなく、同義語で言い換えられているとしたらどうでしょうか？ 実際にはこちらのケースの方が普通です。

Note: For the service contract to be honored, you must register your appliance online within one week of purchase.
（注意：サービス契約が通用するようになるには、あなたは購入から1週間以内にオンラインでお持ちの器具のユーザー登録をしなくてはなりません）

情報は同じですが、"warranty" が "service contract"（サービス契約）に、"valid" が "honored"（通用する）に置き換えられています。

次に選択肢をよく見てみてください。

What must be done for the warranty to be valid?
  (A) The product must be registered on the company's Web site.
  (B) The product must be repaired by the shop that first sold it.
  (C) The product must be returned in its original packaging.
  (D) The product must be mailed back to the manufacturer.

もちろん正解は **(A)** です。ただし注意してもらいたいのは、パッセージ中の "you must register your appliance online within one week of purchase"（あなたは購入から1週間以内にオンラインでお持ちの器具のユーザー登録をしなくてはなりません）が "product must be registered on the company's Web site"（製品は会社のウェブサイトで登録しなければなりません）と言い換えられている点です。使われている語彙も構文も大きく異なりますが、表している内容は同じです。つまり、**正解はパッセージ中の情報の同義語を使って作られている**のです。

こう考えると、既に知っている単語の同義語を調べ、同義語を含んだ形でボキャブラリーを拡充していくことが、TOEICでのパフォーマンスを上げる上で非常に重要だということがわかると思います。

「ワードパッケージ」を作る

既に知っている単語の同義語を増やすためには、私が「**ワードパッケージ（Word Package）**」と呼んでいるものを作ることをおすすめします。あなたが、お互いにまったく関係のない4つの単語を覚えようとしていたとします。この4つの単語を覚えるためには、1つの単語を覚えるのにかかる労力の4倍を費やさなくてはなりません。しかし、相互に関連する4つの単語（理想的には同義語）を覚えようとするならば、4倍よりはるかに少ない労力ですむことでしょう。関連する4つの単語を一度に学習することは、費用対効果がいいということです。

ワードパッケージの例は次のようなものです。

```
goal
target
aim
objective
```

　これらの単語は、基本的に同じ意味であり、一緒に覚えるのには意味がありますね。
　ほかにこんな例もあります。これは先ほどの例に関連する単語です。

```
effective
valid
in force
honored
```

シソーラスを活用する

　同義語を知るには、どこを探せばいいでしょうか？　英和辞典ではありません。英和辞典は、知らない単語の意味を知るためには有効です。もちろん単語の綴りや発音を確認することもけっこうです。しかし、英和辞典は同義語をシステマティックに提供するものではありません。同義語をシステマティックに知るには、「**シソーラス**」と呼ばれる特殊な辞書が必要です。シソーラスは持っていますか？

　おそらく「持っていない」と答える人が多いでしょう。しかし実際は、ほとんどの人が持っています。それはMS Wordなどのワープロソフトです。ワープロソフトには「類義語辞典」が入っています。「校閲」などのメニューから探してみるとよいでしょう。

　私は、英語のネイティブスピーカーであり、プロの書き手です。そして私は、1日も欠かすことなくシソーラスを使っています。私の場合はネイティブスピーカーですから、既にシソーラスに掲載されている言葉を知っています。私がシソーラスを使う目的は、書くときに使える可能性のある同義語を、もう一度思い起こしておくことです。ネイティブスピーカーでない人にとっては、もっと強力な道具として使えるはずです。ある語に関連する新しい語を知ることができるのです。

学習用英英辞典を活用する

　新しい関連語を知ることができたら、次はコロケーション（語と語の自然な結びつき）をチェックしましょう。コロケーションを知れば、ある文脈の中でその単語を使ってよいのかどうかということに確信が持てるようになります。ここでは、**学習用英英辞典**が役に立ちます。学習用英英辞典は知っていますか？

　American HeritageとかOxfordとかWebsterといったブランドのネイティブスピーカー用の英英辞典を使ってみたことはありますか？　ずいぶんフラストレーションがたまりますよね。調べようとする単語よりもその語義の方が難しいなんてこともしばしばあります。私が日本語のネイティブスピーカー用の国語辞典を使うと同じことが起こります。

　学習用英英辞典は、こういったことを念頭に置いて作られています。学習用英英辞典では、ほとんど誰でも知っている2,000ぐらいの基本語を定め、その基本語を使ってすべての語義を表現しています。もちろんニュアンスを犠牲にしているということはありますが、どの語義も理解しやすいものになっています。

　しかし学習用英英辞典を使うことを勧めるのは、**文脈の中で単語がどのように使われているのかを、実に豊富な例文の中で確認することができる**からです。なじみのない単語のコロケーションを確認し、先々正しい使い方でその単語を使うことができるからです。英英辞典を出しているメジャーな出版社はどこも学習用英英辞典を持っています。中にはオンラインでアクセスできるものもあります。

　つまりほとんどの人にとってシソーラスはMS Wordで、学習用英英辞典はオンラインでアクセスすることができるというわけです。

> **同義語に注目して
> ボキャブラリーを増やす方法**
> ① ワードパッケージを作る
> ② シソーラスを活用する
> ③ 学習用英英辞典を活用する

　このようにして既に知っている単語の同義語を調べ、コロケーションを確認していくことで、パッセージを理解し、正解を出すことができるようになります。シソーラスと学習用英英辞典を駆使してボキャブラリーを増強することは、TOEICのスコアを上げるために非常に実践的な方法であるばかりか、英語でコミュニケーションをとるためにも有効な方法です。

03 ボキャブラリー増強術② 日常単語

ウォーミングアップとしての日常単語

　TOEIC（特に Part 1）で使われる、日常的なフレーズや身の周りのものを指し示す単語は既に知っていることでしょう。Part 1 で大切なのは、何を求められているかを知ることと、既に知っている単語を写真と結びつけていくことです。このときに、オフィスで身の周りにあるもの、人物の行動に関わること、位置関係を示す言葉などが重要になってきます。

　この章の目的は、新しいボキャブラリーを暗記することではなく、現在の知識を活性化し、TOEIC に向けてウォーミングアップをすることにあります。ちょうど、長距離走者がレースの前にストレッチをして筋肉をほぐすようなものです。まずは頻出の単語で「身の周りにあるもの」「日常的な行動」「関係性を表す言葉」などを確認してみてください。

オフィスによくあるもの

computer	コンピューター	keyboard	キーボード
monitor	モニター	screen	（パソコンなどの）画面
headphone	ヘッドフォン	cellphone	携帯電話
calculator	計算機、電卓	document	書類
notepad	メモ帳	package	荷物
packet (small package)	小包	parcel	荷物
folder	フォルダー	file	ファイル
cabinet (file cabinet / filing cabinet)	キャビネット	whiteboard / blackboard	ホワイトボード／黒板
counter	カウンター	closet (storage closet)	棚、備品棚
equipment	設備、備品	machinery	機械
device	装置		

背景にあるもの

desk	デスク	table	テーブル
chair	いす	cup	カップ
plant	植物	picture	絵
water cooler	冷水器	vending machine	自動販売機
clothing / clothes	衣類	merchandise	商品

位置関係を表す語

above ...	…の上に	over ...	…の上に
under ...	…の下に	underneath ...	…の下方に
below ...	…の下に	beneath ...	…の下方に
ahead of ...	…の前に	in front of ...	…の前に
behind ...	…の後ろに	between ... / in between ...	…の間に
by ...	…のそばに	in ...	…の中に
inside ...	…の内側に	on ...	…の上に
onto ...	…の上へ	on top of ...	…の上に
against ... / up against ...	…に寄りかかって	next to ...	…の隣に
near ...	…の近くに	close to ...	…のすぐそばに
across ...	…を横切って	across from ...	…の向かい側に
adjacent to ...	…に隣接して	opposite ...	…の反対側に
along ...	…に沿って	alongside ...	…と同じ側に
side by side	並んで	facing ...	…に面して
facing away	向こう側に向かって	facing towards ...	…に向かって

乗り物・交通			
car / automobile	自動車	truck	トラック
taxi	タクシー	cab	タクシー
bike / bicycle	自転車	corner	角、曲がり角
intersection	交差点	streetlight	街灯
street	通り	road	道
highway	幹線道路	shoulder	路肩
sidewalk	歩道	crosswalk	横断歩道
parking lot / parking garage	駐車場	plane	飛行機
runway	滑走路	terminal (airport terminal)	(空港の)ターミナル
gate (airport gate)	(空港の) ゲート	train	電車
railway crossing / railroad crossing	踏切		

乗り物に関連する動詞			
park	駐車する	turn	曲がる
enter	入る	exit	出る
stop at ...	…で止まる	ride	乗る
board	搭乗する	get off (...)	(…から) 降りる

服装やアクセサリー			
glasses / sunglasses	メガネ／サングラス	watch	腕時計
necktie / tie	ネクタイ	necklace	ネックレス
shirt	シャツ	shoes	くつ
short-sleeves	半そで	shorts / short pants	ショートパンツ

行為

arrange	手配する	be attached to ...	…に添付されている
be exhibited	展示されている	be placed	置かれている
carry	運ぶ	check	確認する
clean	きれいにする	climb	のぼる
close	終わる、閉める	cross	横切る
drink	飲む	eat	食べる
fold	折る	get up	起きる
hang	つるす	hold	握る、保つ
lift	持ちあげる	look at ...	…を見る
lie	横たわる	observe	観察する
open	開ける、始める	pick up ...	…を拾う
be piled up	積み上げられている	place	置く
point	指し示す	put down ...	…を降ろす
put on ...	…を着る	reach	届く
read	読む	sit	座る
be stacked	積み重ねられている	stand	立つ
take off ...	…を脱ぐ	tie	結ぶ
unload	積み荷を下ろす	use	使う
wait	待つ	walk	歩く
watch	見る	wear	着る
work	働く	wrap	包む
write	書く		

04 ボキャブラリー増強術③ 必修ビジネス単語

必要最小限のビジネスボキャブラリー

　TOEICテストで800〜990といった高いスコアをねらうのであれば、ビジネス関連のTOEICボキャブラリー全体を覚えなければなりません。しかし、そこまで高いスコアを求めない初心者の間は、最小限の努力で最大限の効果を生むことを目指しましょう（それがまさに私たちがこの本でやっていることであり、普段教えているのはそのためでもあります）。TOEICでよく出るボキャブラリーとして、次のものをよく見直し、もしまだ覚えていないものがあれば覚えてください。これらの単語はTOEIC全体で出題されますが、特にPart 3〜7で出題されます。このリストは、リスニング・リーディングの両方でスコアを上げるのに役に立つはずです。

会社での人間関係とポジション				
employer	雇用主	employee	従業員
supervisor	上司	boss	上司
subordinate	部下	co-worker	同僚、仕事仲間
colleague	同僚、同業者	associate	仕事仲間、共同経営者
client (clientele)	依頼主、クライアント	customer	顧客
supplier	供給業者	applicant	応募者
candidate	候補者		

職業・役職			
executive / CEO / president / vice president	経営幹部／CEO／社長／副社長	board of directors	取締役会
executive officer	役員	partner	共同経営者
manager	管理職	head	長、代表、リーダー
chief	長、所長	director	部長、取締役
assistant director	部長補佐	deputy director	次長
engineer	技術者、エンジニア	technician	（工業系の）技術者

analyst (systems analyst)	アナリスト（システムアナリスト）	programmer	プログラマー
mechanic	機械工、整備士	team leader	チームリーダー
coordinator	コーディネーター	secretary (executive secretary)	秘書（役員秘書）
administrative assistant	秘書、重役補佐	personal assistant	個人秘書
clerk	事務員	clerical staff	事務員
receptionist	受付係	sales associate	店員
representative (customer service representative / sales representative)	担当者（カスタマーサービス担当者／営業担当者）	agent (travel agent / insurance agent)	代理人、代理店（旅行代理店／保険代理店）
consultant	コンサルタント	lawyer / attorney	弁護士
doctor	医師	physician	医師

部署などの名前

marketing	マーケティング（部）	sales	営業（部）
accounting	会計、経理（部）	book-keeping	会計、経理（部）
billing	請求書担当（部門）	security	保安、警備（部）
human resources (HR)	人事（部）	personnel (personnel department)	人事（部）
public relations (PR department)	広報（部）	engineering	技術（部）
research & development (R&D)	研究開発（部）	planning (strategic planning office)	企画（部）

ビジネス文書のタイプ				
document	文書、書類	report	レポート
memo / memorandum	メモ、社内回覧	spreadsheet	表計算、スプレッドシート
sales figures	売上高	projection (sales projection)	（販売）予測
balance sheet	貸借対照表	survey (marketing survey)	（市場）調査
warranty	保証書	guaranty	保証書
directory	名簿、要覧、ディレクトリ	blueprint	青写真、計画
job application	求職申込	recommendation	推薦（状）
tax return	納税申告	résumé	履歴書
CV (curriculum vitae)	履歴書		

※ CV はこれまでのところ TOEIC には出題されていないが、覚えておいた方がよい。今日では résumé より CV がビジネスで一般的になりつつあり、いつ出題されてもおかしくはない。

組織の名前			
company	企業	firm	会社、（法人格を持たない）商会、事務所
corporation (Inc.)	株式会社、法人	holding company	持ち株会社
organization	組織	institute	協会、機関
association	組合、団体	industries	（工業系の）会社
enterprises	企業	associates	協会
agency	代理店、代理人		

施設			
headquarters	本社、本部	head office	本社、本店
branch / branch office	支社、支店	office complex	オフィスビル
industrial complex	コンビナート、工業団地	company campus / industrial campus	企業団地／工業団地
factory	工場	physical plant	施設
production plant	生産施設、生産設備	manufacturing facility	製造施設
assembly line	組立ライン	production line	生産ライン、製造ライン
laboratory	研究所	research facility	研究施設
design department	設計部門	center (research center / design center / fitness center)	センター、施設（研究センター／設計センター／フィットネスセンター）
warehouse	倉庫		

会社間の関係			
subsidiary	子会社	subcontractor	協力会社、下請業者
affiliate	支社、関連会社	partner	パートナー、提携先
competitor	競合相手		

一般的な財務用語			
order (back-order)	発注（取り寄せ注文）	payment	支払
statement (account statement)	取引明細書	expense	費用
revenue	収益	earnings	収益
projection	見積もり、予測、見込み	deadline	締め切り

19

shipment	発送、貨物	account	口座、勘定
balance (money due / account balance)	残高（支払残高／口座残高）	cash	現金
bill (outstanding bill)	請求書（未払いの請求書）	fund	資金、国債、公債

その他名詞			
presentation	プレゼンテーション	orientation	オリエンテーション
workshop	ワークショップ	exhibition	展示
position / post	役職、地位、ポスト	contract	契約
benefit (employee benefit)	福利厚生	working conditions	労働条件
employment conditions	雇用条件		

その他形容詞など			
financial	財務の	fiscal	会計の
overdue	支払期限の過ぎた	manufacturing	製造（業）の
industrial	工業の、産業の	technological	技術的な
accounting	会計の	marketing	マーケティングの
commercial	商業の	retail	小売りの
wholesale	卸売りの、大量販売の	global	グローバルな

その他動詞			
manage	経営する、マネジメントする	run	経営する
operate	運用する	analyze	分析する
evaluate	評価する	inform	情報を与える
purchase	購入する	obtain	獲得する
acquire	獲得する、買収する	procure	調達する

「ワードパッケージ」を作ってみよう

p.9の例を参考に、自分でも同義語を集めて「ワードパッケージ」を作ってみましょう。

例
| 成功する 達成する | succeed achieve accomplish fulfill |

05 「先読み」のテクニック

「先に読む」ということ

　「先に読む」ということは、TOEICで成功を収めるための重要なテクニックの1つです。「先に読む」というのは、Part 3の会話やPart 4のスピーチを聞く前に、あるいはPart 7のパッセージを精読する前に、すばやく問題用紙に印刷されている設問を確認することです。ある意味では、Part 1の写真、Part 5の問題文、Part 6のパッセージにも関連します。TOEICテストのそれぞれのパートを吟味し、いかに「先読み」が受験者の役に立つか、そしてTOEICのスコアをいかに大きく上昇させるかについて検討してみましょう。

Part 1（写真描写問題）

　Part 1では、英文は書かれていません。問題用紙に掲載されているのは写真だけで、選択肢はナレーターによって読み上げられるのですが、この**写真をよく見て、情報を先読みした上で、4つの選択肢を聞く**ということが非常に重要です。

　「Part 1攻略の鍵は、心理学者のように問題作成者の心理を読むこと」とTOEICのスコアアップ講座ではよく話します。放送を聞く前に各問の写真をよく見て、こう想像するのです。「もしも自分がこの試験の作成者だったら、正解をどう作るだろうか」と。頭の中で正解になる可能性のあるものを並べておき、それからナレーターが読む4つの選択肢を聞きながら、頭に思い浮かべているものに最も近いものを選ぶようにします。この練習を繰り返していると、ほとんどの場合で正解が思い浮かべられるようになります。さらには、写真に写っていない物の名詞が耳に入ると、その選択肢は明らかに違うと判断できるようになります。

Part 2（応答問題）

　Part 2では、問題用紙には「解答を解答用紙にマークしなさい」という指示文のほかは何も書かれていません。したがって先読みできる情報は何もありません。しかし、Part 2でよく出題される質問と応答のパターンに慣れてくると、比較的早くスコアを上げることができます（詳しくはp.32からの第6章をご覧ください）。

Part 3（会話問題）

Part 3については、**会話を聞く前に問題用紙の質問文を先読みしておくことが、断固として、絶対的に必要**なことです。この重要性については、いくら強調しても強調しすぎることはありません。簡単に言ってしまえば、音声を聞く前に質問の内容を先読みしてしまえば、**音声を聞いているときにどんなことに注目すべきか**を正確に知ることができます。これは大きなアドバンテージです。

Part 3が難しいのは、リスニング力を測る試験であるだけではなく、同時に速読力も測る試験であるからなのです（速読のコツについては、p.58からの第10章を参照してください）。まず問題用紙に目を走らせ、3つの質問を先読みし、その内容を把握しておくことが重要です。そうすれば、TOEICが聞いてほしいと思っている貴重な情報を事前に確認することができます。もしこれができなければ、「生の」リスニングをしなければなりません。「生の」という意味は、実際の世界のリスニングと同じく、誰かが何を話すかはその人が話し終わるその瞬間までわからないということです。しかし、TOEICは事前に準備をするチャンスを与えてくれているのであり、そのアドバンテージを利用しなければならないのです。前の問題に答えるのに精一杯であることは十分承知しています。それでも「先に読む」技術を磨く方法を見つけなければならないのです。

これに関連して、質問文を先読みすることが重要なのには、もう1つ理由があります。質問が**特定の情報**を尋ねているのか、あるいはもっと**一般的・全体的な内容**を尋ねているのかがわかるということです。一般的な情報を尋ねる問題では、会話やスピーチの中の複数の箇所から情報を集めてきて答えなければなりません。質問を先読みしておけば、このタイプの問題は、通常きわめて簡単です。一般的な情報を必要とする質問は3つのタイプに分かれます。

> **一般的な内容に関する設問**
> ① 場所についての質問
> ② 職業についての質問
> ③ 話題についての質問

●Location（場所）

Where does this conversation most likely take place?
（この会話はどこで行われていると考えられますか）

Where are the speakers?
（話し手たちはどこにいますか）

● Occupation（職業）
　Who is the woman?
　（この女性は誰ですか＝この女性の職業は何ですか）
　What is the woman's occupation [job]?
　（この女性の職業は何ですか）
　Where does the woman most likely work?
　（この女性はどこで働いていると考えられますか）
　What does the woman do?
　（この女性は（仕事として）何をしていますか）

● Topic（話題）
　What are the speakers discussing?
　（話し手たちは何を議論していますか）
　What is the topic of this conversation?
　（この会話の話題は何ですか）

　この手のことを質問する方法は、かぎられていることにもうお気づきでしょう。これらは、**定型文**の一種です。上記のような表現を学習中に覚えておけば、各問題の3つの設問を先読みするときに、1秒もかからず認識することが可能です。Part 3の会話問題では、このタイプの問題は10問中6〜7問あります。言ってみれば、事前に情報を先読みすることができる人にとっては、気の早いクリスマスプレゼントのようなラッキー問題です。正解するために会話からすべてのことを知る必要はないのですから。
　すこし例を挙げて説明します。場所を問う質問を先読みします。

Where does this conversation most likely take place?

音声は次のように聞こえました。

XXXXXXX **boarding pass** XXXXXXX **first-class lounge** XXXXXXX **Gate 54** XXXXXXX **bound for Shanghai** XXXXXXX **boarding in 10 minutes** XXXXXXX.

　答えは明らかだと思います。"In an airport"（空港で）ですね。
　付け加えると、定型文の一種にはさらにお決まりのものもあります。これらはあまりによく出題されるので、勉強している間になじんでしまい、1秒でそれとわか

るようになっていくでしょう。その場合、パッセージを聞くときに必要な情報がわかるようになっているはずです。

そうした定型文の質問というのは、以下のようなものです。

What will the man most likely do next?
（この男性は、次に何をするつもりだと考えられますか）
What is the woman concerned about?
（この女性が心配していることは何ですか）
What does the woman suggest to the man?
（この女性は、男性に何を提案していますか）
What does the man say about ...?
（この男性は…について何と言っていますか）
What is the man's problem?
（この男性の問題は何ですか）
How will the man most likely get to ...?
（この男性はどうやって…に行くと考えられますか）
What does the woman ask the man to do?
（この女性は、男性に何をしてほしいと言っていますか）
What does the man indicate about the woman?
（この男性は、女性について何をほのめかしていますか）
What does the woman offer to do?
（この女性は、何をしようと提案していますか）

その一方で「予測不能問題」と呼んでいる問題もあります。これは、定型文ではなく、ぱっと見ても内容がわからないので、質問をすばやく読むしか仕方がありません。例えば次のような質問です。

What type of service does DEF Industries provide for its customers?
（DEF工業はどんなサービスを顧客に提供していますか）

各問の間には8秒の間があります。さらには、ナレーターが読み終わってから解答する必要もないので、もし可能ならば、会話を聞きながら解答することをやってみてください。とにかく、すこしでも先読みをしておくことが重要なのです。

●選択肢を先読みするかどうか

　問題用紙に印刷されている質問文と一緒に選択肢も読むかどうかというのは、受験の際の英語力とその人のスタイルによります。初めてTOEICを受ける受験者には、上で述べたような形で解答し、次の問題の質問文を読むといったことで精一杯でしょう。選択肢まで読む余裕はないのではないかと思います。それに、あまりにも多くの情報を先読みしようとして、かえって混乱する受験者もいます。したがって、私が強くおすすめするのは、質問文だけを先読みすることであり、**選択肢は気にしない**ということです。しかし実際の試験を受ける前に、自分にとってベストとなるまでいろいろな方法を試してみるのもいいでしょう。

Part 4（説明文問題）

　Part 3のアドバイスはPart 4にほぼそのまま当てはまります。Part 3と同じように、Part 4でも一般的な質問と特定の事柄を聞く質問があり、定型文と予測不能問題があります。事前に情報を先読みしておくことができれば、その分だけ有利にリスニングを進めることができます。どのような情報が求められ、どこにフォーカスしてリスニングをすればよいのかを正確に知ることができるからです。

　Part 4でよく出題されるのは、留守番電話のメッセージです。そこでよく出題される質問文には次の4つがあります。

Who is leaving the message?
（誰が伝言を残していますか）
Why is the speaker leaving this message?
（なぜ話し手はこの伝言を残していますか）
Who is receiving the message?
（誰がこの伝言を受け取っていますか）
What is the recipient supposed [expected] to do?
（伝言の受け手は何をすると思われますか）

これに加えて、次のような質問文がPart 4でよく出題されます。

Where is this announcement most likely being made?
（このアナウンスはどこでなされていると考えられますか）
What is the report mainly about?
（このレポートは主に何についてのものですか）
Who is the most likely audience for this talk?
（この話の聞き手はどんな人だと考えられますか）

What are the listeners asked to do?
（聞き手は何をしてほしいと言われていますか）
How can the listeners get more information about ...?
（…について、聞き手はどうやってさらに情報を得ることができますか）
What is the purpose of this talk?
（この話の目的は何ですか）

　Part 3について見てきた多くの質問は、Part 4でも出題されています。勉強を進めていくと、Part 3についてもPart 4についてもなじみがあるようになっていくでしょう。そうすれば、より早く質問の内容を判断することができるようになります。Part 4はPart 3に比べて予測不能問題が多いので、質問の定型文を覚えておくことによって、効率よく時間を短縮できるようにしておきましょう。

Part 5（短文穴埋め問題）

　英文を読まないことが、Part 5では絶対に重要です。少なくとも最初に目を通すときは、英文を読むべきではありません。第1章で述べたように、これには受験者の側の「行動変容（Behavior Modification）」が必要です。**まず選択肢の全体を見てどのようなタイプの問題なのかを判別**すべきです。しつこいようですが、英文の全部を読む必要はありません。空所の前後から得られる情報だけで、たちまち正解がわかる問題もよくあります。

　Part 5の問題は3つのタイプに分けることができます。

- ・読んではいけない（Don't Read）問題
- ・読まなくてはいけない（Must Read）問題
- ・読むかどうか判断が必要な（Maybe Read）問題

　「読んではいけない問題」の典型的な例は、第1章で示した品詞問題です。問題用紙の選択肢をぱっと見るだけ、1秒以下でどんなタイプの問題かを判別することができます。本当に1秒以下です。既に第1章で時間配分について述べた際に、Part 5とPart 6についてはすばやく（ただし正確に）解いていくことでPart 7に時間を残しておくことの重要性を述べました。

Part 6（長文穴埋め問題）

　Part 6に時間をかけすぎることは、本当に危険です。平均的な英語のネイティブスピーカーは、1分間に250〜300ワードを読むことができます。英語のノンネイティブスピーカーで、母語にアルファベットを使わない人たちの平均は、だいたいその3分の1程度で、80〜100ワードぐらいです。Part 6の各パッセージは平均約80〜100ワード、全部で320〜400ワードになります。毎分80ワード読めるとしても、まるまる4〜5分はかかることになります。しかもこれには、解答する時間はカウントされていません。Part 6に時間をかけるとPart 7の時間を犠牲にしてしまうということがよくわかると思います。

　Part 6には、文選択問題を別として、2つのタイプの問題があります。**独立型の問題**と**文脈依存型の問題**です。独立型の問題では、空所を含む1文の中に解答に必要な情報があり、その1文だけで正解がわかります。一方、文脈依存型の問題では、正解するためにはパッセージの別の部分から情報を見つけてくる必要があります。以下のものは、文脈依存型の問題の例です。

a ------- car
　(A) fast
　(B) sporty
　(C) luxurious
　(D) costly

　どれが正解でしょうか？　これだけで答えることはできません。正解するには、空所に関係する情報をどこかに探し求めなければなりません。例えば、直後の文に次のような情報を含んでいたとしましょう。「30秒で時速250キロメートルまで加速することが可能である」。もうおわかりのように、この場合明らかに正解は**(A)**となります。

　実際のTOEICでは、通常、Part 6の文選択問題を除いた12問のうち8問が独立型の問題です。文脈依存型の問題は4問だけです。つまり、Part 6の文選択問題以外の3分の2がPart 5と同じ独立型の問題ということになります（Part 5は1文の問題ですので、定義上、独立型の問題となります）。

　TOEICの目標スコアが470〜730の場合、Part 6についてはすべてを読まないということを強く勧めます。Part 5とまったく同じようにPart 6も処理すべきです。**まずさっと各問の選択肢を見る**。その問題が**独立型の問題であれば、Part 5と同じように20秒で答えられる**はずです。もし**文脈依存型の問題であれば、直後の文**を見ます。大半はそこに必要な情報が書かれています。

　目標スコアが800や860以上の場合は、全文を読む練習が必要です。しかしそれ

以下の目標スコアの場合、Part 6をしっかり読むということは、Part 7で得点するチャンスを犠牲にしていると考えられます。つまるところ、Part 6の文をしっかり読むということは、スコアを上げるというより下げることにつながってしまうのです。

Part 7（読解問題）

　Part 7攻略の鍵は、**2回読むのをやめる**ことです。多くの人がやっているのは、まずパッセージを注意深く読み、その上で問題用紙の質問文を読み、そして正解を探すためにパッセージに戻って読むということです。これは上司から部下へのEメールだったか、これはどこかの国に入るための税関の書類か、何か電化製品の品質保証書か、と。そうではなく、表面的であってもいいので、まずはパッセージの内容をおおまかにだけ把握して、それ以上は読まないようにします。その代わりに、質問を先読みし、その内容を確認しておきます。Part 3やPart 4と同じように**質問文を先読みすることによって、どのような情報にフォーカスする必要があるかがわかり**、パッセージを読む際のアドバンテージを作り出すことができます。実際にパッセージを読む前に質問を読むことは、やはり決定的に重要なわけです。

　ところで、キーワードの考え方を第2章で述べました。キーワードは、特にPart 7で重要になってきますが、Part 4でも役に立ちます。Part 4はリスニングセクションですが、質問を先読みしておけば、聞き取りの際にキーワードを含む重要な情報や、キーワードの同義語を使った情報に特別な注意を払うことができるはずです。

　つまり、リスニングにおいてもリーディングにおいても、問題用紙の質問文を事前に読むということが重要であるとおわかりいただけたと思います。これは、解答に必要な情報にフォーカスすることで有効に時間配分をするためでもあります。

06
Part 2 攻略のためのテクニック

TOEICの学習の順序

ヒルキメソッドの重要なテクニックの1つに、TOEICの学習を進める順番があります。以下のフローチャートは、私たちが推薦している学習順序を示しています。

スコアアップのための効果的な学習順序

Part 2 → Part 5 → Part 6 → Part 1 → Part 7 → Part 3 → Part 4

この一見、ランダムに見える学習順序には理由があります。**左から順に、テクニックの効果が早く出るものを並べている**のです。反対に、右に行くほど本当の英語力が重要になってきます。もちろんPart 3にもPart 4にも有効なテクニックはあります（第5章を参考にしてください）。しかし、これらのパートでは、スコアを上げるのに最も大切な側面は、英語力を上げるということなのです。

これに対して、Part 2とPart 5を私たちは「クッキーカッター」のパートと読んでいます。クッキーを作るとき、いろいろな材料をボールに混ぜ、生地をこね、まな板の上にのばして、型で同じ形のクッキーを切り出していきます。どのクッキーも同じ形になるわけです。いちばん近い日本語は「金太郎あめ」でしょうか。Part 2もPart 5も、まるでクッキーか金太郎あめのように毎回よく似た問題が出てくるため、もしそれらを構成するロジックを理解できたならば、驚くほどすぐにスコアを上げることができます。これらはTOEICの中でも非常に予測しやすいパートであり、テクニックが極端に有効に働くのです。この章ではPart 2で役立つテクニックをご紹介しましょう。

同じ音の単語は避ける

Part 2について考えるときに、最初に確認しておきたいのは、「〈よい問題〉はどのように作られるか」ということです。TOEICの試験問題を作る側から考えてみてください。このテストの〈よい問題〉とは、どんな問題でしょうか？ 〈よい問題〉とは、ターゲットとなる情報を理解できた人が正解し、理解できなかった人が正解にたどり着かない問題です。

日本語で話す場合、重要な情報は普通、大きな声で話すことで強調されます。キーワードを大きな声で言うと、大きな声なので目立つというわけです。もちろん、同じことは英語でもあるのですが、英語で強調したいときには、イントネーションを

上げることによって強調します。つまり、高いピッチで話された言葉というのは、話し手が重要だと考えている言葉である傾向があるのです。

　それでは「ニガテ君」という名前の受験者がいるとしましょう。彼は英語がとても苦手で、流れる英文を聞いてもほとんど何も理解できません。どんな音声もほとんど雑音の嵐のようです。しかし、質問文の中で1単語だけ聞き取れたとします。すると彼は、同じ言葉を含む選択肢があったら、その選択肢を、ただ彼が理解できた唯一の語を含んでいるからという理由で、解答用紙にマークします。彼の答えが正解であることは、まずないでしょう。たった1つの単語を除いて何も理解できていないニガテ君が正解できるのであれば、その設問は英語の能力を測るのに〈よい問題〉と言えないのは明白です。

　よってPart 2で最も重要なテクニックは次のようなものになります。**もし質問文の中で（上昇するイントネーションによって）強調された語を聞き取れた場合、同じ語が選択肢の中にあったとしてもそれはひっかけなので選んではいけない**ということになります。このテクニックはほとんど100％当たります。質問文の中に出てきた語と同じ語が正解になる例外はありますが、ごくわずかです。

　次のような例が挙げられます。

Where can I find a *copy* of James Benson's newest *book*?
（どこでジェームズ・ベンソンの最新の本を見つけることができますか）
　※"copy" と "book"が強調されたと考えてください。

　(A) I booked the room yesterday. （私は昨日、部屋を予約しました）
　(B) Copies are ten cents apiece. （コピーは1枚10セントです）
　(C) In the business section. （ビジネスのコーナーです）

　(A)の選択肢には、「本」の意味の "book" と「予約する」という意味の "book" の「音声のワナ」が含まれています。**(B)**にも "copy" と "copies" が含まれます。残っているのは**(C)**ですが、これは質問にきちんと答えていますし、質問文で強調された言葉は含まれていません。

　Part 2のすべての問題にこのような「音声のワナ」があるわけではないのですが、70の選択肢（各3個×25問）のうち20個ぐらいは見つけることができます。だからこそこれは、有効なテクニックなのです。

　しかしここで、1つのことを断っておきたいと思います。100％成功するテクニックというものはまずありません。ほとんど常に例外というものが存在します。もし、ここで紹介した「音声のワナ」に該当するにもかかわらず、その選択肢が正解だという自信が100％近くあるのでしたら、それを優先してください。自分自身の答えを信じることです。しかしもし、自信のレベルが9割を下回るようでしたら、私た

ちがお教えしたテクニックを使ってください。これは正解がわからない中で、正解する可能性をいちばん高める方法です。「音声のワナ」について、より詳しい説明は、p.38からの第7章をご覧ください。

Wh-疑問文に注意を払う

　Part 2の半分か半分近くの質問は、Wh-疑問文です。Wh-疑問文とは、Who ...?、When ...?、Where ...? などWh-疑問詞で始まる疑問文です。How much ...?、How far ...?などの〈How＋形容詞・副詞〉の疑問文も含みます。この疑問詞を聞くだけで、質問の内容がわからなくても、正解を出せることがあります。それぞれの疑問詞が、特定の返答を要求するからです。例を見てみましょう。

　　Where XXXXXXXXXX?（どこ……？）
　　　(A) **At 3:00.**（3:00です）
　　　(B) **Yes, for five years.**（はい、5年間です）
　　　(C) **Across the street.**（通りの向こうです）

(A)は、「いつ（When ...?）」「どの時刻に（At what time ...?）」に対する返答なので適切ではありません。**(B)**は、期間を答えていますので、適切ではありません。これは、例えば、「どのぐらいの期間（How long ...?）」と聞かれた場合の答えです。また、そもそもWh-疑問文には"Yes"あるいは"No"で答えることはできません。正解は**(C)**になるはずです。

　以下に挙げるのは、Wh-疑問文の種類と、それに対する適切な答えです。

Wh-疑問文	答え
When	時
Where	場所
Who	人
What time	時刻
How long	期間
How much	量
How many	数
Why	理由

Yes / No 疑問文に対する感覚を鋭くする

次に重要なよくある質問文は、Yes / No疑問文です。これはbe動詞や助動詞（Is、Do、Has、Was、Should、Could、Mightなど）で始まりますので、すぐに見分けることができます。

TOEICは段階的テストです。あるパートの中での問題は易しいものから難しいものへ配置されています。完全に段階的だとすると、Part 2では第7問が最も易しく、第8問、第9問とすこしずつ難しくなって、第31問が最も難しいということになりますが、TOEICテストは完全に段階的ではなく、大まかに、最初の3分の1、次の3分の1、最後の3分の1の3段階でレベルが上がっていきます。つまり第7問〜第14問が最も易しく、第24問〜第31問が最も難しい、そういう構成になっています。

TOEICを攻略する観点からすると、Yes / No疑問文が早い段階で出てくれば、素直にそのまま"Yes"あるいは"No"が正解となる問題と考えていいでしょう。例えば第9問で次のような問題が出たとします。

9. Are you going to Paris this summer vacation?
　（あなたは今年の夏休み、パリに行くのですか）

　　(A) Yes, I am.（はい、行きます）
　　(B) Peanut butter is delicious.（ピーナッツバターはおいしいです）
　　(C) She's on vacation right now.（彼女は今、夏休み中です）

パートの最初の3分の1であることを考えると、そのままの**(A)**がいいのではないかと思われます。

一方、例えば、第29問で次のような問題が出たとします。

29. Are you going to Paris this summer vacation?
　（あなたは今年の夏休み、パリに行くのですか）

　　(A) Yes, I had peanut butter for lunch.
　　　　（はい、私はお昼にピーナッツバターを食べました）
　　(B) No, forty days at most.（いいえ、多くて40日です）
　　(C) That's my plan.（その予定です）

パートの最後の3分の1であることを考えると、"Yes"、"No"を含む**(A)**と**(B)**は、あまりよい解答ではないのではないかと考えます。

このテクニックが当てはまる確率は、だいたい80％であり、20％ぐらいの例外は存在します。しかし、何もテクニックがないよりはずっといいはずです。いずれ

35

にせよ、Part 2の後ろの方での"Yes"あるいは"No"を含む選択肢はあやしいと考えましょう。

●この章のまとめ
　TOEICの成り立ちを把握し、どんな質問が、どの部分（最初の3分の1・次の3分の1・最後の3分の1）に出てくるかということを理解し、それぞれの質問に対する対応の仕方を習得できれば、スコアを飛躍的に上げることも可能です。以下の3つの重要なテクニックを頭に入れておいてください。

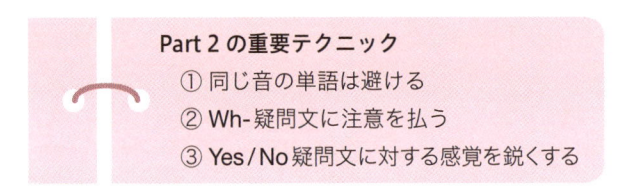

> **Part 2の重要テクニック**
> ① 同じ音の単語は避ける
> ② Wh-疑問文に注意を払う
> ③ Yes / No疑問文に対する感覚を鋭くする

　前に述べたようにPart 2は事前に把握しやすく、質問と選択肢の応答に慣れてくると、TOEICの中でも早く効果が現れ、スコアを上げることができるパートです。

07

「音声のワナ」—「この単語はわかったぞ！」というひっかけ

「音声のワナ」とは

　第6章では、Part 2での「同じ単語を避ける」「同じフレーズを避ける」テクニックについて述べました。これと近い関係にあるのが、**「音声のワナ」**という考え方です。「音声のワナ」というのは、**正しい単語と同じように聞こえることによって間違えさせる単語のひっかけ**で、Part 1の写真描写やPart 2の会話の中の重要な語として用いられます。例えば、TOEICで最もよく出る「音声のワナ」は、copyとcoffee、walkingとworkingです。copyとcoffeeの違いが出題される1つの理由は、この違いが日本人以上に韓国人に聞き分けにくいからです（ご存じかもしれませんが、毎年数百万人のTOEIC受験者のうち、大半は日本か韓国の出身です）。"coffee"という語の韓国語の発音は、英語の"copy"とほとんど同じです（韓国語で「커피」）。もちろん日本語の「コーヒー」よりもずっと近い音です。

　ほかにもTOEICテストでよく使われる「音声のワナ」があります。いくつか例を挙げてみましょう。

Part 1	Part 2
cars「車」と cards「カード」 copies「コピー」と cups「カップ」 facts「事実」と fax「ファックス」 show「示す」と shoe「くつ」 store「店」と door「ドア」 curb「縁石」と curve「曲線」	contract「契約」と contact「接触、連絡」 do「する」と due「支払期日で」 drive「車を運転する」と arrive「到着する」 called（callの過去形）と cold「寒い」 voice「声」と invoice「送り状、インボイス」

コンテキストを確認する

　Part 1で「音声のワナ」にひっかからないようにするには、写真を注意深く見ることが重要です。人物や物とその位置関係をよく見て、何と何が同じで、何が違うのかを確認し、個々の単語ではなく、状況を正確に描写している選択肢を聞き取るようにするのです。例えば、3人の人物がテーブルに座って、コーヒーカップでコーヒーを飲んでいる写真だったとしましょう。おそらく正しい答えは"They are drinking coffee."であり、考えられる「音声のワナ」は、"They are making a copy."となるでしょう。もちろん、もし常に完全に聞き取って、"coffee"と"copy"の違いが判別できればすばらしいことです。しかし実際は、ネイティブスピーカーであっても、ときとして"coffee"と"copy"を聞き間違えることはあり、もっと言

えば"thirty"と"thirteen"を聞き間違えることもあれば、文脈がなければ、"sending a fax"と"checking facts"のようなフレーズでも聞き間違えることもあるのです。

「音声のワナ」を避けるための有効な戦略は、**よく似た音の単語にひっかかることなく、発話の全体を把握しようとすること**です。ひっかけの単語ばかりに気をとられていると、その前後のキーワードを聞き逃してしまう危険性があるということです。例えば、複数の人がテーブルについてコーヒーを飲んでいる写真で、聞き取るべき重要な単語は、実際は"coffee"ではなく"drinking"であったりします。"They are making copies."という選択肢が間違っているのは、人々が手にカップを持って座っているからであり、何も「作って（making）」いないからなのです。彼らは「座っていて」「飲んでいる」のです。つまり、既に第6章で指摘しているとおり、同じ単語、音が似ている単語でいちばん高いイントネーションで読まれているもの、いちばん強く読まれているものにひっかかってはいけません。前後の単語をよく聞いて、コンテキストを確認すべきなのです。

質問文のタイプも重要

同じことがPart 2の質問文にもあてはまります。仮に質問が、"Did you send the fax to the bank yet?"（もう銀行にファックスを送ったのですか）だったとします。正解への鍵は、"Did you"であり"yet"でしょう（あるいは"send"であり"bank"である可能性もあります）。これらの語がコンテキストを与える語であり、質問文のタイプを明らかにしてくれるのです。これは、Yes/No疑問文であり、銀行にファックスを送ったかどうかについてのものであり、当然、返答はPart 2の前半であれば"Yes, I sent it this morning."（はい、今朝送りました）、Part 2の中頃であれば"I did, but the bank hasn't responded."（送りましたが、銀行から返答はありません）、Part 2の後半であれば"Sorry, I've been busy."（ごめんなさい、忙しかったのです）などとなるでしょう。いずれにせよ正解は、適切な答え方をしているものです。コンテキストを聞くことが、例えば、この問題で**"The facts in the document are wrong."**などといった「音声のワナ」を避けるために役立つはずです。つまり質問文は、（何かの事実が）正しいか間違っているかを聞いているのではなく、（銀行にファックスを）送ったかどうかについてYes/Noを聞いているので、その選択肢は誤りとわかるわけです。コンテキストと質問文のタイプ（Wh-疑問文かYes/No疑問文か）を見極めることが、正解を選ぶ上で役に立ちます。

「音声のワナ」の例

以下のものは、p.38に挙げたもののほかに実際にTOEICで出題された「音声のワナ」です。これらの単語が出てきたときは、注意するようにしましょう。

Part 1	Part 2
apartment「アパート」と department「部門」	board「板、委員会」と bored「退屈な」
banquet「宴会」と bank「銀行」	exercise「訓練」と size「大きさ」
brochure「冊子、パンフレット」と shirt「シャツ」	expensive「高価な」と expense「費用」
building「ビル」と build「建てる」	facts「事実」と fax「ファックス」
coffee「コーヒー」と copy「コピー」	late「遅く」と eight「8」
guitar「ギター」と car「車」	meeting「会議」と meeting (a deadline)「(締め切りに) 間に合わせる」
lighting「照明」と writing「書くこと」	pairs「ペア」と repairs「修理」
newspaper「新聞」と new software「新しいソフトウェア」	present「プレゼント」と present「提示する」
plant「植物、工場」と plan「計画」	promotion「昇進」と promotion「販売促進」
station「駅」と regulation「規則」	résumé「履歴書、レジュメ」と resume「再開する」
tile「タイル」と tire「タイヤ」	view「見る」と review「復習する」
tire「タイヤ」と tired「疲れた」	
wall「壁」と wallet「財布」	
watch「腕時計」と watch「見る」	
walking「歩いている」と working「働いている」	

Part 3とPart 4の「音声のワナ」

　ところで「音声のワナ」は、Part 1とPart 2ほどではありませんが、Part 3とPart 4でも使われます。Part 3とPart 4でも、最も明瞭に、通常は上昇のイントネーションで、強調されているキーワードとまったく同じフレーズが選択肢に含まれていることがあります。そういう場合、解答として選ぶのは避けるべきです。会話や発話の中のいくつかの単語のまとまりとまったく同じものが選択肢に含まれる場合、これはほとんど常にひっかけです。

08 頻出質問文による TOEIC 攻略

頻出の質問に慣れておく

TOEICで成功するためのもう1つのポイントは、Part 2、Part 3、Part 4、Part 7でよく登場する質問文に慣れておくことです。これには2つほど理由があります。

1) 質問を理解することで、**正解するためにどのような情報を探せばよいか**、既に、知っている状態になるということ。

2) 頻出の質問に慣れておくことで、問題用紙に印刷されている**質問文を一見してわかるようになる**ということ。これによって、Part 3、Part 4、Part 7において、一語一語注意深く読むようなことはしなくても、非常にすばやく質問の内容を判断することができるようになります。この一見して先に質問を判断する技術については本当に重要で、第5章でも述べました。

以下に列挙しているのが、それぞれのパートで最もよく出題される質問文の例です（もちろん、名詞は実際の出題をイメージしやすいように入れているものです。例えば、最初の文の「郵便局」は「デパート」、「スーパーマーケット」、「旅行代理店」などに置き換えることができます）。

Part 2

●位置

Where is the post office?
（郵便局はどこですか）

Where can I find a convenience store near here?
（この近くのコンビニエンスストアはどこにありますか）

Would you happen to know where Janice Brigg's office is?
（ジャニス・ブリッグのオフィスはどこかご存じありませんか）

Could you please tell me where the nearest gas station is?
（いちばん近いガソリンスタンドはどこか教えていただけませんか）

How far is it from the airport to downtown?
（空港から繁華街までどのぐらいの距離がありますか）

●方法

What's the best way to get to the concert hall from here?
（ここからコンサートホールに行くにはどう行くのがいちばんいいですか）

How will you go to Chicago?
（どうやってシカゴに行くのですか）

How do you think I should go, by train or by bus?
(電車とバスのどちらで行った方がいいと思いますか)

●提案

Why don't we have Chinese food for lunch?
(お昼に中華料理を食べるのはどうですか)

How about having Chinese food for lunch?
(お昼に中華料理を食べるのはどうでしょうか)

What do you think of ...?
(…をどう思いますか)

Why don't you ...?
(…してはどうですか)

What do you say to ...?
(…するのはどうですか)

What about ...?
(…はどうですか)

Let's ...
(…しましょう)

Shall we ...?
(一緒に…しませんか)

　これらは、何かを提案する際に、実によく使われるものです。上記のものを覚えれば、提案する文は間違いなくわかることでしょう。また、以下の返事の定型文を使うと、提案に答えることができます。

Sure.
(ええ)

Sounds good to me.
(いいですね)

Why not?
(もちろんいいですよ)

I'd love to.
(ぜひそうしましょう)

You can say that again.
(まったくあなたの言うとおりです)

●依頼／要求

Would you mind making the copies?
(コピーをとっていただけませんか)

Could you please ...?
(…していただけますか)

Might I ask you to ...?
(…することをお願いできますか)

Would you be able to ...?
(…していただけますか)

I'd like you to ...
(あなたに…していただきたいのです)

Could you recommend ...?
(おすすめの…を教えていただけますか)

●理由

Why hasn't the shipment arrived yet?
(なぜ荷物はまだ届いていないのですか)

Why didn't you visit your family during the holidays?
(なぜ休暇中にご家族のところを訪問しなかったのですか)

How come you went home early yesterday?
(どうして昨日は早く帰宅したのですか)

※ 最近のTOEICでは "How come ...?" の疑問文は使われていない。ただ実際には、"Why ...?" のくだけた言い方として頻繁に使われるため、いつTOEICで出題されてもおかしくはない。したがってここで指摘しておく。

Part 3

　第5章で述べたように、Part 3では一般的な情報を聞く質問がよく出題されます。このタイプの質問は、その聞き方が決まっているため数としてはかぎられたものです。「場所」「職業」「話題」に関する質問です。詳しくは25ページをご覧ください。これらを覚えれば、1秒以下で簡単に重要な情報を判別することができるようになるでしょう。

　これも第5章で述べましたが、とても頻繁に出題されるため、定型文とみなすことができる質問文もあります。一部は第5章と重複しますが、定型文とみなすことのできる質問をリストアップしてみます。

●計画

What will the woman most likely do next?
(この女性は次に何をするだろうと考えられますか)

Where will the man go now?
(この男性は今からどこに行きますか)

What does the man plan to do on Friday?
(この男性は金曜日に何をしようと計画していますか)

What is Brian planning to do before he leaves the office?
(ブライアンは、オフィスを出る前に、何をしようと計画していますか)

●提案／発言

What does the woman say to the man?
(この女性は男性に何と言っていますか)

What does the man say he needs?
(この男性は何が必要だと言っていますか)

What does the woman say about the Italian restaurant?
(この女性はイタリアンレストランについて何と言っていますか)

What does the man say he will do tomorrow?
(この男性は明日何をするつもりだと言っていますか)

●理由

Why does Mr. Phillips suggest a different plan?
(なぜフィリップスさんは別の計画を提案していますか)

Why does the woman need to visit Denver?
(なぜこの女性はデンバーを訪ねる必要があるのですか)

Why didn't the man attend yesterday's meeting?
(なぜこの男性は昨日の会議に出席しなかったのですか)

●方法
How will Fred get to Berlin?
(フレッドはどうやってベルリンに行くつもりですか)
How did the woman get to her client's office?
(この女性はどうやってクライアントのオフィスに行きましたか)
How will the man contact his customers?
(この男性はどうやって顧客に連絡を取るつもりですか)

●意図
What does the woman mean when she says, "As far as I know"?
(「私の知るかぎりでは」と女性が言うとき、彼女は何を意味していますか)
※Part 4、Part 7でも同様の出題があります。

Part 4

　Part 4の質問の多くはPart 3と同じです。したがって、Part 3の質問を学習することは、Part 4で出題されやすい質問を把握するのに役立ちます。ここでは、加えて、よりPart 4で出題されやすい質問文を掲載します。

●whoの質問文
Who most likely is the speaker?
(話し手はどんな人だと考えられますか)
Who is the most likely audience for this talk?
(この話の聞き手はどんな人だと考えられますか)
Who is leaving the message?
(誰が伝言を残していますか)
Who is receiving the message?
(誰が伝言を受け取っていますか)
Who is Ms. Billings?
(ビリングズさんとは誰ですか)
Who will meet with the client?
(誰がクライアントに会う予定になっていますか)
Who is being introduced (by the speaker)?
((話し手によって) 紹介されているのは誰ですか)

Who is this talk most likely intended for?
(このスピーチは誰に向けてされていると考えられますか)

● whatの質問文

What is the purpose of the talk?
(この話の目的は何ですか)

What will Mr. Grimes most likely speak about?
(グライムズさんは何について話すつもりだと考えられますか)

What is the reason for this meeting?
(この会議を開いた理由は何ですか)

What type of product is being advertised?
(どんな製品が広告されているのですか)

What does the speaker ask the audience to do?
(話し手は、聞いている人に何をしてほしいと言っていますか)

What does the speaker say about ...?
(…について、話し手はどう言っていますか)

What product does this company make?
(この会社はどんな製品を作っていますか)

● whereの質問文

Where does this talk most likely take place?
(この話はどこで行われていると考えられますか)

Where will Mr. Kim go next?
(キムさんは次にどこに行くつもりですか)

Where is the restaurant located?
(レストランはどこに位置していますか)

● whenの質問文

When is the meeting scheduled to start?
(その会議はいつ始まるように設定されていますか)

When will construction on the new library begin?
(新しい図書館の建設はいつ始まりますか)

When was the new system first implemented?
(新しいシステムが初めて実行されたのはいつですか)

When will the next traffic update be broadcast?
(次の交通情報はいつ放送されますか)

Part 7

　Part 7で出題される質問文のタイプは幅広く、すべてをここに掲載することは不可能です。したがって、パッセージを精読する前に、質問の方をよく読む必要があるでしょう。

　しかしながら、それでもよく出題されるタイプの質問はあります。できるだけコンパクトに典型的な質問を列挙してみます。

What is the purpose of this e-mail?
（このEメールの目的は何ですか）

What problem does Ms. Suzuki point out in her letter?
（スズキさんが手紙で指摘している問題とは何ですか）

What is indicated about the newly hired employee?
（新しく採用された従業員について何が述べられていますか）

How can an interested party take advantage of this offer?
（利害関係者はこの提案をどのように利用できますか）

Why is Mr. Allison writing this letter?
（アリソンさんはなぜこの手紙を書いているのですか）

What type of company is EGK?
（EGKはどんな会社ですか）

Who is Brenda Langston?
（ブレンダ・ラングストンとは誰ですか）

Where can prospective customers get more information about the product?
（顧客になりそうな人はどこでその製品の情報を得ることができますか）

What is the main subject of the news article?
（このニュース記事の主題は何ですか）

What is implied about the firm's new policy?
（会社の新しい方針について何が示唆されていますか）

What is NOT mentioned about ...?
（…について言及されていないのはどれですか）

What is NOT a requirement for the job being advertised?
（広告されている仕事に必要とされない条件はどれですか）

What is NOT indicated in the e-mail about ...?
（…についてEメールが示していないのはどれですか）

Part 7では、特定の単語について問う設問が2～3問、毎回出題されます。この特定の単語について問う設問は、次のような形でいつも同じです。

The word "XXX" in paragraph 2, line 7 is closest in meaning to
(第2段落7行目のXXXという語に最も意味が近いのは…)

以上に挙げたのは、TOEICで出会うであろう頻出の質問文のうちの一部を示したリストです。信頼できるTOEIC用の問題集などで勉強していけば、頻出の質問文を自分でもっと確認することができるでしょう。前に述べたとおり、質問の内容を速く把握できれば、何を聞くべきか、何を読むべきかということがわかるようになります。そして、質問の内容を理解するために熟読をしなくて済み、時間の節約にもなります。

09 頻出文法項目による TOEIC 攻略

TOEIC と英文法

　第1章で時間配分について述べたとき、Part 5とPart 6は「あり地獄」になりかねないということを言いました。Part 5とPart 6との格闘に時間をかけすぎている受験者が多くいます。そのことによって、Part 7をじっくりと順序立てて解くための時間をなくしているのです。時間が足りないという理由で、本来解けるはずのPart 7の問題に解答できないということになっているのです。

　もちろんPart 5とPart 6を速く通り抜けるための戦略はあり、第1章と第5章でそのアウトラインを示しました。問題文を読む前に選択肢を最初に見ておけば、どのような問題を解こうとしていて、攻略するためにはどういう戦略を使えばいいのかがわかるということです。

　その一方で、これも既に述べたことですが、基本的な英文法の知識を持っていることも重要です。何度も述べていますが、TOEICというのは、結局、英語のテストなのです。英文法という基礎がしっかりしていなければ、Part 5とPart 6で悩む問題が増えてしまい、Part 7に使うべき時間が奪われていくのです。

実際は中学校の文法

　TOEIC に出題される問題の文法的なポイントのほとんどは、中学校で教えられるものです。高校ではありません。中学です。もちろん、TOEICにはときどき難しい問題も含まれていて、それは高校の学習範囲です。しかしそれは、例えば800〜990といったトップエンドのスコアの受験者に差をつけるための問題です。Part 5とPart 6の大半の問題は中学校で習うものなのです。

　そこで、もし、自分は文法が苦手であるという意識があるのであれば、必要な英文法の知識を復習することは難しくありません。高校入試の受験勉強をしている**中学生向けの本を使えばいい**のです。そうすれば、TOEICでよく見かける文法問題のうち重要なものの理解を確認することができます。大学生や社会人が中学生向けの本で勉強するということには戸惑いがあるかもしれませんが、これは必要な文法を再確認する非常に効果的な方法であることは間違いありません。

　中学校の文法の参考書や高校受験のための文法の問題集は、工夫を凝らしたものが数多く出ています。実際に書店に行って、探してみてください。

頻出の文法問題

基本的な英文法の理解度を確認するにあたって、Part 5 と Part 6 で出題される、文法ベースの頻出問題を捉えておくことが役立ちます。以下に示すのは、実際のTOEICで出題された頻度の順です。

> **頻出文法問題（頻度順）**
> ① 品詞問題（Part of Speech）
> ② 動詞の形の問題（Verb Form）
> ③ 接続表現問題（Conjunctions）
> ④ 前置詞問題（Prepositions）
> ⑤ 限定詞問題（Determiners）
> ⑥ 代名詞問題（Pronouns）
> ⑦ 比較問題（Comparison）

● 1. 品詞問題

Part 5 の30問のうち、7〜8問は品詞問題です。Part 6 においても、少なくとも16問のうち1つは品詞問題が入っています。

問題用紙を見て、同じ語幹で違う語尾の選択肢を見つけたら、それは品詞問題です。ほとんどの場合、文の全部を読まなくても答えられます。空所の前後を見るだけで、どんな品詞が要求されているのかがわかります。

a ------- car
（冠詞＋空所＋名詞）

このような問題なら形容詞を入れる必要があります。例えば a luxurious car とします。

the large -------
（冠詞＋形容詞＋空所）

名詞が必要でしょう。例えば、the large house などです。

the CEO decided to ------- the project
（名詞＋動詞＋空所＋目的語）

to不定詞を作るための動詞の原形が必要だと考えます。例えば、decided to postpone the projectなどです。

Mr. Sato ------- carried out his tasks
（名詞＋空所＋動詞＋目的語）

副詞が必要でしょう。Mr. Sato quickly carried out his tasksなどです。

● 2. 動詞の形の問題

　Part 5のうち3～4問、Part 6のうち1～2問は、**動詞の形の問題**です。このタイプの問題では、まずそれが動詞の形の問題であることを確認します。これはもちろん簡単にできるはずです。同じ動詞があり、その動詞の形が違っていれば、それが動詞の形の問題です（場合によっては、上記の品詞問題と区別しにくいこともあります。動詞の形の問題と品詞問題を区別するためには、選択肢のすべてが動詞であれば、動詞の形の問題と思ってください。品詞問題では、少なくとも1つは名詞、形容詞、副詞が選択肢の中に含まれています）。

　次に、**動詞の形の問題であることがわかったら文の全体を読むのをやめます**。文をすばやく見て、**時を表す副詞（句）だけを拾ってくる**のです。もしそれが見つかれば、ほとんどの問題で速く正確に答えることができます。

　例えば、次のような選択肢があれば、動詞の形の問題とわかるはずです。

　　(A) investing
　　(B) has been investing
　　(C) will invest
　　(D) invested

そこで次に、文をながめて、時を表す副詞（句）を探すことにします。

For the past five years, Hardy Industries ------- in new equipment for its factory.

　"For the past five years"が目に入ってきました。これで現在完了形を入れるのだということがわかります。つまり正解は**(B)**です。もちろん文の全体を読んで答えることもできますが、それでは、時間がかかってしまい、Part 7で正解を出すために必要な時間が減ってしまいます。

あるいは、同じ選択肢の問題で、次のような文を読んだと想定してみてください。

Beginning next year, Hardy Industries ------- in new equipment for its factory.

文を見ていると、"Beginning next year" という副詞句が目に入り、未来形が必要とされていることがわかります。この場合、正解は **(C)** ということになります。

次の例のように、**時を表す副詞句がない場合は、文の全体を読まなければなりません。**

The newly implemented policy clearly ------- all workers.
 (A) was benefitted
 (B) benefit
 (C) benefitting
 (D) benefits

文の全部を読むと、**(D)** が正解であることがわかります。文の全体を読まなくては、正しい答えを出すことはできません。時を表す副詞（句）を探すために問題文に目を通すときに、文の全体を読むべきか読まずに済ませるのかを判断することが大事なのです。

● 3. 接続表現問題

接続表現問題の中には、非常に簡単なものもあり、そういった問題は問題文を読む必要はありません。これを「**小さな接続表現問題**」と呼んでいます。おそらく中学校で、これらの表現を学習しているはずです。

"both" ときたらいつも "and" と使う。"either" があれば、"or" だ。"neither" とくれば "nor"。"not only" ならば "but also"。これらは仲のよいカップルのようなもので、いつも一緒にいます。「小さな接続表現問題」では、問題文の全部を読むことなくすばやく正解を出すことができます。もし問題用紙に「小さな接続表現問題」を見つけたら、さっと目を走らせ、**対になる言葉のもう一方を選んでください。**

53

Success on the TOEIC examination requires ------- a good control of TOEIC strategies and a knowledge of synonyms.
- (A) either
- (B) but also
- (C) neither
- (D) both

　andを見つけることができましたね。したがって、正解は**(D)**です。文の内容は読まなくても正解できます。

　その一方で、「**大きな接続表現問題**」というのもあり、これは普通、**全文を読まなくては、正解できません**。それは2つの節の論理的な関係を把握しないと解けないからです。

------- Ms. Park prepared carefully for the TOEIC examination, she was able to reach her target score.
- (A) Despite
- (B) Because
- (C) If
- (D) Then

　2つの節の間には、原因と結果の関係があり、因果関係を示す接続表現が必要だということがわかります。したがって、正解は**(B)**です。

● 4. 前置詞問題

　Part 5では2〜3問、Part 6では0〜1問出題されます。

　前置詞というのは、短くてよく見るものなので、簡単に空所に入れられるような気がします。しかし、まさに短くてよく見るからこそ、これが危険なのです。前置詞というのは、語と語のつながりによって決定されます。この語のつながり（コロケーション）を知っているか、知らないかです。だから、**前置詞問題については、悩まない**ということを十分に意識しておくことです。

Robert Stevens was chosen ------- promotion to the position of marketing director.

(A) at
(B) for
(C) with
(D) over

　正解は**(B)**です。もし"chosen for promotion"というコロケーションがわかれば、この問題に実にすばやく答えることが可能です。しかし、もし知らなければ、各選択肢を空所に入れてみる試行錯誤をし、なんとも時間のかかる問題となってしまうでしょうし、結局は勘で入れるほかないということになるでしょう。ですので、前置詞問題というのは、電気のスイッチみたいなものだと思ってください。オンかオフか。グレーゾーンはありません。知っているか知らないかです。前置詞問題がPart 7の時間を犠牲にしてしまうことがないようにしましょう。勘であってもいいので、すばやく答えて、次に行きましょう。

●5. 限定詞問題
　限定詞とは、名詞を修飾する"several"、"each"、"many"、"few"、"all"、"every"などです。このタイプの問題に正解する鍵は、**単数か複数かを確認する**ことです。

Even though the deadline is tomorrow, ------- employees have submitted their monthly expense reports.
(A) few
(B) every
(C) each
(D) much

　空所に入る可能性があるのは、**(A)**だけです。ほかの3つの選択肢は、どれも後ろに単数形がきます。この問題文では、"employees"が複数形ですので、**(A)**が正解ということになります。

●6. 代名詞問題
　TOEICには2つのタイプの代名詞問題があります。**関係代名詞問題**と**人称代名詞問題**です。あまり深く読まなくても、普通は解答できます。しかし、代名詞が指示するものを確認するために全文を読む受験者が多いようです。
　次のような問題が、関係代名詞問題の例です。

All workers ------- wish to take vacations in December must submit their requests by October 31.
  (A) whom
  (B) which
  (C) who
  (D) what

　関係代名詞の問題では、空所にあたったら文の先頭に戻って、論理的にあてはまる先行詞を探すことです。人か物か、単数か複数かなどを確認するようにしましょう。例題では、空所が指しているのは "workers" であり、人です。したがって、正解は (C) になります。
　次は人称代名詞問題の例です。

YGM Company salespeople all announced -------- fourth-quarter sales results at yesterday's meeting.
  (A) its
  (B) themselves
  (C) their
  (D) itself

　"salespeople" という語を指し示すのに適切な数と形は、(C) の "their" になります。

● 7. 比較問題

　Part 5 で 0〜1 問、Part 6 で 0〜1 問出題されることがあります。
　これは本当に TOEIC からのクリスマスプレゼントといえるラッキー問題です。そのせいか、めったに出ません。しかし出たとしたら、やはり全文を読むことなく正解できます。選択肢全体に目を通し、適切な形（原級・比較級・最上級）をすばやく空所に入れます。

　① "than" があれば、比較級
　② 何か限定するフレーズ（例えば "in history" や "ever"）があれば、最上級
　③ "the ＋比較級" があれば、正解も "the ＋比較級"

10 速 読 術 ―Part 3 と 4 のために

速読術の思い出

　既に第5章で述べたように、英語ネイティブスピーカーは毎分約250〜300ワードのスピードで読むことができます。私が高校生だったときに（ということは、まだ恐竜が地球の上を歩いていたくらいの大昔！）、成績がよい生徒向けに速読のためのクラスというものがありました。文章のちょうど2行分ぐらいの窓がついた機械があり、その窓がページの上から下へと移動していくのです。もっと速く、もっと速く読むようにとせかされていきます。小さな窓から提示される文の速度がどんなに速くとも、次第に読むことができるように目と頭を慣らしていきました。私たちの世代はこのトレーニングを強制的に受けさせられたおかげで、平均的なネイティブスピーカーよりずっと速く読むことができる傾向にあります。私はだいたい自分のリーディングスピードを毎分500ワード前後とみています（ちなみに速読といえば、私のヒーローは、ジョン・F・ケネディ元大統領です。都市伝説かもしれませんが、彼は95％の理解度で、毎分1,200ワードで読めたと推定されています！）。不幸なことに、アメリカ合衆国の予算削減によってこの手の教育プログラムは最近あまり見なくなりました。

TOEICテストと速読

　速読術といった話をすると、TOEICのリーディングセクション（Part 5、Part 6、Part 7）にどう活用しようかと考えるのではないかと思います。たしかにより速く読めれば、これらのパートで大きな力となることでしょう。しかし**それ以上に速読の必要性があるのは、Part 3 と Part 4 です**。

　第5章で説明したように、Part 3 と Part 4 は、単純なリスニングのテストではなく、速読を要求されるからこそ難しいのです。音声を聞く前に、問題用紙の質問を先読みしておくことが重要であることを第5章で述べました。正解するためには、より速く読めて、短時間で答えを選ぶことができればよいことは言うまでもありません。

速読をするために大事なこと

　Part 3 と Part 4 の問題を先読みするために必要なトレーニングについて述べる前に、一般的な速読について話しましょう。

　リーディングのスピードを速くするためには、何よりもまず学校で英語を勉強したときに身につけた習慣をやめることです。その第1のものは、一語一語読んでいくという習慣であり、第2に頭の中で音声にしてしまう習慣です。第2の、読んで

いるときに頭の中で音声に変えてしまうという習慣は、第1のものに関連しています。これら2つの習慣をやめる「行動変容」ができれば、速読を可能にする最初の重要なステップをクリアすることになります。

　速読ができる人は「**チャンク（かたまり）**」で読みます。一語一語読むのではなく、言葉のつながり（通常は3〜5語）の単位で一度に処理するのです。これをマスターできれば頭の中で読み上げることはしなくなります。私が高校生のときに使った機械はこれを可能にするものでした。ページの上から下へかなりのスピードで動いていくため、個別の単語を把握することはできません。ほかにやりようがないので、一度に数語をまとめて目に入れていくことになります。読むのが遅い人は、文章を1度読み、もう1度読み、場合によっては3度、4度と読んでいることさえあるのです。これをできなくするのが、その速読マシーンのもう1つの効果です。前へ前へと読むことを強制されるのです。

速読のトレーニング①—チャンクで読むためのトレーニング

　私のセミナーで、TOEIC受験者にPart 3とPart 4を教えるときに使っているトレーニングを紹介させてください。まず実践的なPart 3のテキストを開き、何か紙切れでページを隠すように言います。「Uncover!（開けて）」という声で、その紙切れを質問が見えるぐらいに下にスライドさせます。そして次の瞬間に「Cover!（閉じて）」と言うのです。生徒たちはすぐに、質問が見えなくなるよう紙切れを上げます。そうしておいて、質問の内容をペアのもう1人の人と確認するようにします。

　初めてこれを聞くと、たいていの人は難しそうだと感じると思います。実際、私が「Uncover!」「Cover!」という間は、1秒かそれ以下です。しかし慣れてくると、1秒かからずに複数の質問の重要なポイントを把握できるようになります。単語を1つずつ確認するのではなく、チャンクで読むことができるようになるのです。

　このトレーニングを数分間行った後、生徒にはどの質問が内容を判断しやすかったか尋ねるようにしています。生徒たちは、第5章で説明した一般的な質問（位置、職業、話題など）が内容を判断しやすかったと言います。こういった質問というのは、それほどたくさんのパターンを作ることが物理的に不可能ということが言えるでしょう。もちろん、定型文も同じように内容を判断しやすいものです。定型文も、実際に読むことなく、一目見るだけで処理できるようになります。特定の事柄を聞く定型表現についても同様です（この表現については第5章を参照してください）。唯一、定型的なものではない「予測不能問題」は1つずつ見ていくしかありません。

　このようなトレーニングは、自分1人でもできます。**まず質問を隠し、ほんの数秒だけ見て、また隠す**ようにします。これを順序立ててやれば、一般的な質問や定型的な質問に対しては、驚くほど速く内容の判断ができるようになります。

速読のトレーニング② ―チャンクの幅を広げるトレーニング

　もう1つ、自分でできるトレーニングは、**チャンクの幅を広げる**ことです。まず、読解の練習に使っている英文を用意します。Part 7の英文でもいいですし、そのほかの英文でも構いません。そして、以下にあるような一定の間隔で▲マークの目盛をつけた紙を用意します。

|　▲　　▲　　▲　　▲　　▲　　▲　　▲　　▲　|

　この紙を読んでいる英文の行の下に当てて、マークに挟まれた単語のグループに焦点を合わせるようにします。うまくできるようになってきたら、このマークの幅を広げていくのです。例えばこんな風に。

|　　▲　　　　▲　　　　▲　　　　▲　　　　▲　|

　そして、これもうまくいったら、さらにこうします。

|　　　　▲　　　　　　　▲　　　　　　　▲　　　|

　こうすることによって、一度に目に入れられる単語の数を増やし、より大きなチャンクで英語を読めるようになります。
　さらには、自分で2行分ぐらいの窓のついた紙を用意し、自作の「速読トレーニングマシーン」を作ることもできます。本のページにあてて、下へ下へ動かしていくことで、より速く読めるようにトレーニングしていく方法です。こちらは行単位で読めるようになっていきます。

そのほか速読について

　自分の読むスピードというのは、いくつかのパッセージに含まれる語数を数えることで、容易に知ることができます。記録をとっておけば、時間がたってどれだけ進歩したかを把握することができるでしょう。Part 7用の問題を使えば、設問があるので、理解度も知ることができます。速読というのは、内容が理解できず何を読んだかわからないまま速く読むということではありません。速読のポイントは、理解のレベルを保ったまま速く読むということです。
　ところで、オンラインの速読講座というのもあります。しかし、その信頼性はなかなかはかりがたいものです。私たちがおすすめするのは、信頼できる教育機関と提携したものを選ぶといったところでしょうか。アメリカの大学の中にも、そういったコースを提供しているところがあります。興味がある人はウェブで調べてみ

ましょう。

　結局のところ、よい読み手になるたった1つの方法は、たくさん読むことです。毎日何かを読むようにしましょう。日曜日にまとめて5時間やるよりも毎日10分読みつづけることがいいのです。ボキャブラリーについても、すこしずつ増やしていきましょう。特に既に知っている単語の同義語です。速く正確に読むことができるというのは、TOEICのスコアをアップさせるのはもちろん、グローバルで多様な労働環境の中で、仕事をより快適にすることに役立つことは間違いありません。

はじめての TOEIC® LISTENING AND READING テスト 全パート教本 三訂版 新形式問題対応

別冊 ヒルキ&ワーデンの鉄板メソッド10